BUZZMARKETING

Ben McConnel & **Jackie Huba** | Prefácio por **Guy Kawasaki**

BUZZMARKETING

CRIANDO CLIENTES EVANGELISTAS

Como clientes fiéis tornam-se uma força voluntária de vendas através do **marketing boca a boca**

M.BOOKS DO BRASIL EDITORA LTDA.

Av. Brigadeiro Faria Lima, 1993 - 5º andar - Cj. 51
01452-001 - São Paulo - SP - Telefones: (11) 3168 8242 / 3168 9420
Fax: (11) 3079 3147 - E-mail: vendas@mbooks.com.br

Dados de Catalogação na Publicação

McConnell, Ben/Huba, Jackie
Buzzmarketing – Criando Clientes Evangelistas / Ben McConnell; Jackie Huba

2006 – São Paulo – MBooks do Brasil Editora Ltda.

1. Marketing 2. Publicidade 3. Negócios

ISBN: 85-89384-90-x

Do original: Creating Customer Evangelists

© 2003 by Ben McConnell e Jackie Huba
Original em inglês publicado por Deaborn Trade Publishing,
a Kaplan Professional Company
© 2006 M. Books do Brasil Editora Ltda.
Todos os direitos reservados

EDITOR
MILTON MIRA DE ASSUMPÇÃO FILHO

Tradução
R. Brian Taylor

Revisão Técnica
Marina Kenan

Produção Editorial
Salete Del Guerra

Revisão de Texto
Claudia Mello Belhassof
Mauro de Barros

Capa
Design: Douglas Lucas
Foto: Photodisc / Jonnie Miles

Editoração
Compol Ltda.

2006

Proibida a reprodução total ou parcial.
Os infratores serão punidos na forma da lei.
Direitos exclusivos cedidos à
M. Books do Brasil Editora Ltda.

Este livro foi selecionado, aprovado e recomendado pela ACADEMIA BRASILEIRA DE MARKETING.

A ACADEMIA BRASILEIRA DE MARKETING é uma iniciativa e propriedade intelectual do MADIAMUNDOMARKETING, idealizada no final dos anos 90 e institucionalizada em março de 2004.

Tem como MISSÃO: identificar, selecionar e organizar as melhores práticas do MARKETING mundial e disseminá-las no ambiente empresarial brasileiro, garantindo o acesso às mesmas, muito especialmente das micros, pequenas e médias empresas, no sentido de contribuir, decisivamente, para seus sucessos e realizações n luta pela sobrevivência e crescimento.

Tem como VISÃO: tornar todas as empresas brasileiras extremamente competitivas pela adoção e implementação das melhores práticas do MARKETING, resultando, por decorrência, no desenvolvimento econômico e social do país.

Seu ENTENDIMENTO DO MARKETING: mais que uma caixa de ferramentas, é o de tratar-se de ideologia empresarial soberana e consagrada, presente nas empresas que buscam, de forma incansável e permanente, conquistar, desenvolver e preservar clientes, e crescer, sempre, e, preferencialmente, através dos próprios clientes.

Alex Periscinoto	João De Simoni Soderini Ferracciù
Amália Sina	José Estevão Cocco
Armando Ferrentini	Lincoln Seragini
Eduardo Souza Aranha	Luiz Galebe
Francisco Alberto MADIA de Souza	Marcos Henrique Nogueira Cobra
Francisco Gracioso	Milton Mira de Assumpção Filho
Gilmar Pinto Caldeira	Pedro Cabral
Ivan F. Zurita	Régis Dubeule

Dedicatória | **Para nossos pais – Matt e Betty, John e Kass**

AGRADECIMENTOS
é preciso uma comunidade

Escrever um livro exige um nível enorme de colaboração de muitas fontes, sendo que algumas são mencionadas nos capítulos deste livro. Outras tiveram papéis secundários, porém vitais.

Somos muito gratos pelo apoio dos líderes e das equipes das empresas dos estudos de caso. Eles dedicaram muitas horas àquilo que provavelmente parecia ser uma série infinita de entrevistas, e-mails, telefonemas e checagem de fatos. Também agradecemos a:

Maxine Clark, Teresa Kroll e Katy Hartrich, da Build-A-Bear Workshop.
Mark Cuban, Matt Fitzgerald, George Killebrew e George Prokos, do Dallas Mavericks.
Stan Parker, Ashley Neighbors e Brooke Smith, da Krispy Kreme Doughnuts.
Tim O'Reilly, Mark Brokering, Catherine Brennan, Sara Winge e Sandy Torre, da O'Reilly & Associates.
Gerald Haman, da SolutionPeople.
Jim Parker, Kevin Krone, Linda Rutherford e Patty Kryscha, da Southwest Airlines.

As pessoas a seguir gastaram seu tempo para conversar conosco sobre muitos conceitos no livro: Richard Alm, Jeffrey "Hemos" Bates, Chris Bontrager, Jeanne Cusick, Brian Erwin, Melissa Giovagnoli, Alex Johnston, Guy Kawasaki, Evelyn McClure, Ann McGee-Cooper, Rich Marcotte, Karen Mishra, Kevin Olsen, Emanuel Rosen, Heath Row, Liz Ryan, Tim Sanders, Jackie Sloane, Daryl Urquhart e Todd Walley.

Somos extremamente gratos a um grupo intransigente de amigos e colegas que revisaram nosso manuscrito e o tornaram mais legível. Nossos agradecimentos a Lynn Barney, Nancy Cobb, Kevin Dowling, Betsy Harman, Kass Huba, John Huba, Dan Limbach, Matthew Lindenburg, Betty McConnell, Matthew McConnell, Lynne Marie Parson e Simone Paddock. Seus pensamentos, idéias e sugestões nos ajudaram tremendamente; quaisquer erros e omissões são de exclusiva responsabilidade dos autores. Também gostaríamos de agradecer a Victoria Rock e Tara Bonaventura, da Victoria's Transcription Service, por sua ajuda oportuna. Agradecemos à nossa editora, Mary B. Good, por ter se arriscado com autores iniciantes. Agradecemos o apoio de Leslie Banks e Elizabeth Bacher, da Dearborn Trade.

Embora esta seção esteja se tornando quase tão longa quanto um agradecimento na noite do Oscar, queremos agradecer publicamente a vários outros amigos benevolentes que nos ajudaram e que evangelizaram nosso trabalho para o mundo: Donna Itzoe, Greg Heaps, Liza Ewell, Lee Mann, Simone Paddock, Richard Landman, Todd Hassell, Tonja Rizai, Kathleen Peterson, Betsy Hartman e Melissa Giovagnoli. Também queremos agradecer aos obsequiosos funcionários da Starbucks Coffee na North Avenue e da Wells em Chicago, onde passamos centenas de horas escrevendo e editando este livro.

Também gostaríamos de agradecer a duas mulheres que, no último ano, nos mostraram o poder do evangelismo: Lynne Marier Parson e Stacey Wagoner. Obrigado por seu entusiasmo e apoio. Obrigado aos autores Emanuel Rosen e Dan Pink por sua sabedoria e orientação, e a Guy Kawasaki por ter sido uma inspiração.

SUMÁRIO

Prefácio		xv
1	**Evangelismo do Cliente: Um Manifesto**	1
	O Que Há de Errado com o Marketing Hoje?	6
2	**Quando os Clientes Acreditam**	13
	Quando o Evangelismo Foi Apresentado aos Negócios	15
	Por que o Evangelismo de Clientes Funciona	16
	O Marketing de Evangelismo de Clientes Como Prática	17
	Iniciando a Criação de Clientes Evangelistas	21
3	**Plus-Delta dos Clientes: Entendendo o Amor**	25
	Peça *Feedback* e o Receberá	27
	Por Que o Plus-Delta dos Clientes é Valioso	28
	Sim, Mas o que Eles Realmente Pensam?	29
	Como o *Feedback* dos Clientes Reposicionou Toda uma Empresa	29
	Como Fazer o Seu Próprio Plus-Delta dos Clientes	30
4	**"Napsterize" Seu Conhecimento: Dar para Receber**	41
	As Lições do Napster	43
	Indústrias "Napsterizadas"	44
5	**Estabelecendo o "Buxixo": Espalhando a Palavra**	47
	Definindo o "Buxixo"	48
	Como o "Buxixo" se Espalha	49
	Como o "Buxixo" é Criado	49
	Os Mitos do "Buxixo"	51
	"Buxixo" e Relações Públicas	51
	"Buxixo" Falso	53
	"Buxixo" Experimental	54
	Medindo o "Buxixo"	56
	Como os Memes Legais e Inteligentes o Ajudam a Ter Sucesso	59

6	**Criando Comunidades: Reunindo os Clientes**	**61**
	Por que Comunidades?	63
	Fast Company e a Companhia de Amigos	64
	O Formato das Comunidades de Clientes	66
	Colocando Pessoas no Seu Marketing	69
7	**Pequenos Pedaços: Das Amostras ao Evangelismo**	**73**
8	**Crie uma Causa: Quando os Negócios São Bons**	**77**
	Exemplos de Causas	79
	Facilitando as Coisas	83
9	**Marketing "Quente" Agora: Krispy Kreme Doughnuts**	**91**
	Começando com um Produto "Quente"	94
	Uma Experiência, Não Apenas Massa Frita	96
	O Encorajamento das Comunicações entre os Clientes Impulsiona o Desenvolvimento do Produto	97
	As Raízes da Empresa Estão no Marketing de Base	99
	Dar os Donuts para Instigar as Pessoas a Comprá-los	101
	Placar do Evangelismo: Krispy Kreme Doughnuts	102
10	**O Homem de Soluções Ambiciosas: SolutionPeople**	**105**
	Como uma Ferramenta Singular e Útil Faz as Pessoas Comentarem	108
	Foco de Haman na Construção de Redes de Fãs	110
	Relacionamentos com os Especialistas na Mídia Ajudam a Alimentar o Interesse e a Crença na Causa de Haman	115
	A Empresa Como Teatro: Proporcione uma Experiência Memorável	117
	Placar do Evangelismo: SolutionPeople	123
11	**As Lições de História das Guerras da O'Reilly: O'Reilly & Associates**	**127**
	Construindo uma Estratégia de Marketing Amplamente Baseada na Defesa de uma Causa	130
	As Comunidades de Clientes São Fundamentais para o Sucesso	133
	Grandes Quantidades de Seu Conhecimento Estão Disponíveis Fora de Seus Produtos Principais	137
	O *Feedback* do Cliente Impulsiona a Melhoria e a Inovação do Produto	139
	Placar do Evangelismo: O'reilly & Associates	140

12	**Os Novos Não-Conformistas do Marketing: o Dallas Mavericks**	**143**
	O Dono do Time, Mark Cuban, Se Conecta com os Clientes	145
	O Foco do Time na Experiência do Cliente	151
	Por que a Causa é Maior que o Troféu de Campeão	153
	Uma Estratégia de Marketing Responsiva e Flexível	154
	Placar do Evangelismo: Dallas Mavericks	159
13	**Um Mercado "Urso" Para o Varejo: Build-A-Bear Workshop**	**161**
	A Empresa Se Concentra em uma Experiência Memorável	163
	O *Feedback* dos Clientes Impulsiona os Negócios	168
	Comprar um Produto Significa Juntar-se a uma Comunidade	170
	Criando um Marketing Rápido e Responsivo Direcionado para o Evento	173
	Placar do Evangelismo: Build-A-Bear Workshop	175
14	**Uma Causa, Não Apenas uma Empresa Aérea: Southwest Airlines**	**179**
	Liberdade Como uma Causa para Se Reunir	181
	Evangelismo de Funcionários: a Origem do Evangelismo de Clientes	184
	Adorar a Opinião dos Clientes	187
	Tratar seus Melhores Clientes Como a Realeza que São	188
	Confundindo-se com as Comunidades	189
	Placar do Evangelismo: Southwest Airlines	192
15	**A Causa de 1 Bilhão de Dólares: IBM**	**195**
	Acolhendo uma Causa, Assim Como uma Tecnologia	197
	Dando Apoio e Credibilidade a uma Comunidade	200
	Disponibilizando Amplamente Grandes Partes de Sua Propriedade Intelectual	202
	Placar do Evangelismo: IBM	203
16	**Workshop de Evangelismo de Clientes**	**205**
	Plus-Delta dos Clientes	206
	"Napsterize" Seu Conhecimento	207
	Estabeleça o "Buxixo"	208
	Crie Comunidades	208
	Pequenos Pedaços	209
	Crie uma Causa	210
	Este é o Fim?	210

Apêndice A   SPAM   Criando Clientes Vigilantes   211

Apêndice B   Oito Dicas para Criar um Idéiavírus para Sua Empresa   215

Apêndice C   Medindo o Evangelismo de Clientes   219

Apêndice D   Como Reconhecer os Evangelistas e o que Fazer com Eles   223

Notas   227

Referências Bibliográficas   237

Índice Remissivo   239

PREFÁCIO

Depois de lançarmos o Macintosh em 1984, centenas de grupos de usuários do Macintosh surgiram no mundo todo. Eram grupos de fiéis apaixonados que ajudavam uns aos outros a se tornarem melhores usuários do Mac. Eles apoiaram o Macintosh quando a Apple não pôde – ou não quis.

Não me entenda mal: nós não sabíamos o que estávamos fazendo. Tudo isso estava simplesmente acontecendo, e fizemos de tudo para manter "isso" acontecendo, em que "isso" = "criar clientes inacreditavelmente leais e iniciar uma guerra santa entre as plataformas operacionais".

Depois dessa experiência, escrevi o livro *Selling the Dream* para evangelizar o evangelismo. Mas isso foi em 1989, e havia um mundo diferente de marketing. Não tínhamos o spam pela Internet, por 500 canais de TV a cabo, pelo rádio via satélite ou pelo telefone celular.

Hoje, o mundo todo está saturado e corrompido pelo conteúdo e pela propaganda, e nós precisamos ainda mais do evangelismo. Certamente não precisamos de mais propagandas ruins. Precisamos de mais pessoas para espalhar as boas novas. Essa religião de clientes é construída com produtos e serviços excelentes. A próxima etapa é alimentar o fogo do amor do consumidor, e é isso que este livro explica.

Existem quatro motivos sobre por que a abordagem do cliente evangelista é importante: (Alguns leitores sabem que geralmente faço esses pronunciamentos em um formato das dez mais, mas levando em consideração que este é um prefácio e o espaço é limitado, vou mantê-lo curto.)

1. É barato. Você não precisa pagar aos evangelistas. Na maioria das vezes, você simplesmente tem de sair do caminho deles.
2. É eficaz. Pense na última compra significativa que você realizou: qual foi sua maior influência? Provavelmente a reputação boca a boca do produto, e não um anúncio durante o Super Bowl (horário nobre mais caro do ano nos Estados Unidos).
3. É divertido. Não há nada melhor do que trabalhar com pessoas que amam seu produto ou serviço e querem ajudar a fazer do mundo um lugar melhor.

4. Seus concorrentes ficarão loucos quando virem centenas de milhares de clientes se transformarem em animais enlouquecidos por seus produtos e serviços.

Essas são as principais lições que você aprenderá em *BuzzMarketing – Criando Clientes Evangelistas*. Eu gostaria de ter escrito este livro, mas fico feliz por não ter tido de escrevê-lo, porque escrever um bom prefácio é muito mais fácil que escrever um excelente livro.

Guy Kawasaki
CEO
Garage Technology Ventures
Palo Alto, Califórnia

CAPÍTULO 1

EVANGELISMO DO CLIENTE

um manifesto

"Estamos encorajando nossos clientes a voarem pela Southwest Airlines. Estamos comprando mais ações... e estamos prontos para fazer qualquer coisa para ajudar. Contem com nosso apoio contínuo." [1]

ANN MCGEE-COOPER, CLIENTE DA SOUTHWEST AIRLINES,
em uma carta de outubro de 2001 para a presidente da Southwest, Colleen Barrett

Você é um evangelista.

Você diz aos outros qual filme assistir, qual computador comprar, qual restaurante visitar, qual dentista você prefere, qual telefone celular comprar, quais livros ler, quais clubes freqüentar. Suas recomendações são sinceras. Talvez apaixonadas.

Talvez você não tenha percebido que é um evangelista – aquele que traz boas novas –, mas sua esfera de influência, feita de amigos, familiares, colegas e comunidades de profissionais, já percebeu isso.

Como indica a nossa citação de abertura, Ann McGee-Cooper é uma cliente da Southwest Airlines que se posiciona firmemente ao lado da empresa que adora. Depois dos ataques de 11 de setembro, que aleijaram e prejudicaram muitas empresas aéreas por meses, McGee-Cooper escreveu para a empresa, informando-a de que estava persuadindo seus clientes, amigos e membros da família a voarem com a Southwest Airlines e estava comprando passagens para eles. Além disso, comprou ações da empresa. Talvez o mais notável tenha sido o fato de ela ter enviado um cheque de 500 dólares com a carta, dizendo que a empresa precisava do dinheiro "mais do que eu".[2]

Ela é mais do que uma cliente leal; é uma *cliente evangelista*.

Um cliente leal geralmente é definido como aquele que compra de você com regularidade. Se você é uma empresa aérea, clientes leais geralmente são definidos como aqueles que acumulam milhas. Se é um supermercado, uma floricultura, um café, talvez seus clientes leais sejam aqueles que moram por perto, que caminham até você ou dirigem uma curta distância para chegar até você. A lealdade deles para com você pode ser guiada pela conveniência ou por preços baixos. Na realidade, são clientes constantes, não necessariamente leais.

Um cliente constante, que compra com base na conveniência ou no custo baixo, pode facilmente se transformar em um cliente vigilante, aquele que fala sobre seu serviço deplorável para todos os que quiserem escutar. Assim que isso acontece, sua participação nas carteiras dos clientes começa a diminuir, juntamente com seu conceito na praça.

O evangelismo de clientes se espalha por meio do marketing boca a boca. Também se espalha por e-mail e pela Internet. Esse procedimento é conhecido como "buxixo", um fenômeno potente e cíclico. O "buxixo" vive e morre em um modelo previsível em forma de sino, que ajuda a criar novos clientes ou afugentar os clientes potenciais. Um cliente evangelista é como um amigo que você conhece há anos, cujo relacionamento ajuda a sustentar sua organização durante as épocas boas e ruins.

Qual a aparência de um cliente evangelista? Como você sabe se alguém está elogiando suas virtudes? Estes são os atributos dos clientes evangelistas:

- Eles compram e *acreditam* no seu produto ou serviço.
- São leais e apaixonadamente o recomendam aos amigos, vizinhos e colegas.
- Compram seus produtos para dar de presente para outros.
- Fornecem *feedbacks* ou elogios não requisitados.
- Perdoam as falhas ocasionais no serviço e na qualidade, mas deixam que você saiba quando a qualidade está deixando a desejar.
- Não é possível comprá-los; clientes evangelistas elogiam suas virtudes livremente.
- No papel de seus evangelistas, sentem-se conectados a algo maior do que eles mesmos.

As lições dos evangelistas originais – os crentes religiosos que vagaram pelas estradas do mundo espalhando a palavra de sua fé – nos ensinam que crenças são baseadas em uma ligação emocional, em convicções profundamente enraizadas e na promessa de um caminho melhor. Quando acreditamos piamente em algo, isso nos compele a contar para os outros. A raiz da palavra *evangelista* é baseada "naquele que traz as boas novas".

Mas este livro não é sobre religião. É sobre como as regras tradicionais de marketing estão mudando. Descreve como o marketing e as táticas de propaganda tradicionais estão perdendo sua eficácia e como as recomendações feitas por clientes são a nova moeda de valor no sucesso de uma empresa. Este livro é sobre como os futuros clientes escutam falar de você pela primeira vez por intermédio de um amigo de confiança ou membro da família. Descreve como os evangelistas têm uma influência fundamental sobre os futuros clientes e como clientes podem ter se alistado a seu favor bem antes de você saber o que estava acontecendo.

Pense sobre a última vez que um de seus amigos se entusiasmou com um produto. Talvez tenha sido sobre um filme, um restaurante ou talvez uma nova marca de pasta de dentes, ou até mesmo um advogado. Para fins de demonstração, digamos que o produto tenha sido uma nova prancha modeladora (chapinha) para os cabelos. Você e sua amiga querem ter cabelos lisos, em vez dos cachos com os quais nasceram, portanto têm de apelar para os meios mecânicos.

A história da sua amiga provavelmente segue os seguintes passos:

1. Uma descrição do produto que ela comprou.
2. Como o comprou.
3. Por que o comprou.
4. Como o tem usado.
5. Como tem lhe afetado e o que significa para ela.

Se ela for uma evangelista poderosa, os olhos dela se iluminarão e sua voz terá um quê de emoção. Você dirá "Uau, que maravilha! Preciso experimentar isso!". Porque a conhece e confia nela, você se conecta a ela e a sua história. Você se lembra da história no dia seguinte e consegue repeti-la quase palavra por palavra.

Quando a vê alguns dias depois, ela lhe pergunta se teve a chance de experimentar o produto em questão. "Ainda não", você diz. A resposta dela: "Vamos nos encontrar no final de semana, e eu mesma o mostrarei a você". Ela está, instintivamente, guiando você através do processo de vendas, gerando entusiasmo, superando objeções e, talvez, fechando o negócio.

Sua amiga é uma cliente evangelista, uma vendedora voluntária. Clientes como ela ajudam as empresas porque adoram ajudar outras pessoas, usando suas próprias experiências de sucesso. Freqüentemente, também querem ajudar você e sua empresa a terem sucesso. Você os ajudou, então eles querem retribuir o favor. Sentem um desejo humano intrínseco de recompensá-lo.

Neste livro, examinamos empresas grandes, médias e pequenas em diferentes setores para descobrir como criaram clientes evangelistas. Nossa pesquisa mostra que o evangelismo de clientes existe além dos grupos demográficos e etnográficos, categorias de produtos ou tipos de serviço. Usando uma abordagem detalhada de estudo de caso, apresentaremos a você o evangelismo de clientes que está acontecendo nas empresas:

- Southwest Airlines
- Krispy Kreme Doughnuts
- Build-a-Bear Workshop
- Dallas Mavericks
- O'Reilly & Associates
- SolutionPeople
- IBM

Você descobrirá como os clientes evangelistas querem que os outros se beneficiem assim como eles têm se beneficiado. Descobrirá como os evangelistas influenciam e, em alguns casos, tornam-se parte da força de vendas voluntária da empresa. Talvez o mais importante: descrevemos os meios para você criar evangelistas para sua empresa.

O ímpeto para escrever este livro se originou da nossa experiência com a evangelização de produtos e serviços. Ambos somos leitores ávidos, e nos vimos impulsivamente contando para os outros sobre nossos livros favoritos. Por dois anos, no final dos anos 90, entrevistamos centenas de candidatos para a nossa empresa, que se expandia rapidamente. Evangelizamos *Customers.com*, de Patricia Seybold, e *Futurize Your Enterprise*, de David Siegel, para muitos dos candidatos, assim como para nossos colegas. Como esses livros tiveram um impacto em nós, queríamos que outros partilhassem esse conhecimento. Ajudamos Seybold e Siegel a venderem várias centenas de exemplares de seus livros; e, de fato, um colega que aceitou nossa recomendação comprou 50 exemplares do livro de Siegel como presentes para seus prospects. Testemunhar esse ato nos transmitiu o poder do evangelismo diário.

Nosso livro pretende elucidar este fenômeno de marketing. Em épocas de recessão, um dos primeiros departamentos que geralmente é cortado em uma empresa é o de marketing. Na recessão de 2000-2002, não foi diferente. Dois milhões de pessoas foram demitidas nos Estados Unidos.[3] Um recorde de 257 empresas de capital aberto pediram falência em 2001, representando um aumento de 46% sobre o recorde de 176 pedidos no ano anterior.[4]

Ainda assim, algumas empresas passaram pela recessão sem demissões (ou apenas com uma quantia mínima), com lucratividade estável e com cortes orçamentários mínimos, se houve algum. Essas empresas notáveis tiveram sucesso, apesar da desordem econômica. Ao pesquisarmos esse fenômeno, descobrimos similaridades na base de clientes de sete empresas separadas: cada uma delas havia passado os anos anteriores se concentrando loucamente em encantar os clientes e desenvolver fãs leais e apaixonados que continuariam a apoiar a empresa durante as épocas de dificuldades econômicas.

Ao estudar essas empresas, descobrimos uma série de abordagens comuns que partilhavam e as dividimos em seis princípios básicos. Estes são os seis princípios básicos do evangelismo do cliente:

1. *Plus-Delta dos clientes*: Receber *feedback* contínuo dos clientes.
2. *Napsterizar o conhecimento*: Partilhar o conhecimento livremente.
3. *Estabelecer o "buxixo"*: Sabiamente construir redes de marketing boca a boca.
4. *Criar comunidades*: Encorajar as comunidades de clientes a se reunirem e partilharem suas experiências.
5. *Pedaços pequenos*: Elaborar ofertas especiais e menores para "fisgar" os clientes.
6. *Criar uma causa*: Concentrar-se em melhorar o mundo ou seu setor industrial.

Esses princípios básicos podem ser aplicados pelas pequenas, médias e grandes empresas em qualquer setor.

As sete empresas que estudamos lideram os esforços de seus setores na criação de clientes evangelistas. Entrevistamos seus clientes evangelistas, seus CEOs e seus executivos de marketing. Muitos nos contaram histórias inspiradoras sobre sua dedicação aos clientes e como seus esforços são freqüentemente direcionados para "simplesmente fazer a coisa certa". Nossos estudos de casos vêem as pessoas por trás da empresa e suas abordagens com os clientes, assim como as lições que elas podem nos ensinar.

Uma observação: embora muitas pessoas nos negócios de hoje considerem o trabalho de conquistar e reter os clientes como responsabilidade do departamento de marketing, descobrimos que as empresas que estudamos atribuem essa responsabilidade a toda a empresa. Essa filosofia emana consistentemente de cima para baixo, não de baixo para cima ou de alguma outra forma. Se examinarmos um movimento crescente na tecnologia de software – a comunidade do código aberto (o conhecido *open source*), na qual programadores de diversas empresas e países colaboram para criar padrões de software e produtos –, aprendemos uma lição importante. O autor Eric S. Raymond explica que a descoberta inovadora do código aberto aconteceu porque "um tomador de decisões estratégicas teve a idéia e, em seguida, impôs aquela visão às pessoas abaixo dele".[5]

Dessa maneira, este livro é mais do que um recurso para os líderes de marketing; é um guia para todos os líderes tornarem suas organizações mais centralizadas no cliente, não importando se o cliente é um consumidor, um executivo de compras, outra empresa ou um cidadão.

O QUE HÁ DE ERRADO COM O MARKETING HOJE?

"De quem é a culpa/ por esse estado de tormenta?
Do diretor de marketing! Todos confessamos."[6]

DA MÚSICA *LET'S ALL BLAME THE MARKETING DIRECTOR*, de Harpell

Se o mensageiro não for o primeiro a receber um tiro da empresa, então é o diretor de marketing. Em 2001, a Harpell, uma agência de propaganda de Massachusetts, estudou os potenciais gerentes de marketing de tecnologia para descobrir seus problemas. Os entrevistados disseram: "Meu orçamento foi cortado, mas eu tenho de produzir mais"; "Estou a caminho da rua"; "Meu pessoal foi cortado". Foi um relatório triste. Como parte de uma campanha de marketing para promover seus serviços, a Harpell produziu uma canção antiga, no estilo cancã, acompanhada por um piano estridente, sobre as provações e adversidades de um diretor de marketing que é sempre culpado pelas vendas fracas. A Harpell nos faz lembrar que, se a culpa é ou não do diretor de marketing, geralmente é ele quem será culpado pelas vendas decepcionantes.

Por quê? Vamos examinar o ambiente de marketing de hoje. Como os profissionais de marketing podem criar programas bem-sucedidos e inovadores em um ambiente de negócios que pune o risco e faz do departamento de marketing o bode expiatório para todas as decisões estúpidas que foram tomadas? Vamos explorar o que há de errado com o marketing.

O marketing de 2002 é baseado nos princípios de 1960. O que é ensinado em uma classe de marketing na faculdade? Os quatro Ps: Products, Place (Distribuição e Vendas), Price e Promotion – um conceito introduzido por E. Jerome McCarthy em 1960. Em 2002, a maioria dos programas de ensino em marketing ainda é baseada nos quatro Ps. Promoção, o quarto dos quatro, engloba apenas a propaganda, a promoção de vendas, as relações públicas e a venda direta. A maioria dos livros didáticos sobre marketing nas faculdades abrange muito pouco, ou quase nada, sobre o marketing boca a boca e o evangelismo de clientes.

Marketing é propaganda. Na próxima vez em que você estiver em um coquetel, pergunte a alguém a definição de *marketing*. É muito provável que a pessoa dirá que é propaganda. Pior ainda, entre os goles de sua bebida favorita, ela poderá definir marketing como telemarketing, o que, na nossa opinião, é marketing do tempo das cavernas.

Infelizmente, a definição comum de marketing é algo com que somos bombardeados diariamente: propagandas. Em seu livro *Data Smog*, o autor David Shenk conjetura que a pessoa normal é exposta a mais de três mil mensagens de propaganda por dia.[7] Nossos sentidos estão sob um ataque contínuo, sendo que a maioria é de informações ruins ou inúteis.

Existem outros exemplos sutis de como o marketing é associado à propaganda. Por exemplo, a coluna de Jim Kirk, "On Marketing, Etc." (Sobre Marketing, Etc.), publicada três vezes por semana no *Chicago Tribune*, é, em grande parte, sobre o extenso setor de propaganda de Chicago. Pelo fato de ele se concentrar quase exclusivamente nas campanhas de propaganda em massa desenvolvidas pelas lojas de Chicago e no alto nível de rotatividade nessas agências, a coluna é realmente "Sobre Marketing, Etc.".

Quais profissionais de marketing são bajulados na mídia? Os executivos de propaganda. Lembra-se da desonesta dona de uma agência de propaganda que a atriz Heather Locklear interpretava no seriado *Melrose Place*? E os personagens principais do programa *thirtysomething*? Dustin Hoffman foi o pai assediado e executivo de uma agência de propaganda no filme ganhador do Oscar

Kramer vs Kramer. O personagem de Darrin Stevens na popular comédia *A Feiticeira* era um homem de propaganda. Todos eles eram executivos de propaganda! Quando foi a última vez que um gerente de atendimento ao cliente foi o herói de um filme de sucesso? Não responda a essa pergunta.

O poder está nas mãos daqueles que têm orçamentos mais altos. Como alguns gerentes de marketing medem seu sucesso na hierarquia corporativa? Pelo tamanho de seus orçamentos de marketing. Um ex-gerente de marca de uma grande empresa de bens de consumo embalados nos disse que ter um orçamento alto de marketing significa acumular poder interno; ajudar os clientes a resolver os problemas não está necessariamente no topo da lista. Em algumas grandes empresas, é melhor você gastar todo o seu orçamento anual ou receberá menos dinheiro no ano seguinte.

Qual é a maneira mais rápida de gastar dinheiro? Propaganda em massa. Que incentivo um profissional de marketing ambicioso tem para criar clientes evangelistas e programas de marketing boca a boca, que custam muito menos? Nenhum, a menos que goste de ser passado para trás nas promoções. Infelizmente, muitos profissionais de marketing são promovidos e contratados com base no orçamento que aumentaram e administraram, não nos resultados apresentados.

O marketing precisa produzir resultados agora, droga. Somos uma sociedade que quer gratificações instantâneas. Queremos que nossa comida seja servida rapidamente e que nossas conexões com a Internet sejam as mais rápidas possíveis. Por que pagar à vista quando o crédito é mais fácil? O mesmo serve para o marketing. A bolsa de valores recompensa as empresas pelas receitas e lucros crescentes a cada trimestre. Wall Street não tem nenhum interesse em investimentos de longo prazo. Wall Street não quer saber de gastar dinheiro em programas de evangelismo de clientes. Os investidores se preocupam apenas com uma coisa: quantos novos clientes você gerará nas próximas 12 semanas.

As receitas estão caindo? Wall Street quer saber quais as medidas que você tomará agora. Demissões? Ótimo, eles dirão. Wall Street recompensa as demissões com um aumento no preço das ações. As vendas estão diminuindo? Ei, diretor de marketing, esqueça aquela pesquisa sobre a satisfação do cliente. Distribua aqueles materiais impressos para a força de vendas em campo – e aproveitando a oportunidade, comece uma nova campanha de telemarketing mais agressiva!

Marketing está desesperado. A globalização do comércio produziu uma economia rica em escolhas. Seriamente, como decidimos entre 165 marcas de cereais matinais e 85 marcas de barras de cereais diferentes? Neste momento, existem propagandas para uma infinidade de produtos na televisão e nos ônibus, nas janelas do seu *browser* no computador, nas salas de espera de médicos e dentistas, nos cartões telefônicos, no verso dos bilhetes de loteria e nas faixas puxadas por aviões barulhentos que circulam pelas praias lotadas, perturbando as pessoas que estão tentando se afastar disso tudo. Com três mil exposições diárias às propagandas, *são 188 mensagens por hora – três por minuto – todos os dias.*

Com tanta concorrência, as propagandas em massa gritam mais alto e com mais freqüência apenas para serem notadas. Em 1980, o pioneiro das agências de propaganda, David Ogilvy, atestou que uma propaganda precisa passar pelo menos nove vezes antes de um futuro cliente entender sua mensagem. É claro que ele tinha de atestar isso! Ele era um executivo de propaganda que ganhava dinheiro com o tamanho do orçamento de propaganda do cliente e com o número de vezes que uma propaganda era exibida. Alguns chamam isso de marketing de interrupção, mas na realidade é marketing de desespero. O cliente que faz propaganda em massa implora a você: por favor, por favor, por favor – nove vezes ou mais, na realidade –, compre! A repetição contínua da propaganda em massa transmite desespero, um sinal de que mais nada está funcionando.

Se uma empresa não consegue diferenciar seus produtos ou se concentrar em um público-alvo específico, ela se contenta em alardear um preço mais baixo, o último refúgio de uma empresa que perdeu seu rumo.

Marketing para os novos clientes é sexy. Evidências mostram que o custo da aquisição de um novo cliente é cinco vezes mais alto que o custo para manter um cliente atual feliz. Além disso, a lucratividade do cliente tende a aumentar quanto mais tempo ele fica com você; custa menos fazer com que um cliente sempre volte para comprar mais. Ainda assim, vemos muitos profissionais de marketing brilhantes, formados em universidades, gastando milhões de dólares em propaganda, mala direta, e um buraco negro no espaço sideral conhecido como "marca" – tudo em nome da aquisição de novos clientes. Por quê?

Porque é emocionante. A cena de abertura no filme *Kramer vs Kramer* mostra o ator Dustin Hoffman recebendo os parabéns dos seus colegas da agência; ele alegremente diz que conseguir a cobiçada conta de 2 milhões de dólares da

Revlon foi "um dos melhores cinco dias de toda minha vida". Conseguir novos clientes é sexy, como o homem das cavernas abatendo uma gazela nos pastos. Manter os clientes atuais, como colher nozes e frutas silvestres ou cuidar de um jardim, é um trabalho árduo.

O marketing em massa está à beira da morte. As taxas de resposta para as várias táticas de campanha continuam seu declínio inevitável. A quantidade média de cliques em *banners* na Internet variam de 0,005% a 1%. A média das taxas de resposta obtidas por malas diretas varia de 1% a 2%. As taxas de resposta obtidas pela propaganda televisiva e impressa permanecem obscuras; e as medidas como "conhecimento da marca" e "intenção de compra" são, na melhor das hipóteses, vazias.

Considere os resultados de um estudo liberado em 2001 pela Euro RSCG Worldwide, uma das maiores agências de propaganda no mundo, a respeito das influências sobre os compradores de bens de consumo tecnológicos. O estudo descobriu como os consumidores obtêm suas informações sobre produtos tecnológicos:

- 13% da propaganda;
- 20% dos sites na Internet; e
- 34% do marketing boca a boca.

O que "gerou comoção" sobre um produto ou serviço tecnológico?

- 0% do rádio;
- 1% de painéis;
- 4% de propagandas na TV;
- 4% de propaganda impressa;
- 15% de revistas; e
- 40% de referências de colegas ou familiares.[8]

Os tempos mudam, e é hora de as táticas de marketing que deram certo com as últimas gerações evoluírem de um modelo baseado na propaganda e na mala direta para um modelo baseado na construção da boa vontade do cliente. A repetição contínua e entorpecente do marketing que entope as artérias da nossa atenção todos os dias é como uma das definições comuns de insanidade: fazer a mesma coisa repetidamente e esperar resultados diferentes.

* * *

O que aprendemos até agora é que as plataformas tradicionais de mensagens estão tão lotadas que chegam a ser ineficazes. Aprendemos que os princípios de marketing, em 2002, estão baseados em idéias que têm, pelo menos, 40 anos. Sua eficácia foi diluída pelo crescimento exponencial de uma cultura dirigida pela mídia, pela onipresença das fontes de informações e, desde 1994, pela criação da World Wide Web.

Como evoluímos do oceano primordial da propaganda? Como ajudamos nossos melhores clientes a se tornarem nossos melhores vendedores? Ao nos conscientizarmos sobre a importância dos clientes que acreditam.

CAPÍTULO | 2

QUANDO OS CLIENTES ACREDITAM

"As vendas estão enraizadas no que é bom para mim; o evangelismo está enraizado no que é bom para você."[1]

GUY KAWASAKI, autor de *Selling the Dream* e *Rules for Revolutionaries*

Seus clientes recrutam novos clientes em seu nome?

Seus clientes lhe fornecem idéias sobre novos produtos, melhorias em produtos, novos serviços, localizações de lojas ou novas estratégias que funcionariam com os parceiros comerciais deles?

Os clientes evangelistas fazem tudo isso. Concentrar seu negócio e seu marketing na criação de evangelistas é a abordagem mais lucrativa para conquistar e reter clientes.

Na maioria das empresas, o grupo de marketing geralmente é responsável pelas atividades que conquistam e retêm clientes. Mas por quê? Os líderes de empresas inteligentes sabem que o marketing é mais do que um departamento; é uma filosofia e um sistema de crenças para toda a empresa, como uma religião corporativa, e os que mais acreditam são os melhores líderes. Este é um truísmo para a criação de funcionários evangelistas e clientes evangelistas.

As empresas que criam organogramas, planos de negócios e declarações de missão ao redor do cliente – não ao redor de sua própria estrutura interna – são aquelas que criam valor sustentável, de longo prazo. Portanto, evangelize este livro para seu CEO, seu COO, seus representantes de atendimento ao cliente e sua força de vendas em campo.

O evangelismo de clientes é uma filosofia sobre clientes. Dentro de uma empresa que prospera com clientes evangelistas, tudo é projetado para fazer os clientes voltarem. Essas empresas proporcionam experiências memoráveis, que impelem os clientes a partilharem seu conhecimento com outros. Os líderes que acreditam no marketing do evangelismo de clientes se apóiam em mais do que os quatro Ps, a segmentação, os canais de distribuição, a propaganda, a mala direta, entre outros. São premiados com seus cargos tão cobiçados porque se concentram em aprender tudo que é possível sobre os clientes e interagem com eles mais do que seus concorrentes.

À medida que conversávamos com os líderes das nossas empresas nos estudos de casos, descobrimos um padrão: a maioria disse que sua abordagem era "fazer a coisa certa". Mesmo o maior dos maiores disse que sua estratégia de marketing não era nada extraordinária. Em nenhum momento encontramos uma forte ênfase na "criação de valor para o acionista" como o grito de guerra das nossas empresas nos estudos de casos. Não queremos diminuir a importância do valor do acionista, mas as empresas que criam planos e táticas com o valor do acionista e o crescimento do valor de suas ações a taxas de dois dígitos como seus principais sistemas de crenças estão, na realidade, se dirigindo para o abismo profundo repleto de empresas como a Enron, a Arthur Andersen, a Global Crossing, a Sunbeam, a WorldCom e milhares de empresas pontocom mal administradas. Ganância não é bom.

Repetidamente, descobrimos que as empresas dos nossos estudos de casos desenvolvem *relacionamentos* com os clientes, com freqüência um reflexo da cultura da empresa. (Não estamos falando de CRM, ou gestão do relacionamento com o cliente, que tem a tendência de sugerir, erroneamente, que um investimento de vários milhões de dólares em um pacote de software de CRM cria relacionamentos melhores com os clientes.) Uma filosofia de evangelismo de clientes, baseada em relacionamentos com os clientes, está incorporada ao sistema de crenças do fundador da empresa ou do CEO.

Os funcionários das empresas em nossos estudos de casos – dos 33 mil funcionários da Southwest aos dez funcionários da SolutionPeople – acreditam na filosofia central da empresa para com o cliente e praticam-na. Para entender a cultura de uma empresa, examine seu CEO: é uma pessoa voltada para as pessoas? Ele se concentra na construção de relacionamentos dentro e fora da empresa? É acessível ou inacessível? Realista ou imperialista?

Outras perguntas: o CEO trasmite ostentação com abotoaduras de ouro ou ternos de 1.800 dólares? Ou se parece com um vizinho que alegremente lhe emprestaria seu cortador de grama?

Se você for o CEO: gosta da parte do trabalho relacionada às pessoas? Seja honesto: se o fato de lidar constantemente com pessoas o perturba, você está no emprego errado, porque sua filosofia e sua linguagem não-verbal sobre relacionamentos se espalha para todos os departamentos, além do grupo de marketing. A personalidade do CEO se torna a personalidade da organização. O modo como o CEO trabalha com pessoas geralmente é um reflexo de como uma empresa trata seus clientes.

A maioria das pessoas nas empresas está envolvida com o cliente em espírito, mas não tem as ferramentas e táticas para se engajar plenamente nesse envolvimento. Os capítulos seguintes discutem modelos para a criação de clientes evangelistas e apresentam conselhos bons e práticos de empresas que tiveram sucesso na criação de clientes evangelistas.

QUANDO O EVANGELISMO FOI APRESENTADO AOS NEGÓCIOS

A popularização do evangelismo nas empresas pode ser rastreada até Guy Kawasaki e a Apple Computer nos anos 80. Kawasaki foi nomeado um "evangelista do software" em 1983, e seu trabalho era vender o sonho do Macintosh para programadores que criariam software para os computadores da Apple. O sonho era aumentar a produtividade e a criatividade das pessoas que usavam computadores pessoais.

O Macintosh era um produto revolucionário por sua facilidade de uso e desenho singular, atraindo críticas favoráveis de seus primeiros clientes. O fervor e o zelo dos evangelistas de software, como Kawasaki, promoveram uma imagem de uma empresa que queria mudar o mundo.

Kawasaki diz que a Apple percebeu que sua abordagem teve um efeito secundário na empresa. "O título [de evangelista] já existia na Apple quando cheguei lá, portanto eu não o inventei", disse ele. "Ele era usado mais no sentido evangelista de pregar, de dar duro, de fazer o serviço, de levar a luta para o cliente – esse tipo de coisa."

"Os efeitos secundários de fazer com que as pessoas acreditassem, que fez com que mais pessoas acreditassem, foi algo que surgiu por acaso. Que eu me lembre, nunca me disseram: 'O.k., vá fazer com que os fulanos escrevam um software, e eles, por sua vez, arranjarão mais clientes para comprar seu software e, dessa forma, comprar Macs'. Nunca pensamos muito nisso tudo. Foi o que aconteceu, mas não era o plano."[2]

A empresa criou tantos clientes evangelistas acidentais que eles se organizaram em grupos de usuários. "A Apple tem milhares de grupos de usuários", disse Kawasaki. "Esses são os verdadeiros evangelistas. Não recebem nada. Não são funcionários. Dizem às pessoas para usar o Macintosh exclusivamente para o benefício dessas pessoas. Esta é a diferença entre vendas e evangelismo: as vendas estão enraizadas no que é bom para mim; o evangelismo está enraizado no que é bom para você."[3]

Com a Internet, o impacto do evangelismo de clientes cresceu exponencialmente. Dois componentes do evangelismo – o boca a boca e o "buxixo" – tornaram-se parte do vernáculo popular de marketing. O Hotmail, serviço gratuito de e-mail, é a mais conhecida frente de marketing boca a boca. O Hotmail cresceu para 12 milhões de assinantes em 18 meses, graças a um poderoso boca a boca. O fenômeno do Hotmail foi chamado de "marketing viral" por sua habilidade de "infectar" clientes potenciais com o marketing do produto em si. O Hotmail conseguiu isso colocando, no final de cada e-mail, a seguinte mensagem: "Faça seu e-mail gratuito no Hotmail.com".

Por acidente ou por projeto, o evangelismo de clientes é orgânico por natureza. Ele é popular. Brota do nível do cliente e começa a florescer quando os clientes conversam uns com os outros.

POR QUE O EVANGELISMO DE CLIENTES FUNCIONA

Evangelismo de clientes é a forma mais eficaz de propaganda disponível – e é praticamente gratuito. O evangelismo de clientes funciona por cinco motivos:

1. O vendedor voluntário é um amigo de confiança ou um conselheiro.
2. O conselho vem de uma fonte independente, e não do fabricante.
3. A mensagem geralmente é genuína e sem muito alarde.
4. O valor do produto ou serviço é personalizado para o receptor.
5. O mensageiro explica o valor até que seja totalmente entendido pelo receptor.

Como profissional de marketing, empresário ou qualquer coisa semelhante, sua função é ajudar essas raízes, que nascem naturalmente, a se estenderem mais profundamente. O evangelismo de clientes elimina os ruídos confusos da propaganda. Amigos, familiares e colegas influenciam nosso comportamento mais do que qualquer propaganda repetitiva ou qualquer vendedor agressivo.

Por que os clientes evangelistas são considerados os melhores vendedores?

- Conhecem seu público-alvo melhor que você porque eles *são* o público-alvo.
- Conseguem procurar e encontrar outras pessoas exatamente como eles com mais rapidez e facilidade que você.
- Sabem em que seus clientes potenciais trabalham.
- Sabem onde seus clientes potenciais moram.
- Traduzem sua proposta de valor em palavras que os clientes potenciais entenderão.

Os melhores clientes evangelistas acompanham o cliente potencial depois de terem feito a evangelização e ajudam a fechar a venda. Alguns se oferecem para levar o novo cliente até a loja e ajudar a comprar o produto.

O evangelismo de clientes reduz o tempo que leva para um cliente potencial tomar uma decisão de compra. George Silverman esboça este conceito em *Secrets of Word-of-Mouth Marketing*: a compra de um produto ou serviço não é uma decisão única, mas uma série de decisões. "Se você conseguir identificar e minimizar apenas alguns desses gargalos de decisão para seus clientes, é possível reduzir o tempo de decisão em mais da metade, multiplicando assim as vendas e a participação de mercado para seu produto ou serviço", escreveu ele.[4] Os clientes evangelistas orientam um cliente potencial durante todo o ciclo de decisão para completar a compra.

O MARKETING DE EVANGELISMO DE CLIENTES COMO PRÁTICA

O objetivo do Marketing de Evangelismo de Clientes é criar clientes evangelistas que espalhem as boas novas sobre seus produtos e serviços. Uma organização com um programa de Marketing de Evangelismo de Clientes concentra todas as atividades externas e internas nesse objetivo comum. Identificamos três pontos fundamentais para um programa bem-sucedido.

1. Um Produto ou Serviço Excelente

O que torna um produto ou serviço excelente? A excelência está nos olhos do cliente, mas aqui estão alguns temas comuns a considerar. (*Nota:* em todo este livro, tentamos usar as palavras produtos e serviços de maneira intercambiável, assim como fazemos com *ele* e *ela*.)

Usando o que chamamos de modelo SEAMS, aqui estão os aspectos de um produto ou serviço excelente:

- Satisfaz uma necessidade, vontade ou desejo do cliente.
- É fácil de usar (um produto excelente também é fácil de encontrar e comprar.)
- Assume um bom valor – uma medida subjetiva definida pelo cliente, mas basicamente é a crença dos clientes de que os benefícios do serviço valem o preço.
- Melhora a vida do cliente, melhorando as condições pessoais ou profissionais do comprador.
- Soluciona o problema de um cliente que, algumas vezes, ele mesmo não sabia que tinha.

Como você sabe se seus produtos ou serviços são excelentes? Pergunte aos seus clientes! Pergunte a eles o que adoram em seus produtos ou serviços. Pergunte o que dizem quando contam aos outros sobre seus produtos ou serviços. Comece averiguando o que dizem nos quadros de avisos da Internet e nos grupos de discussão.

A qualidade sozinha não garante o sucesso. O cenário da história comercial está repleto de produtos superiores, estilo Golias, que são derrotados por produtos mais simples e populares, tipo Davi. O sistema Betamax da Sony e o sistema operacional OS/2 da IBM eram superiores em comparação com seus concorrentes: tinham alta qualidade e eram de vanguarda. Mas o sistema VHS da JVC e o Windows da Microsoft ganharam por causa do melhor marketing.

Algumas pessoas acreditam que, contanto que o resultado final seja a alta qualidade, as pessoas falarão sobre o produto. Isso é verdade – mas apenas até certo ponto.

2. Um Foco Maníaco nos Clientes

A maioria dos profissionais de marketing e executivos de empresas afirma que mantém o foco nos clientes. Entendemos que o propósito das empresas é satisfazer as necessidades dos clientes e, ainda assim, muitos de nós não praticamos o que pregamos. Você pratica? Faça o teste a seguir:

Você visitou algum cliente nos últimos 30 dias?	Sim	Não
Você colhe algum tipo de opinião dos clientes todo mês?	Sim	Não

Você consegue descrever, em detalhes, a personalidade de seu cliente ideal (não as características demográficas)?	Sim	Não
Você tem um programa de satisfação do cliente?	Sim	Não
A remuneração de seus funcionários está diretamente ligada à satisfação do cliente?	Sim	Não
Você conhece seu desempenho sobre tempo de retenção de cliente?	Sim	Não
A sua organização se concentra na criação de experiências memoráveis para os clientes?	Sim	Não
Seus clientes se sentem parte da sua família?	Sim	Não
Seus funcionários têm autoridade para fazer a coisa certa pelos clientes?	Sim	Não
Seus clientes, fornecedores e funcionários são realmente tratados de maneira honesta e justa?	Sim	Não

Qual foi sua pontuação?
8 -10: Parabéns! Você está no caminho para a criação de clientes evangelistas. Sua empresa tem a base para uma máquina de Marketing de Evangelismo de Clientes.
4 - 7: Você sabe os passos corretos, mas não o ritmo. Precisa trabalhar nisso.
0 - 4: É hora de entrar para a religião do cliente ou mergulhar na obscuridade.
(Os anexos ao final do livro o ajudarão a colocar essas idéias em ação.)

3. Entender que os Negócios Dizem Respeito às Pessoas

Na época tranqüila da bolha da Internet, o foco estava nas IPOs (ofertas públicas iniciais), avaliações, opções de ações e CR (cresça rapidamente). Na recessão que se seguiu à explosão da bolha da Internet, as empresas cortaram custos e se concentraram na melhoria da eficiência operacional. A gerência por planilhas assumiu o poder. Aqueles que diziam "eu avisei" disseram que era hora de "voltar ao básico"; a revista *Business 2.0* convenientemente a chamou de "O Retorno do Emprego Miserável" (*The Return of the Crappy Job*).[5]

Como diz Tim Sanders, autor de *Love is the Killer App*: "A próxima grande coisa são (...) as pessoas."[6] Sanders implora às "pessoas de negócios" que partilhem seu conhecimento, suas redes de contato e sua compaixão. Ele está certo. Trate seus clientes como seus melhores amigos; os melhores amigos o apóiam durante as épocas boas e as ruins.

Os profissionais de marketing inteligentes evitam a "Arte da Guerra" como um pretexto para os negócios e abraçam "O Efeito da Lealdade". As empresas bem-sucedidas "namoram" seus clientes. Pedem permissão para construir um relacionamento com futuros clientes, em vez de segmentá-los em grupos demográficos frios, com campanhas para capturá-los como caça.

Vamos dar uma olhada em como uma empresa namora os futuros clientes. A FranklinCovey, uma empresa de eficácia pessoal e organizacional localizada em Salt Lake City, Utah, oferece uma série de boletins informativos por e-mail, escritos por vários de seus sócios seniores, chamados *Ajudando os Clientes a Terem Sucesso* (*Helping Clients Succeed*). Os boletins informativos são gratuitos para os assinantes e oferecem dicas detalhadas aos vendedores sobre como desenvolver relacionamentos que definitivamente resultarão em vendas. A FranklinCovey recebe *feedback* instantâneo dos leitores sobre cada boletim pela inclusão de um botão "Dê sua nota" em todos os e-mails. Ao pedir às pessoas que forneçam seus endereços de e-mail em troca de informações úteis, a empresa, na realidade, pediu permissão para divulgar aos seus clientes potenciais os seminários e cursos de treinamento pagos.

A estratégia da FranklinCovey para a construção de relacionamentos, ao oferecer um valor antecipado, a coloca em uma boa posição para criar clientes evangelistas. O vice-presidente da FranklinCovey, Mahan Khalsa, é bastante visível em seus e-mails. Aprendemos a conhecer sua voz calorosa e espirituosa, literal e figurativamente. Sua foto acompanha todos os e-mails e reconhecemos seu rosto com sua barba distintamente longa e grisalha. Já que parece que passamos a conhecê-lo pessoalmente, ele parece real e confiável. Ele reduz o número de decisões que precisamos tomar por causa do nosso crescente relacionamento virtual com ele.

A probabilidade de olhar o rosto sábio e sorridente de Mahan e clicar no link "retire meu nome da lista" é pequena. A probabilidade de participar de seus treinamentos é grande. Um ponto fundamental: ainda não compramos nada da FranklinCovey, mas como recebemos valor da organização, nós a evangelizamos.

Os profissionais de marketing geralmente se referem a "aumentar a lealdade à marca" como um fator para o aumento das vendas. Mas essa terminologia realmente faz sentido? Uma empresa e seu logotipo são inanimados. A idéia de as pessoas serem leais à marca pode fazer sentido no caso de alguns bens de consumo com pouca diferenciação: pense em Evian *versus* Pellegrino. Mas, em geral, pessoas são leais a pessoas. Qualquer negócio no qual seres humanos estão envolvidos na venda ou na entrega de um produto ou serviço tem a habilidade de influenciar de maneira significativa as experiências do cliente, conseqüentemente levando à lealdade.

As empresas telefônicas normalmente têm uma classificação muito baixa no atendimento ao cliente porque suas contas mensais são propositadamente complicadas e indecifráveis. Elas forçam os clientes a navegarem por uma dezena de menus de voz antes de chegar a uma pessoa real. Fazem as pessoas desligarem o telefone e discarem um outro número apenas para falar com um outro departamento. Pelo amor de Deus, gente, vocês são a empresa telefônica... consertem seus sistemas telefônicos!

Quando você pensa no seu restaurante favorito, provavelmente se lembra dos garçons atenciosos ou do carrancudo maître tanto quanto da comida – se não mais. Você adora a localização do seu novo apartamento, mas a receptividade do síndico e/ou da equipe de manutenção influencia sua decisão de renovar ou cancelar o contrato de aluguel tanto quanto o valor do aluguel mensal.

O evangelismo de clientes é baseado na lealdade a pessoas, não a coisas.

INICIANDO A CRIAÇÃO DE CLIENTES EVANGELISTAS

Muitas táticas comuns de marketing continuam perdendo a eficácia, mas ainda assim comandam a maioria dos orçamentos de marketing. Em 2001, a Pepsi contratou a estrela adolescente Britney Spears para lançar uma campanha publicitária de muitos milhões de dólares, uma das mais caras da história da empresa. Um ano depois, as vendas da Pepsi haviam caído 1%,[7] uma porcentagem significativa em um setor no qual a participação de mercado é medida em pontos decimais.

Líderes de pequenas empresas fazem contatos feito loucos, coletam cartões de visitas aos milhares e lançam *spams* por mala-direta, e-mail e telefone. Essa abordagem cria algumas frentes e uma reputação de desleixado. Enterre esses péssimos hábitos de marketing e os substitua por clientes evangelistas. Aqui está um kit para iniciantes que o ajudará a fazer isso.

Livre-se dos quatro Ps. Um dos tradicionais Ps de marketing – a *promoção* – geralmente envolve a comunicação unilateral: propaganda na TV, imprensa e rádio; comunicados à imprensa enviados rapidamente por fax; e uma tempestade de mala-direta. Comece a pensar na promoção como um processo bilateral. O livro *Permission Marketing*, de Seth Godin, detalha uma nova abordagem para o diálogo vai-e-vem com os clientes potenciais, que Godin compara com o namoro. A maioria das pessoas não consegue convencer estranhos em um bar a se casarem com elas; o mesmo acontece com propagandas que pedem que você compre *agora*. Godin receita oferecer incentivos para seduzir os clientes a optarem pela conversa. Com o tempo, o cliente aprende sobre seu produto ou serviço e desfruta do relacionamento de amizade. A chave é a conversa, e não a autopromoção.

As melhores coisas na vida são gratuitas. Faça de conta que você não tem um orçamento de marketing. (Talvez você nem tenha de fazer de conta.) O marketing boca a boca e o evangelismo são presentes que os clientes lhe dão, mas primeiro você precisa merecê-los, pois o dinheiro não compra a boa vontade. A abordagem fácil para o marketing é gastar dinheiro em propaganda da "marca" e mala-direta. Em vez disso, trabalhe arduamente para entender o que os clientes amam e, portanto, merecer a admiração deles. O evangelismo de clientes se paga simplesmente com as relações públicas.

Livre-se de Wall Street e concentre-se no longo prazo. O livro *The Loyalty Effect*, de Fred Reichheld, explica por que as empresas devem se concentrar na lealdade de longo prazo: custos operacionais 15% mais baixos que os das empresas semelhantes e taxas de crescimento 220% acima da média. As cotas de vendas trimestrais são importantes, mas não quando levam as empresas a adotarem uma visão de curto prazo no cuidado com os clientes. Concentre-se na criação de clientes leais; eles são seus candidatos ao evangelismo e clientes evangelistas o apoiarão no longo prazo, em épocas boas ou ruins.

Saia do frio; vá para um lugar mais quentinho. Encontrar novos clientes é fundamental para uma empresa nova e em crescimento. Mas como encontrá-los? Vamos começar discutindo alguns termos simples de vendas.

- *Telefonemas frios.* São frios. Impessoais. Inesperados. Dissonantes.
- *Frentes promissoras.* São convidativas. Promissoras. Fazem com que você se sinta bem.
- *Clientes potenciais quentes.* São quentes! O cliente está pronto para comprar agora ou já começou ontem.

Nosso vocabulário de vendas é visualmente descritivo por algum motivo, portanto, por que não passar mais tempo se concentrando em seus clientes existentes? Clientes que amam você geram mais calor para sua empresa. Atice as chamas. Aprofunde esses relacionamentos. Faça os clientes amarem você, depois pergunte discretamente se eles abririam suas redes de contatos e o indicariam a outros. Você poderá ficar prazerosamente surpreso ao descobrir como alguns clientes o ajudarão a encontrar frentes promissoras.

Acredite em seus clientes. Se você for do tipo analítico, o Marketing de Evangelismo de Clientes poderá parecer idealista e nebuloso. Provavelmente se sentirá mais confortável aprovando uma abordagem numérica: uma campanha de marketing para capturar mais clientes custa 75 mil dólares para enviar 100 mil malas diretas para uma lista comprada, resultando em 250 frentes promissoras, que resulta em dez novos clientes que gastam 20 mil dólares, gerando um retorno de 200 mil dólares em receita adicional. É fácil calcular esse retorno sobre o investimento (ROI).

Agora, como você calcula a indiferença – e talvez a ira – das 90 mil pessoas que receberam seu *spam*? Como calcula o custo de um vigilante cliente potencial que brande sua mala direta como um espetacular exemplo de desperdício de papel?

Os profissionais de marketing de evangelismo gastam seus orçamentos buscando permissão para desenvolver relacionamentos com os clientes, sabendo que o investimento, com o tempo, resultará em lucros mais altos e custos operacionais mais baixos. As empresas que escolhem Wall Street como parceiro de dança geralmente deixam os clientes de lado. Os banqueiros de Wall Street são como aqueles carros de som que anunciam o circo nas ruas: falam alto, são coloridos e divertidos, mas só se importam com a quantidade de dinheiro que você dará para eles.

Algumas vezes, é difícil desenvolver um retorno sobre o investimento baseado em táticas de evangelismo de clientes como ajudar a comunidade e contratar representantes genuinamente felizes e simpáticos para o atendimento ao cliente. Mas os profissionais de marketing de evangelismo acreditam piamente que fazer a coisa certa para os clientes lhes trará dez vezes mais recompensas em compras constantes e em clientes que compram deles por causa da recomendação de outros. É um salto de fé, assim como é um salto de fé o tipo analítico acreditar que o corretor de listas de mala-direta lhe entregará uma lista sólida e que a equipe criativa desenvolverá um projeto sólido.

* * *

Ao buscarmos empresas que criam clientes evangelistas com sucesso, examinamos muitos setores, incluindo aqueles que vendem para consumidores e empresas. Avaliamos empresas pequenas, de apenas uma pessoa, os pesos pesados da *Fortune 500* e empresas intermediárias. Da nossa análise, surgiram seis questões comuns sobre como essas empresas conquistaram e retiveram seus clientes, embora as abordagens específicas tenham sido bem diferentes.

Em suas bases, essas empresas sabem o que os clientes dizem sobre elas. Encorajam a participação e o *feedback* do cliente. Seus métodos variam, mas suas intenções são consistentes: precisam entender o amor e as áreas que necessitam de melhorias. Dominaram a arte do Plus-Delta dos clientes: o primeiro dos seis princípios básicos do marketing de evangelismo.

CAPÍTULO | 3

PLUS-DELTA DOS CLIENTES
entendendo o amor

"Perdemos muitas oportunidades por estarmos falando quando deveríamos estar escutando."

AUTOR DESCONHECIDO

Escute os seus clientes.

As lições das empresas dos estudos de casos nos capítulos 9 a 16 nos ensinam que escutar os clientes é um componente fundamental para a criação de clientes evangelistas. Muitas das organizações que analisamos recebem centenas ou mais de mil e-mails por dia de clientes com sugestões, reclamações e elogios. Assoberbante? De maneira alguma, disseram os líderes com quem conversamos. Eles não gostariam que fosse de nenhum outro jeito. Para eles, um dilúvio de e-mails confirma que seus clientes realmente se importam.

Nosso termo para reunir *feedback* dos clientes é o *Plus-Delta dos Clientes*. O *Plus* indica um reconhecimento sobre o que funciona bem. O *Delta* simboliza o que precisa ser melhorado. Ao realizar um *Plus-Delta dos Clientes* nos vários pontos de contato com os clientes, você coleta dados quantitativos e qualitativos sobre o desempenho da sua organização que podem gerar uma visão mais ampla sobre seu real desempenho no nível dos clientes.

Quase todas as pessoas de marketing concordam que o comentário dos clientes é importante. Ele é (ou deveria ser) a base para muitas das decisões estratégicas da organização. No entanto, pergunte a qualquer profissional de marketing se eles rotineiramente coletam *feedback* e, na maioria das vezes, a resposta é: "Não temos dinheiro suficiente no nosso orçamento para fazer uma pesquisa de mercado".

Parece que a opinião prevalecente sobre a realização de uma pesquisa de clientes é que ela custa muito caro, leva muito tempo e exige muitos recursos. As táticas comuns de *feedback* de clientes incluem os *focus group* (ou grupos de discussão), as pesquisas de satisfação dos clientes, cartões de comentários, estudos etnográficos, pesquisas qualitativas e pesquisas quantitativas. Para muitas organizações, essas táticas demandam muito trabalho, recursos e tempo. Descobrimos com as empresas dos nossos estudos de casos que a coleta contínua de *feedback* dos clientes é mais fácil e mais barata do que você imagina.

As organizações mais voltadas para os clientes usam táticas aparentemente simples para entender o que os clientes estão pensando. Elas entendem o efeito dominó da satisfação dos clientes. Pesquisas conduzidas nos anos 80 e 90 pela TARP, uma empresa de pesquisa da lealdade dos clientes, mostra que um cliente satisfeito conta sobre sua experiência com uma empresa ou produto para cerca de cinco a oito pessoas; os clientes insatisfeitos contam para dez a 16 pessoas.[1]

Para termos uma perspectiva, usaremos a fórmula da TARP para entender o potencial exponencial dos clientes insatisfeitos. Para fins argumentativos, usaremos os limites inferiores. Digamos que você meça a satisfação de mil clientes usando uma ferramenta de pesquisa. Insira os números de satisfação da sua própria organização para entender o efeito.

Como medir o "buxixo" de clientes satisfeitos e insatisfeitos

Número total de clientes	1.000
% de clientes satisfeitos	62%, ou 620
Referências de satisfação	620 × 5
Total de referências de satisfação	3.100
% de clientes insatisfeitos	38%, ou 380
Referências de insatisfação	380 x 10
Total de referências de insatisfação	3.800

Essa tabela mostra que mais da metade das referências sobre sua empresa podem ser negativas, embora apenas um terço de seus clientes esteja insatisfeito.

Com o advento da Internet, esses resultados podem ser ainda maiores. Certos sites, como o epinions.com e o PlanetFeedback.com, são inteiramente dedicados a encorajar clientes para que espalhem a palavra, geralmente negativa, sobre qualquer organização. Normalmennte, a percepção de um profissional de marketing é que os clientes estão satisfeitos quando não reclamam, mas essa percepção pode mascarar um fenômeno mais comum: a inércia.

Por que, então, os clientes insatisfeitos não reclamam?

- É difícil.
- Leva tempo.
- Não se sentem bem fazendo críticas.
- Não esperam resultados pelos seus esforços.

Clientes insatisfeitos e silenciosos geralmente deixam você de lado e nunca lhe dão retorno. A TARP descobriu que, para cada pessoa que reclama, existem 26 que não reclamam. Essas pessoas podem rapidamente se tornar clientes vigilantes, aqueles que têm por missão manchar seu nome sempre que tiverem uma oportunidade.

PEÇA *FEEDBACK* E O RECEBERÁ

As organizações que praticam o Plus-Delta dos Clientes valorizam o *feedback* dos clientes. Para elas, o Plus-Delta dos Clientes é mais do que uma série de atividades discretas; é uma filosofia exaltada pelos líderes de uma empresa por intermédio dos funcionários da linha de frente. É determinado por um conjunto de regras que faz com que muitos dos padrões testados e comprovados das pesquisas de mercado sejam obsoletos.

Estas são as dez regras de ouro do Plus-Delta dos Clientes:

1. Acredite que os clientes possuem boas idéias.
2. Colete *feedback* dos clientes em todas as oportunidades.
3. Concentre-se na melhoria contínua.
4. Solicite ativamente *feedback* bom e ruim.
5. Não gaste enormes quantias de dinheiro para fazer isso.
6. Busque o *feedback* em tempo real.
7. Faça com que seja fácil o cliente fornecer *feedback* (pessoalmente, por e-mail, por intermédio de sites, em conferências).
8. Incremente a tecnologia para auxiliar seus esforços.
9. Espalhe o *feedback* dos clientes por toda a organização.
10. Use os comentários para fazer mudanças – e comunique essas mudanças aos clientes.

POR QUE O PLUS-DELTA DOS CLIENTES É VALIOSO

Desenvolve clientes leais e mais rentáveis. O conhecimento dos níveis de satisfação dos clientes revela muito sobre a saúde da sua base de clientes. No início dos anos 90, uma pesquisa realizada pela Xerox revelou que os clientes *muito satisfeitos* tinham seis vezes mais chances de comprar novamente durante um período de um a dois anos do que aqueles que estavam simplesmente *satisfeitos*.

Melhora a qualidade dos produtos e serviços. Como descrito no Capítulo 2, os clientes só evangelizarão os produtos e serviços que adoram e nos quais acreditam. Os elogios e as reclamações dos clientes atuais e dos que o estão abandonando criam uma oportunidade para melhorias.

Aprofunda as ligações emocionais. Pense quando foi a última vez que uma empresa pediu seu *feedback*. Consegue se lembrar? Quando isso realmente acontece, geralmente você diz para si mesmo: "Uau! Eles valorizam minha opinião. Gostei de eles terem me perguntado". O relacionamento e o diálogo contínuos com os clientes, para entender suas opiniões, mostra que você se importa. Não presuma que os clientes querem ficar em paz; se não tiver certeza, peça a permissão deles. Assim como o carma, a boa reputação tem um retorno dez vezes maior.

Economiza tempo e dinheiro. O lançamento de novos produtos e serviços pode ser caro, arriscado e consumir muito tempo. Validar os novos conceitos com os clientes ajuda a mitigar uma grande quantidade de riscos de grande escala. Antes de comprar a matéria-prima, de finalizar os processos de fabricação e de distribuição, de finalizar os catálogos e o "papo" de vendas, peça que seus clientes atuais dêem suas opiniões. Deixe que eles mostrem os pontos problemáticos e encoraje as críticas.

Você acrescentará ao "buxixo" o fato de ser uma empresa voltada para o cliente. Seus clientes dirão aos amigos, colegas e familiares que você valoriza o *feedback*.

Comentários positivos podem se tornar parte do seu marketing. Você pode documentar os comentários positivos e usá-los como testemunho nos seus catálogos, no seu site e nas suas iniciativas de RP.

SIM, MAS O QUE ELES REALMENTE PENSAM?

Todos nós estamos familiarizados com as pesquisas de satisfação dos clientes. "Satisfizemos as suas necessidades? Sim ou Não. Qual a sua percepção sobre o nosso serviço? Dê sua nota de 1 a 5... bla, bla, bla". Essas pesquisas ajudam a coletar informações úteis sobre o que os clientes pensam, mas os resultados podem ser vagos e pouco específicos.

De modo semelhante, nas indústrias de serviços, quantas vezes o garçom de um restaurante lhe perguntou mecanicamente: "Como estava seu jantar esta noite?" Você responde mecanicamente "Tudo bem", sem realmente avaliar. Essa pergunta padrão foi feita tantas vezes, sem interesse real do restaurante, que toda a encenação parece uma grande perda de tempo.

Se realmente quisermos saber o que os clientes pensam, precisamos ir mais a fundo, como mostrado a seguir:

- O que os clientes atuais dizem que *amam* em você?
- O que eles dizem que deveria melhorar, ou quando foi a última vez que você os irritou? Um garçom que fizesse essa pergunta definitivamente chamaria a atenção do cliente!
- O que eles mais valorizam em sua empresa?
- O que dizem quando o recomendam a outras pessoas?
- Quais clientes mais o recomendam?

Fazer essas perguntas gera *insights* mais profundos e melhores resultados.

COMO O *FEEDBACK* DOS CLIENTES REPOSICIONOU TODA UMA EMPRESA

A W/M Displays, uma empresa que cria e fabrica displays para pontos-de-venda (PDV) em lojas de varejo, entende os benefícios do Plus-Delta dos Clientes.

Paul Scriba, presidente dessa empresa de 50 anos, queria entender como seus clientes – que fabricam desde chicletes até cortadores de grama – percebiam seus produtos. Então contratou a Sloane Communications para descobrir. Em vez de elaborar um estudo quantitativo completo, no papel, com uma lista intimidante de perguntas de múltipla escolha para classificar níveis duvidosos de satisfação, a Sloane conduziu entrevistas por telefone no estilo jornalístico com os clientes da W/M.

As entrevistas revelaram que os clientes da W/M achavam que os displays eram de alta qualidade e ficaram impressionados com a abordagem colaborativa e criativa da W/M para solucionar seus desafios de marketing. Contudo, ao se aprofundar mais do que qualquer outra pesquisa, a Sloane descobriu histórias de valor, como estas:

- Um display para um grande comerciante em massa que aumentou as vendas em 30%.
- Suporte à introdução de um produto que o ajudou a se tornar um líder de vendas em sua categoria.
- Idéias inovadoras que ajudaram os clientes a vender espaço nas prateleiras e contas fundamentais.
- Modelos que aumentaram a flexibilidade do display e reduziram os custos em 25%.

Historicamente, a W/M havia se posicionado como um fabricante de displays de PDVs de alta qualidade, mas as entrevistas indicaram que a empresa proporcionava ainda mais. Os clientes consideraram o valor dos processos da W/M – estudar como os clientes compram, examinar os ambientes das lojas e explorar o que cada varejista individual precisa e prefere nos programas de comercialização – tão valiosos quanto os resultados produzidos.

A Sloane trabalhou com a W/M para reposicioná-la como uma empresa de serviços que ajuda os clientes a aumentarem as vendas no varejo. Com esse novo posicionamento, a W/M remodelou seu processo de venda, refinou seus "papos" de vendas e criou catálogos que mostravam os resultados dos clientes – ajudando a diferenciá-la ainda mais dos concorrentes. Os resultados? "Nossas vendas aumentam 25% ao ano", disse Scriba. "Acrescentamos um terceiro turno para poder acompanhar a produção."[2]

COMO FAZER O SEU PRÓPRIO PLUS-DELTA DOS CLIENTES

É impossível este livro prescrever as táticas específicas para todas as empresas e produtos. O que funciona para uma empresa de bens de consumo embalados não é necessariamente aplicável a uma empresa de advocacia com foco em questões trabalhistas. Incluímos análises das estratégias das empresas dos nossos estudos de casos e de outras empresas como práticas fundamentais a serem usadas como ponto de partida para entender o quanto os clientes amam você.

1. Faça contatos verdadeiros com os clientes. Leve pelo menos um cliente para tomar café da manhã ou para almoçar toda semana. Faça quantas perguntas puder, e deixe-o falar à vontade. Parece fácil, não é mesmo? É engraçado como nossos horários são rapidamente preenchidos com reuniões na empresa – não com os clientes. Seus clientes são mais importantes que qualquer outra coisa que possa estar acontecendo dentro da sua empresa.

exemplo | **Voando com Herb**

Conhecido como aquele que bebe Wild Turkey e pilota uma Harley-Davidson, o indisciplinado presidente da Southwest Airlines, Herb Kelleher, é um líder empresarial atencioso, que regularmente escuta o que os clientes têm a dizer. Costuma voar nos aviões da Southwest, se fazendo passar por um atendente de vôo, distribuindo amendoins e se sentando com os clientes para ouvir o que eles dizem sobre o serviço da empresa.

exemplo | **Quem é aquele bilionário nas arquibancadas?**

Mark Cuban, dono do Dallas Mavericks, comparece a quase todos os jogos – em casa e fora – e se senta com os fãs nas arquibancadas, não nos camarotes. Algumas vezes ele se senta com os fãs nos lugares de 8 dólares, conversando e curtindo os jogos com eles. Sua missão é descobrir o que está funcionando e como ele pode melhorar a experiência dos torcedores.

2. Vasculhe a Web. Use o melhor e mais recente mecanismo de busca para descobrir o que as pessoas dizem sobre você em sites de fãs, em *newsgroups* e em listas de discussão por e-mail. Uma busca on-line o ajudará a descobrir – e rapidamente responder a – quaisquer clientes vigilantes.

exemplo | **Empresas usam espreitadores na Web para o atendimento ao cliente**

Por Chris Woodyard, *USA Today*, 6 de fevereiro de 2002.

Seu nome evoca uma imagem ameaçadora.
O Espreitador. O Espreitador da Starwood.
Todos os dias o Espreitador navega pela Internet. Mergulha nos quadros de aviso eletrônicos dos viajantes freqüentes para checar as mensagens sobre seu empregador: a Starwood Resorts & Hotel. Procura comentários sobre qualquer uma das grandes cadeias de hotel que operam sob o guarda-chuva corporativo da Starwood – Westin, Sheraton, St. Regis ou W.

E quando as encontra: Zap! – entra em ação.

Ele envia um e-mail para o remetente ou posta sua própria mensagem no quadro de avisos eletrônico. Gatunos nas salas de bate-papo, como o Espreitador da Starwood, tornaram-se comuns na Internet. Os representantes de hotéis e empresas aéreas estão cada vez mais aparecendo nos quadros de avisos eletrônicos para responder a perguntas ou esclarecer algum mal-entendido.

Eles precisam fazer isso. Quando um cliente escreve ou telefona para uma empresa com uma reclamação, é uma coisa. Outra coisa é quando o mesmo cliente posta um e-mail crítico para o mundo todo ver.

O que faz com que o Espreitador da Starwood seja especial é que seu trabalho agora é em tempo integral. Quando não está on-line, seu nome é William Sanders.

Ele não é um universitário aficionado por tecnologia. Sanders descreve a si mesmo, com seus 47 anos, como "o velho da equipe" e tão desconfortável com a tecnologia que nem "consegue realizar uma conference call". O próprio Sanders espreita em Austin, Texas, onde seu título oficial é especialista no departamento de comunicações eletrônicas.

Ele é relativamente novato nos quadros de avisos eletrônicos, assim como a Starwood.

A empresa hoteleira, assim como muitas outras, observou em silêncio, durante meses, os viajantes freqüentes escreverem cartas sobre seus hotéis favoritos ou menos favoritos, dicas sobre como acumular pontos de milhagem e coisas do gênero. Um dos quadros eletrônicos mais rigorosamente monitorado é o FlyerTalk, que faz parte do InsideFlyer.com, visitado por muitos viajantes freqüentes. É considerado uma referência no setor de viagens, com 300 mil visitantes por mês, que geralmente ficam de 15 a 30 minutos. Dentro da área do FlyerTalk estão os quadros de avisos para cada uma das principais empresas aéreas e cadeias de hotéis.

Os funcionários da Starwood disseram ter visto muitas oportunidades para entrarem nessas conversas on-line, mas estavam relutantes. Disseram que não queriam dar a impressão de se intrometer à força na liberdade de expressão. Mas quando a empresa fez sua primeira postagem no quadro de avisos da FlyerTalk na área da Starwood, em 1º de dezembro, a reação foi surpreendentemente positiva. "A Starwood arrasa!", escreveu um contribuinte no site 27 minutos depois que a empresa anunciou que participaria dos bate-papos. "É legal ter uma empresa de viagens que realmente se importa com seus clientes", assentiu um outro.

"Depois de alguns minutos da postagem da primeira mensagem sob o nome Cliente Preferencial Starwood, outras pessoas no quadro começaram a dizer: 'É muito bom que vocês o estejam ajudando'", disse Klaus Buellesbach, diretor global de atendimento ao cliente.

Desde então, a Starwood tem participado de conversas de forma "moderada", preferindo entrar em contato por e-mail individual com todos os que postam um problema.

O monitoramento do site tornou-se uma prioridade tão grande que foi essencial encontrar alguém que pudesse trabalhar nele em tempo integral. Sanders entrou em cena, arrancado da categoria relativamente obscura de atendente de reclamações de clientes.

Sanders adora espreitar.

Em vez de ser verbalmente agredido o dia todo pelo telefone, como acontecia no seu emprego anterior, Sanders diz que agora cura as dores de cabeça das viagens dos hóspedes do hotel no anonimato do ciberespaço. "As pessoas aqui são mais sensatas", diz ele.

Sanders passa a maior parte do seu dia de trabalho lendo atenciosamente as mensagens postadas no site da Starwood. Ele também checa os quadros de avisos de outras redes de hotéis em busca de referências à Starwood. Ele passou a conhecer seus colegas nas redes de hotéis concorrentes que têm seus próprios espreitadores realizando a mesma tarefa – como o Hilton.

Sanders está até mesmo fazendo alguns amigos on-line entre os viajantes. Um viajante sediado na Alemanha envia mensagens para ele a cada três semanas para reclamar que um determinado Sheraton ainda não foi aberto na Malásia.

David Goldsmith disse que não ficava nos hotéis da Starwood dois anos atrás. Mas depois de ter tido algumas experiências boas nos hotéis, das melhorias nos apartamentos e outros benefícios que fazem parte do status da elite de hóspedes fiéis, ele diz que a Starwood e o Espreitador fizeram dele um crente.

E Randy Petersen, o especialista em milhagens dos viajantes freqüentes que administra o InsideFlyer, diz que acredita que os espreitadores servem a um propósito.

"O atendimento ao cliente, em teoria, refere-se a escutar e resolver os problemas de seus clientes", diz ele. "Neste caso, a FlyerTalk se tornou um centro substituto para isso acontecer." Sanders fica feliz ao ouvir coisas como essas. Ele se vê como um "consertador".

"É uma outra maneira de exceder as expectativas das pessoas que se hospedam conosco", diz o Espreitador. "É só isso que importa."

© 2002, *USA Today*. Reimpresso com permissão.

3. Colete *feedback* no seu site. Uma página no site da sua empresa deveria 'encorajar' os clientes a proporcionarem *feedback*. Faça com que seja fácil encontrar essa página a partir de qualquer área do site em que o cliente esteja. Colete dados para todos os tipos de *feedback*: reclamações sobre produtos, perguntas para o serviço de atendimento ao cliente, questões relativas a franquias e perguntas sobre contratações de funcionários.

Se quiser saber o que está funcionando bem para os clientes, inclua uma opção permitindo que eles submetam suas cartas de "amor", histórias pessoais e fotos deles com seus produtos. Coloque essas histórias em seu site e em seus materiais de marketing. Aqui está uma idéia maluca: coloque o endereço de e-mail de seu CEO no seu site.

4. Extraia dados do *call center*. Seja rigoroso ao examinar os registros do *call center*. Algumas empresas recebem centenas de chamadas diariamente. São centenas de oportunidades para os clientes expressarem sua satisfação e fazerem sugestões. Procure as tendências. Converse freqüentemente com sua equipe do *call center*. Uma vez por mês, escute algumas das chamadas.

5. Termine todas as reuniões de clientes com *feedback*. Para todos aqueles que se reúnem pessoalmente com os clientes, use uma ferramenta de Plus-Delta como essa mostrada na Figura 3.1. No final das reuniões, peça aos clientes que façam uma lista do que funcionou bem na reunião; esses itens são colocados na coluna Plus. Em seguida, pergunte aos clientes o que pode ser melhorado na próxima vez; esses itens são colocados na coluna Delta. Diga aos participantes que a sessão não tem respostas certas ou erradas e que não é hora para debate. Em vez disso, é uma oportunidade para um *feedback* honesto e imediato sobre o serviço que acabou de ser realizado.

A beleza da ferramenta Plus-Delta é ser uma sessão de *brainstorming* de cinco minutos. Em sua próxima reunião com o cliente, comece falando o que você fez a respeito dos deltas levantados na última reunião. O Plus-Delta também funciona para as reuniões por telefone.

6. Entreviste seus clientes. Isso não é o mesmo que conduzir os *focus groups*. Peça a uma empresa terceirizada independente para realizar entrevistas detalhadas, pessoalmente ou por telefone, para obter o que os clientes realmente pensam. Trabalhe com os clientes para entender o valor dos seus produtos e como eles descrevem as declarações de valor e as ofertas de produtos da sua organização.

Figura 3.1 | **Crie Seu Próprio Plus-Delta dos Clientes**

Peça o *feedback* de seus clientes em pequenos bilhetes adesivos. Encoraje o *feedback* de todos, especialmente dentro de grupos.

Plus	Delta
O que foi bom?	O que pode ser melhorado?

7. Use as pesquisas on-line. As pesquisas na Web permitem que você receba o *feedback* de maneira rápida e barata. Acrescente algumas perguntas de resposta aberta para ajudá-lo a ter uma idéia melhor sobre como o cliente se sente a seu respeito. Tente perguntas como: "O que você mais valoriza em nossa empresa?". Você receberá respostas incríveis, que poderão ser usadas em seus materiais de marketing; sua agência publicitária nunca seria capaz de sonhar com um material genuíno e brilhante como esse.

exemplo | **Um radiodifusor escuta**

A WBEZ de Chicago é a terceira maior estação pública de rádio no país. Tem 550 mil ouvintes e 45 mil membros – clientes leais, se você quiser – que sustentam a programação da estação com contribuições financeiras.

Um Conselho Consultor de Ouvintes, com 15 membros, fornece *feedback* à WBEZ sobre como a estação está cumprindo sua missão, que é servir a comunidade. Não é uma tarefa fácil; a área de Chicago tem cerca de 7 milhões de habitantes. Coletar dados é um desafio para um grupo de voluntários sem um orçamento.

Antes de 2002, o Conselho Consultor de Ouvintes geralmente conduzia pesquisas pessoalmente, usando voluntários em eventos. Era um processo que consumia muito tempo; os dados tinham de ser digitados no computador para análise. Em certo ponto, o conselho pensou em telefonar para os ouvintes para obter *feedback*, mas sem um orçamento para contratar uma empresa de pesquisa, seriam necessários muitos voluntários. Os aspectos negativos associados a um telefonema para pessoas que estão em suas casas superavam os benefícios.

Por fim, um novo plano foi elaborado: aproveite o alcance e a eficiência da Internet usando uma pesquisa na Web. Em janeiro de 2002, a estação lançou uma pesquisa com 12 perguntas. Solicitava que os ouvintes respondessem a uma série de perguntas de múltipla escolha sobre a programação no ar e seus hábitos de ouvinte. Havia duas perguntas de resposta livre:

- O que você mais valoriza na Chicago Public Radio?
- Se pudesse sugerir algo para a Chicago Public Radio melhorar seu serviço para a comunidade, o que seria?

Enviada uma vez para a lista de e-mails da própria empresa, a pesquisa gerou mais de 800 respostas em duas semanas. Foram enviadas centenas de sugestões, desde melhores informações sobre o tráfego e maior cobertura das notícias políticas locais até a melhoria dos esforços para angariar fundos para a estação. As respostas eram informativas, construtivas, geralmente apaixonadas e incluíram até mesmo alguns textos com 150 palavras.

Muitas respostas, como as seguintes, eram o sonho de qualquer profissional de marketing.

- "[A WBEZ] me trata como uma pessoa com cérebro... me dá algo em que pensar, me ajuda a explorar os assuntos do dia."
- "Desde que comecei a ouvir [a WBEZ], me tornei uma pessoa mais informada, mais educada e mais consciente. Eu não terminei a faculdade, mas sou capaz de participar de conversas com pessoas muito inteligentes por causa da [WBEZ]. As pessoas geralmente ficam espantadas, pois consigo discutir sobre política, economia, assuntos internacionais etc. Não porque elas não me achem muito esperto, mas porque tenho um conhecimento que muitas pessoas não têm."
- "Tenho um sentimento de comunidade com os produtores da programação e os funcionários da WBEZ e outros ouvintes. Vocês são meus vizinhos. Eu me sinto em casa sempre que a WBEZ está ligada."[3]

As melhorias sugeridas incluíam:

- "A série 'Chicago Matters' sobre as escolas públicas foi absolutamente fantástica. Mais programações seguindo essa mesma linha seriam excelentes."

- "Uma vez por semana, talvez nas quartas-feiras durante as chamadas matinais ou noturnas, ter um quadro de avisos sobre eventos (para que ainda possa haver tempo de planejar a sua ida) que fale sobre museus, oportunidades musicais, festivais etc."
- "Quando vocês tiverem 'especialistas' discutindo sobre habitação pública, por que não chamar um dos residentes dos projetos? Os ouvintes teriam mais informações internas."
- "As reportagens sobre o tráfego geralmente não são em tempo oportuno. Quando reportam um acidente, geralmente ele já foi resolvido."[4]

exemplo | **P&G entra na WWW**

A Procter & Gamble gasta aproximadamente 150 milhões de dólares por ano em pesquisas ao consumidor. Costumava ter um grande vício em grupos de foco, em que cada sessão custava mais de 25 mil dólares. Em 2001, a gigante de bens de consumo decidiu interromper sua dependência dos *focus group* e se voltar para a Internet em busca de *feedback*; suas ferramentas on-line coletam *feedback* instantâneo do consumidor sobre os produtos na mesa de desenhos e os produtos atuais nas prateleiras das lojas.

Em um artigo de outubro de 2001 no *Wall Street Journal*, Barbara Lindsey, diretora de serviços de pesquisa do consumidor da P&G, relatou que a empresa tinha dedicado aproximadamente metade de seu orçamento para pesquisas ao *feedback* on-line. Usando os métodos tradicionais, uma simples pesquisa ao consumidor pode levar de três a quatro semanas e custar aproximadamente 50 dólares, ao passo que uma pesquisa na Internet pode ser completada em dez dias, com um custo de 10 mil dólares. De fato, a P&G descobriu que o *feedback* pela Web é cinco vezes mais barato e produz dados quatro vezes mais rápidos.

"É possível economizar muito tempo e muito dinheiro", diz Lindsey.[5]

8. Crie um conselho consultivo de clientes. Peça aos seus melhores clientes que se reúnam com você, física ou virtualmente, para que possam fornecer *feedback* regularmente. Você ficará surpreso ao saber quantos deles adorarão a oportunidade de fazer parte de seu conselho consultivo.

exemplo | **Quando os leitores escrevem**

Em abril de 2001, o washingtonpost.com, a versão on-line do jornal *Washington Post*, convidou seus leitores a participarem de um painel consultivo voluntário; mais de 15 mil pessoas se inscreveram em dois meses. Trinta e nove por cento dos membros moram na área de Washington, D.C., e 55% estão espalhados em 30 estados diferentes. Os 9% restantes estão espalhados em dez países diferentes.

"O painel on-line nos proporciona um meio para conduzir um teste de produto", diz Alex Johnston, analista de pesquisa sênior do Washington-Post.Newsweek Interactive, que supervisiona o grupo de leitores. "Com o painel, obtemos resultados com mais rapidez – em poucas semanas – em comparação com os métodos anteriores de teste de produto. Podemos fazer mudanças nos produtos existentes com mais rapidez e reagir com mais agilidade."[6]

O jornal tem usado o painel para muitos fins diferentes, incluindo os seguintes:

- Teste de produto para o produto de notícias personalizado – mywashingtonpost.com: o *feedback* do painel tem ajudado os funcionários on-line a entenderem o valor dos serviços existentes e novos e como melhorar os atuais esforços de marketing.
- Teste de novos formatos de anúncios: o washingtonpost.com testa novos produtos publicitários quanto às reações dos leitores. Embora muitos leitores tipicamente façam cara feia para as novas propagandas, Johnston diz que sua equipe coletou opiniões importantes nos painéis.
- Avaliações de seções especiais: depois dos eventos de 11 de setembro, foi solicitado ao painel que desse *feedback* sobre a maneira como a cobertura foi apresentada no site. Como resultado, os funcionários do site puderam entender melhor o que atraiu mais o interesse dos leitores, e os designers fizeram ajustes de acordo.
- Teste de percepção geral: o painel participou de um esforço on-line para criar um novo design. Os pesquisadores perguntam aos leitores sobre suas conexões com várias seções, quais seções eles gostariam que ficassem maiores e como gostariam que fossem apresentadas.

* * *

A Internet e os avanços na tecnologia fizeram com que a interação com os clientes ficasse mais fácil e mais barata. Muitas das idéias discutidas neste capítulo se apóiam na natureza instantânea da Internet e em sua habilidade de conectar as pessoas no piscar de uma idéia. A tecnologia nos permite conhecer nossos clientes de uma maneira que nunca seria possível no passado.

Maxine Clark, fundadora e "ursa diretora executiva" da empresa varejista Build-A-Bear Workshop, diz que todas as empresas deveriam acolher o *feedback* instantâneo que a Internet proporciona. "A Internet tem tido um enorme impacto positivo no varejo em geral", diz ela. "Os clientes esperam que você tenha a Internet como uma opção para eles. E querem usá-la para todo tipo de coisa, seja reclamar ou fazer elogios sobre a empresa ou fazer compras. As pessoas querem lhe dar seus endereços de e-mail... [é] um meio para obterem comunicação instantânea e descobrir o que está acontecendo."[7]

A maneira como as organizações agem com relação aos conselhos gratuitos que recebem dos clientes é o que as diferencia dos concorrentes. Como você lerá na história da Build-A-Bear Workshop (Capítulo 13), Maxine Clark usou os conselhos dos clientes para desenvolver 99% dos produtos da sua empresa.

As organizações que se concentram na criação de clientes evangelistas manifestam a disposição de partilhar seu conhecimento com seus clientes, seus parceiros comerciais e seu setor. É um fenômeno crescente, que chamamos de "napsterizar" seu conhecimento.

CAPÍTULO | 4

"NAPSTERIZE" SEU CONHECIMENTO
dar para receber

"A informação quer ser livre."[1]

STEWART BRAND

Quando Shawn Fanning, um programador de 19 anos que abandonou a faculdade, escreveu um programa de computador em 1999 para ajudar seu colega de quarto a encontrar e partilhar arquivos de música no formato MP3, o programa permitia que os navegadores da Web abrissem seus discos rígidos para outras pessoas e fizessem o mesmo.

Ele deu o nome de Napster ao programa, um apelido que tinha recebido há alguns anos. Em 18 meses, o mundo da computação e do partilhamento do conhecimento mudou. A notícia do Napster se espalhou como um enorme incêndio por todo o mundo. O Napster rapidamente se tornou o lar de uma comunidade de 50 milhões que partilhavam aproximadamente 9,4 milhões de arquivos entre eles todos os dias.

Não demorou muito para os advogados aparecerem; baseados em um processo instaurado pela Associação Americana da Indústria Fonográfica (RIAA) e uma série de gravadoras, a juíza Marilyn Hall Patel, do tribunal distrital dos Estados Unidos, ordenou que o Napster, seis meses antes do aniversário de dois anos da empresa, parasse com a troca de arquivos de músicas. Com o apoio da RIAA, o sistema judicial americano assassinou o Napster.

A RIAA argumentava que o Napster estava roubando milhões de dólares de sua conta bancária porque os consumidores estavam obtendo músicas de graça, em vez de pagar 17,95 dólares pelos CDs completos. As gravadoras há muito controlavam com mão de ferro o modo como os clientes usavam sua propriedade intelectual, e o Napster não mudaria isso. Elas disseram que controlavam os padrões e a distribuição; o Napster havia invadido o território delas e merecia ser eliminado.

Outras indústrias, repentinamente, começaram a se preocupar com o fato de suas propriedades intelectuais serem "napsterizadas", principalmente as grandes empresas de mídia. Os estúdios cinematográficos, as empresas produtoras de televisão e as editoras temiam ser as próximas. Depois que algo é digitalizado, só precisa de um sistema de distribuição, e era isso que o Napster fazia.

O medo comum – e algumas vezes irracional – de ser "napsterizado" estava evidente com a aparição, em 5 de fevereiro de 2001, de um artigo no *National Underwriter*, uma publicação para o setor de seguros e serviços financeiros. Ele advertia que o tempo estava se esgotando para o setor de seguros tecnologicamente porque ele partilhava os mesmos fatores de risco com a indústria de entretenimento: um mercado altamente regulado, produtos baseados em informação, alguns vendedores dominantes sem uma concorrência real, e um grande número de clientes sem uma maneira fácil de se organizar. O artigo argumentava que os clones do Napster colocariam o setor na "lista de alvos" e acabariam "chacoalhando [o setor] até suas raízes com um modelo de *e-business* alternativo".[2]

O argumento capcioso do *National Underwriter* estava parcialmente certo: os clones do Napster conseguem chacoalhar uma indústria, fornecendo modelos mais rápidos e mais eficientes para partilhar e distribuir informações. Os modelos também fizeram com que a amostragem fosse altamente eficiente; de fato, o Napster era o melhor modelo teste-antes-de-comprar já criado.

Considere o que aconteceu com a venda de álbuns antes, durante e depois do Napster. Em 2000, com o serviço a todo vapor, as vendas de álbuns subiram 4%, de acordo com a Soundscan, uma empresa que registra a venda de álbuns. Depois que a juíza Patel fechou o Napster, no início de 2001, as vendas de álbuns caíram 5%. Na realidade, foi a primeira vez na história de dez anos da Soundscan que as vendas de música caíram.

Embora seja possível que fatores como concorrência, aumento de preços, mudanças demográficas ou falta do que comprar possam ter afetado as vendas, um estudo realizado em junho de 2001 pela Yankelovich Partners confirma o efeito positivo do Napster. A empresa de pesquisa descobriu que, entre os 16 mil americanos pesquisados, 59% daqueles que fizeram *download* de músicas disseram ter comprado o CD depois.

Parece que o Napster estimulava as vendas porque gerava pequenos pedaços de CDs caros. Afinal, as empresas de bens de consumo embalados, como a P&G e a Unilever, têm tornado disponíveis há anos, com sucesso, pequenas caixas de sabonetes, sabão em pó e quase todo produto embalado em caixas, como um incentivo para os consumidores comprarem. Por que não a música? Joel Selvin, editor de música pop do *San Francisco Chronicle*, diz que o "Napster encorajava as pessoas a experimentarem novas músicas que não necessariamente pagariam para conhecer".[3]

AS LIÇÕES DO NAPSTER

A adoção popular e de rápido crescimento do Napster indica as potencialidades de um novo tipo de canal de distribuição e proposição de valor. As empresas que partilham sua propriedade intelectual e seus processos comerciais com os clientes e parceiros aumentam o valor percebido e real de seus produtos e serviços. Esse axioma é comprovado pela SolutionPeople, uma empresa de criatividade e consultoria. Como será totalmente explicado no Capítulo 10, a SolutionPeople disponibiliza seu conhecimento em uma ferramenta de mão e no modo como conduz seus workshops de criatividade. É concebível que um concorrente possa pegar as idéias e os processos da empresa e copiá-los, mas a SolutionPeople provou, desde seu lançamento em 1989, que o sucesso vem com uma execução consistente e sólida.

Empresas que "napsterizam" seu conhecimento no mercado tendem a receber do mercado uma resposta de ajuda e de melhorias no capital intelectual. Para os profissionais de marketing, o crescimento rápido e a influência do Napster ensinam, pelo menos, cinco lições básicas.

1. Tornar a propriedade intelectual amplamente disponível pode abrir avenidas para novos produtos e serviços.
2. A Internet e a tecnologia *peer-to-peer*[*] usadas no Napster permitem que as informações sejam partilhadas e transmitidas a outrem na velocidade da luz.
3. A criação de novas tecnologias é infinita; os profissionais de marketing precisam continuar se adaptando e inovando para surfar nas ondas de oportunidade trazidas pela nova tecnologia.
4. Os clientes esperam plataformas abertas e modelos teste-antes-de-comprar.

* Tecnologia de rede ponto-a-ponto, de computador para computador. (N. da R.T.)

5. Os clientes gostam de participar de comunidades para partilhar e trocar dados de um para um, ou de um para muitos.

Os modelos tipo Napster têm o potencial de trazer mudanças indiscriminadas nas estratégias de marketing, nas estratégias da empresa e talvez em indústrias inteiras. Os estreantes no estilo Napster são bons para o mercado: instigam as indústrias a reavaliar sua posição no mercado e, basicamente, seu valor para os clientes.

No final, a "napsterização" tem um efeito positivo; "napsterizar" seu conhecimento amplia o portal de informações para seus clientes. A "napsterização" permite a propriedade mais sólida de seu produto ou serviço, facilitando, desse modo, o partilhamento entre amigos e colegas.

INDÚSTRIAS "NAPSTERIZADAS"

Estimulados pelo sucesso da distribuição no estilo Napster, assim como pelo movimento de software *open source*, os indivíduos e as empresas em várias indústrias iniciaram grandes jogadas para disseminar seu capital intelectual por canais múltiplos.

A Indústria de Software

O software de servidores Web é o que torna os sites acessíveis. O software de servidores mais usado não é feito pela Microsoft, pela IBM ou pela Sun. É o Apache, e é gratuito. Em 1995, um grupo de programadores trabalhou em conjunto para consertar o software de servidor popular (porém cheio de "bugs") de Rob McCool, conhecido como HTTP (HyperText Transfer Protocol). O programa resultante era chamado Apache e, em 1999, os programadores fundaram a Apache Software Foundation para fornecer apoio organizacional, legal e financeiro para o Servidor Apache. Em 2002, o Apache gratuito dominava 58% do mercado de servidores Web, de acordo com a Netshare.

O programador finlandês Linus Torvalds criou o sistema operacional Linux em 1991. Alguns anos depois, o Linux havia crescido e amadurecido graças aos milhares de programadores voluntários ao redor do mundo. Atualmente, o Linux é apoiado por gigantes da indústria como a IBM e a Oracle. De acordo com o IDC, uma empresa de pesquisa em tecnologia da informação (TI), Linus dominava um terço do mercado de servidores em 2001; em 2005, o IDC espera que o Linux esteja instalado em 41% de todos os servidores de rede no mundo.

A Indústria de Fabricação

Em março de 2001, a Ennex Company, de Los Angeles, lançou uma máquina de fabricação de custo relativamente baixo que usa arquivos digitais do tipo *open-standard* para criar produtos manufaturados. Esses arquivos digitais podem ser partilhados por meio de programas no estilo Napster e podem ser modificados usando programas de 3-D. Por exemplo, um projetista poderia criar uma versão bidimensional de uma boneca Barbie. Depois de carregar o arquivo em um programa 3-D, ele consegue dobrar, girar e modelar a boneca Barbie, criando uma boneca totalmente nova. Depois de completado, o projetista envia o arquivo a um fabricante para ser produzido. Chame isso de fabricação para as massas. Ao tornar os processos de desenvolvimento abertos e mais padronizados, a Ennex está apostando que mais empresas tirarão proveito das economias de custo no projeto para fabricar produtos adicionais.[4]

A Indústria da Educação

O Instituto de Tecnologia de Massachusetts (MIT) está publicando todo o seu currículo – notas de palestras, trabalhos, amostras de problemas, listas de leitura para 500 cursos – na Internet. Até 2010, terá postado os materiais de mais 1.500 cursos. Não é preciso senha. Não há assinatura mensal. É gratuito para todos. A estratégia do MIT é apresentar o valor de seu capital intelectual como uma oferta antecipada; a universidade calcula que seu retorno será em alunos colegiais mais inteligentes que queiram estudar no MIT pela "experiência" de interagir com alunos e pesquisadores de primeira categoria. Ao mesmo tempo, o MIT quer ampliar as fronteiras de seu conhecimento ao dar a outros pesquisadores a chance de aumentar o universo de conhecimento da instituição. O presidente do MIT, Charles M. Vest, diz que a iniciativa, intitulada MIT Open CourseWare, "expressa nossa crença no modo como o ensino pode ser avançado – constantemente ampliando o acesso às informações e inspirando outros a participar".[5]

A Indústria Editorial

Em 2000, o autor Seth Godin escreveu *Unleashing the Ideavirus*, um livro cuja premissa é que uma idéia envolvente pode viajar pela Internet como um vírus de rápida propagação. Para provar suas idéias, lançou *Unleashing the Ideavirus* como *e-book* em seu site www.ideavirus.com, encorajando os leitores a fazerem o *download* gratuito e a falarem com os seus amigos sobre ele. Uma versão de capa dura também estava disponível, mas por 40 dólares. Um dos slogans do livro: "Quanto mais você distribuir, mais ele valerá". Os resultados foram notáveis: 400 mil leitores fizeram o *download* do livro nos primeiros 30 dias do seu lançamento, fazendo com que fosse o *e-book* mais lido até então. O livro acabou sendo baixado mais de um milhão de vezes porque os amigos falaram aos amigos sobre o livro de Godin, e a versão em capa dura alcançou o quarto lugar na lista de best-sellers da Amazon.

A Amazon classifica publicamente a lista de vendas de seus produtos. O que ajuda os clientes a entenderem a popularidade relativa do livro que pretendem comprar. Os gráficos ajudam os editores e os autores a rastrearem a popularidade de um livro de hora em hora; quando um livro aparece uma hora em um programa de rádio com transmissão nacional, é possível ver as vendas na Amazon subirem rapidamente na hora seguinte. A O'Reilly & Associates, editora de títulos da área tecnológica, desenvolveu um software especial para checar as classificações da Amazon diariamente e alertar O'Reilly sobre a movimentação de seus títulos e os de seus concorrentes.

A Indústria de Serviços Profissionais

A Mayer, Brown, Rowe & Maw, a décima maior empresa de advocacia no mundo, desenvolve e hospeda gratuitamente sites que fornecem informações sobre especialidades jurídicas. A empresa hospeda sites como o Securitization.net, um recurso gratuito on-line para informações sobre finanças estruturadas. O site ajuda os membros da indústria a se manterem atualizados em relação aos desenvolvimentos em finanças estruturadas globais, mediante uma lista de participantes da indústria, que regularmente fornecem comentários, notícias, critérios de classificação, análises das regulamentações contábeis, análises judiciais e descrições de acordos. O site até apresenta o conteúdo de uma empresa concorrente. Não faz nenhuma propaganda pública do logotipo da Mayer, Brown, Rowe & Maw, e apenas um pequeno link no final da página menciona a empresa. Ao encabeçar um portal abrangente – ou ponto central de informação – sobre um tópico específico, a empresa de advocacia se posiciona como líder na área de finanças estruturadas.

Como tem sido mostrado pela ampla adoção do sistema operacional Linux, a "napsterização" de esforços intelectuais de alguém pode ajudar a criar um padrão para o setor. "Napsterizar" o conhecimento leva a uma aceitação mais ampla dos produtos e serviços.

CAPÍTULO | 5

ESTABELECENDO O "BUXIXO"
espalhando a palavra

"'Buxixo' não é ter uma propaganda elegante ou promover exposições comerciais glamorosas. Diz respeito àquilo que os clientes – as pessoas que pagam pelos produtos – falam um para o outro."

EMANUEL ROSEN, autor de *The Anatomy of Buzz*

No modelo de evangelismo de clientes, o "buxixo" é o caminho que ajuda a arrebanhar novos clientes para a primeira fileira em sua empresa. Cada onda de "buxixo" fornece aos seus evangelistas um novo motivo para elogiá-lo. O "buxixo" ajuda as pessoas a descobrirem sua empresa mais rapidamente que os programas tradicionais de marketing. Ele ajuda seus vendedores a desenvolverem relacionamentos porque os clientes potenciais já têm algum conhecimento de seu produto. Em alguns casos, o "buxixo" vende o produto sozinho.

Entender o "buxixo" é valorizar a sua influência. A empresa de consultoria McKinsey & Company estima que 67% da economia dos Estados Unidos é influenciada pelo "buxixo".

Além dos setores mais associados ao "buxixo", como os de entretenimento e de moda, a McKinsey cita os setores financeiro, de viagens, editorial, automotivo, farmacêutico e mesmo de agricultura como setores que valem o "buxixo".

DEFININDO O "BUXIXO"

O que é, na verdade, um "buxixo"? Emanuel Rosen, o decano do "buxixo", escreveu o livro, literalmente, para entender como o conceito funciona; *The Anatomy of Buzz* disseca os pontos de partida, as trajetórias e os sistemas de comunicação que alimentam o "buxixo".

Rosen começou sua busca pelo conhecimento do "buxixo" no final dos anos 90, quando era encarregado de marketing em uma empresa de software no Vale do Silício que ainda não havia lançado seu produto. O produto, chamado EndNote, é uma ferramenta de software que ajuda pesquisadores e autores a acompanhar suas referências e a compilar bibliografias para seus trabalhos de pesquisa e livros. Um dia, antes mesmo de o produto estar pronto, chegou um pedido de compra da Universidade de Princeton em Nova Jersey.

"Aquilo realmente me chocou", disse Rosen. "De repente, alguém de fora conhece o produto. É estranho. Você fica com uma sensação de 'Uau! Está realmente acontecendo'."[1] Embora apenas poucas pessoas no mundo soubessem do produto naquela época, o EndNote foi bem difundido pelo "buxixo".

Então, o que exatamente é um "buxixo"? É diferente de marketing boca a boca? O marketing boca a boca é "principalmente comunicação face a face", diz Rosen, quando duas pessoas partilham informações ou opiniões entre si.

"Olhem, vocês precisam assistir ao filme *Uma Mente Brilhante*, que assisti ontem à noite. Vocês já assistiram?", ele nos perguntou quando estávamos sentados na sala de sua casa em Palo Alto, Califórnia. "Ainda não", dissemos. "Vocês realmente precisam assisti-lo. O.k.?" Por alguns minutos, discutimos os atributos do filme, seu ator principal – Russell Crowe – e os trabalhos anteriores de Crowe. Partilhamos um momento de conexão. "Portanto, este foi um comentário que foi da minha mente para a de vocês, e quando você acrescenta todos os comentários que viajam entre as pessoas em um certo momento sobre *Uma Mente Brilhante*, isso é um 'buxixo'", diz Rosen.[2]

O "buxixo" inclui a profusão de conversas que existe pessoalmente e pela Web, em salas de bate-papo, quadros de aviso e e-mails encaminhados. Como definido por Rosen, "buxixo" é "o agregado de todas as comunicações de pessoa para pessoa sobre um produto, serviço ou empresa específicos a qualquer hora".[3] Considerando isso, dizemos:

"Buxixo" = Marketing boca a boca + Marketing de mente a "mouse"

Os profissionais de marketing adoram um "buxixo" porque ele pode arremessar um produto para a estratosfera do altamente visível. Produtos como os seguintes, que parecem ter atingido a terra como um asteróide clamando por atenção, são um testemunho para o mistério do "buxixo":

- Beanie Babies
- Patinetes Razor
- Organizadores *handheld* Palm
- iPod MP3 player
- *O Projeto Bruxa de Blair*
- *The Tipping Point: How Little Things Can Make a Big Difference* (como as pequenas coisas podem fazer uma grande diferença)

COMO O "BUXIXO" SE ESPALHA

Para se tornar um profissional de marketing mestre em "buxixo", é preciso entender que ele viaja por redes invisíveis. Pegue uma revista de bordo e examine as rotas de vôo da empresa. Entre as rotas, você verá os *hubs* (pontos centrais), onde os vôos se originam e terminam. Imagine que os *hubs* são as pessoas e as rotas são as redes de conexão entre as pessoas. O "buxixo" viaja por essas conexões por meio de encontros face a face, pela Internet, por telefonemas e coisas desse tipo.

O termo que Rosen usa para as pessoas que espalham o "buxixo" é *hubs* (pontos centrais). Os *hubs* são fontes confiáveis de informações que disseminam as informações rapidamente. Existem dois tipos de *hub*:

1. *Megahubs.* Pessoas que escrevem para revistas e jornais; políticos proeminentes; Oprah Winfrey.
2. *Hubs de redes individuais.* Pessoas na comunidade que conseguem influenciar uma rede enorme de colegas de trabalho, amigos e familiares – pessoas no seu escritório que parecem sempre saber sobre o último filme, moda ou invenção.

COMO O "BUXIXO" É CRIADO

Agora que sabemos como o "buxixo" se espalha, o que dá a partida nele?
Alguns produtos são "contagiosos", o que significa que as pessoas são "infectadas" com a idéia do produto apenas ao vê-lo ser usado por uma outra pes-

soa. Produtos ou serviços com alta visibilidade geram "buxixo". Os assistentes pessoais digitais como o Palm Pilot, o celular StarTac da Motorola e uma série das câmeras digitais mais antigas eram naturalmente contagiosos porque eram usados em locais públicos. É difícil não puxar conversa com alguém que esteja usando um notebook de titânio, vistoso e sexy como o iBook da Apple.

O sucesso da série *The Sopranos*, da HBO, foi contagioso por ser um programa muito bem escrito e por ser sobre pessoas. Pessoas pitorescas e incomuns. Nosso interesse inato em outras pessoas nos leva a falar sobre elas, especialmente se forem gângsteres da Máfia. O "buxixo" sobre um restaurante geralmente é sobre as pessoas que o freqüentam. O "buxixo" sobre um filme normalmente se concentra na vida real dos atores do filme.

Considerando tudo isso, como você cria clientes evangelistas aproveitando-se dos *hubs* da rede?

- Seja diligente em encontrar e rastrear os *hubs* da rede. Participe dos grupos de rede aos quais seus clientes pertencem. Descubra quem são os formadores de opinião nesses grupos e crie relacionamentos com eles.
- Conte primeiro os *hubs* sobre um novo produto ou serviço; os *hubs* de rede adoram ser os primeiros a conhecer algo novo.
- Traga os *hubs* de rede para os fóruns onde possam conversar com os outros. Por exemplo, duas vezes por ano, a Apple realiza festivais de adoração aos clientes, chamados MacWorld, onde dezenas de milhares de entusiastas da empresa são cortejados pelo CEO Steve Jobs, renovam antigas amizades e elogiam todas as coisas Macintosh.
- Dê um jeito de se certificar que outras pessoas verão os *hubs* usando seus produtos. Por exemplo, a PowerBar criou um programa "PowerBar Elite". Os atletas recebem dinheiro quando suas fotos aparecem na mídia comendo PowerBars ou usando uma roupa da PowerBar.

As principais lições aqui são que os *hubs* individuais – não apenas os tradicionais *megahubs* – podem ajudar a vender seu produto. Os programas baseados em "buxixos", que envolvem formadores diários de opinião, podem ser um complemento (ou um substituto) para a abordagem de mídia em massa que a maioria das empresas de RP utiliza.

Ao conversar diretamente com seus clientes, descobrir os campeões individuais e estabelecer relacionamentos com os campeões, você está a caminho da criação do "buxixo".

OS MITOS DO "BUXIXO"

Um artigo na *Harvard Business Review* aborda este fenômeno, que a autora chama de "demanda explosiva auto-gerada". No "The Buzz on Buzz", a autora Renee Dye explica que, antes que as empresas possam tirar o proveito total do "buxixo", os executivos precisam se livrar de cinco conceitos errôneos, como mostrado na Figura 5.1.

Figura 5.1 | **Os Cinco Mitos do "Buxixo"**

Mito	Realidade
1. Apenas os produtos ousados ou de ponta merecem o "buxixo".	Os produtos mais improváveis, como medicamentos, podem gerar um tremendo "buxixo".
2. O "buxixo" simplesmente acontece.	O "buxixo" é, cada vez mais, o resultado de táticas perspicazes de marketing, nas quais as empresas semeiam um grupo de vanguarda, racionam o fornecimento, usam celebridades para gerar "buxixo", alavancam o poder das listas e iniciam um marketing popular.
3. O melhor "buxixo" começa com seus melhores clientes.	Geralmente, uma contracultura tem maior habilidade para começar o "buxixo".
4. Para lucrar com o "buxixo", você precisa agir primeiro e rapidamente.	As empresas imitadoras conseguem colher lucros substanciais se souberem quando entrar – e onde não entrar.
5. A mídia e a propaganda são necessárias para criar o "buxixo".	Quando usadas muito cedo ou em excesso, a mídia e a propaganda podem esmagar o "buxixo" antes que ele possa pegar fogo.

Fonte: Renee Dye, "The Buzz on Buzz", *Harvard Business Review*, novembro-dezembro, 2000. (Reimpresso com permissão. © 2000 pela Harvard Business School Publishing Corporation; todos os direitos reservados.)

"BUXIXO" E RELAÇÕES PÚBLICAS

> *"Ed Rush pode ter sido um excelente árbitro, mas eu não o empregaria para administrar uma sorveteria (Dairy Queen)."*[4]
>
> MARK CUBAN, dono do Dallas Mavericks, acusando o diretor de árbitros da NBA de administrar mal a arbitragem da liga.

Com um comentário feito em 8 de janeiro de 2002, o impetuoso dono de um time da NBA deu início a um frenesi na mídia que durou várias semanas. Depois de apitar equivocadamente uma falta contra os Mavericks em um jogo com o San Antonio, Cuban disse que seu comentário sobre não empregar o diretor de árbitros da NBA para administrar uma sorveteria (Dairy Queen) "saiu sem querer" durante uma entrevista para o jornal *Dallas Morning News.* O comissário da NBA, David Stern, não ficou muito feliz. Multou Cuban em 500 mil dólares, a quantia mais alta já atribuída a um indivíduo no esporte profissional. (Cuban pagou a multa, assim como faz com todas as outras multas que recebe da NBA, com uma doação de igual valor para caridade.)

A ação de Stern gerou uma enorme quantidade de "buxixo". Repentinamente, fãs e jornalistas esportivos de todo o país expressaram suas opiniões. Alguns jornalistas chamaram Cuban de "bocudo arrogante". Os sites oficiais de fãs da NBA aprovavam a atitude de Cuban por ter "desafiado o sistema". Os sites amadores de fãs da NBA caracterizaram Stern como um "ganancioso sem alma". No todo, foi um drama na NBA, algo que a liga não via desde a primeira aposentadoria de Michael Jordan.

A Dairy Queen (DQ), provando ser tão esperta com a mídia quanto Cuban, emitiu um desafio: talvez Cuban devesse tentar administrar a DQ por um dia. Um convencional dono de time esportivo profissional tentaria se desculpar e doaria o dinheiro para a instituição de caridade favorita da DQ para resolver a controvérsia. Mas Cuban rapidamente aceitou o desafio da DQ.

"Não era um plano pré-programado de marketing", diz Cuban. "A Dairy Queen lançou a oportunidade e eu disse: 'Por que não me divertir com isso?' É algo na lista de coisas a fazer na vida... Eu havia lido, certa vez, alguém dizer que era uma boa experiência trabalhar como balconista. Havia algo em mim que sempre quis um emprego no McDonald's por algumas semanas para poder ver a realidade de perto. Quando surgiu a oportunidade, aproveitei para riscar da minha lista mais uma coisa a fazer. E foi por isso que, quando cheguei lá, levei a sério."[5]

O resto virou "buxixo". Cuban chegou para trabalhar na loja da DQ em Coppell, Texas, no dia 16 de janeiro, às 6 horas, pronto para o treinamento. Centenas de pessoas fizeram fila para serem as primeiras a comprar uma taça Billionaire Blizzard (Nevasca Bilionária) feita por Cuban. Equipes de TV vieram de todas as partes e helicópteros sobrevoavam a loja. O ator Tom Arnold apareceu. Cuban apareceu ao vivo, da loja, com a apresentadora do programa *Today,* Katie Couric, dizendo: "Bem-vinda à Dairy Queen! Qual será seu pedido?" Foi um *evento* criado pelo "buxixo". O *Dallas Morning News* relatou, posteriormente, que a publicidade foi equivalente a quase 5 milhões de dólares em propaganda para os Mavericks e a Dairy Queen.

Refletindo sobre a experiência um mês depois que a poeira havia abaixado, Cuban dá grande parte do crédito à empresa que ele difamou. "Foi bom para a Dairy Queen – foram eles que criaram a oportunidade para fazer com que fosse bom", diz Cuban. "Foi bom para Paris Chapman, gerente da DQ local, porque ele fez com que fosse bom. Foi bom para mim porque foi divertido; foi um aprendizado. Foi bom para os Mavericks porque vendemos ingressos lá. As pessoas criaram uma energia divertida ao redor da história, e isso fez com que percebessem que é isso que vendemos. Se estamos o tempo todo falando sobre divertimento, é necessário fazer coisas divertidas. Você não pode se levar muito a sério."[6]

O que os não-bilionários podem aprender com essa moderna lição de mídia?

- Se você acredita em algo, não tenha medo da controvérsia. Defender uma causa que beneficia um bem maior provavelmente causará ondas. Mas as ondas inspiram as pessoas a falar.
- Se alguém lançar um desafio para você, aceite-o. Divirta-se com ele e, pelo amor de Deus, não se leve tão a sério.
- Aja rapidamente. *Se você vir uma oportunidade para criar um "buxixo", aceite-a.* Pode ser arriscado, mas no mundo do "buxixo", não existe lugar para a cautela.
- Seja um pouco ousado. Se deixar que as pessoas vejam o verdadeiro você, elas se sentirão como se o conhecessem. Assim como o "buxixo" sobre os filmes é sobre a vida real dos atores, as pessoas adoram falar sobre outras pessoas que se colocam em evidência.

"BUXIXO" FALSO

"Você gosta do meu carro?", diz um rapaz bonito, de mais ou menos 20 anos, todo vestido com a marca "Banana Republic", perto de seu carro estacionado em uma rua no centro. "É o novo Ford Focus, e é caro, cara! Toma, aqui está um chaveiro do Focus." Evangelista de clientes? Não; uma pessoa contratada para posar como cliente.

A Ford usou, em 2001, uma abordagem encenada em estilo hollywoodiano para lançar o Ford Focus. Recrutou alguns jovens adultos modernos em várias cidades para dirigir um Ford Focus por seis meses. O trabalho deles era levar o carro a áreas com muito trânsito e distribuir brindes com o tema Focus para todos que olhassem duas vezes para o carro. "Não estávamos procurando celebridades. Estávamos procurando os assistentes das celebridades, os planejadores de festas, os *disk jockeys* – pessoas que realmente pareciam influenciar o que estava em alta", diz Julie Roehm, gerente de comunicações de marketing da Ford.[7]

Para fazer com que os consumidores canadenses falassem sobre o sabão em pó Cheer, a Procter & Gamble empregou "clientes" vestidos com roupas de cores brilhantes para encenar desfiles de moda improvisados nos supermercados. Um artigo de julho de 2001 na revista *Business Week* descreveu como os atores, conspicuamente, mencionavam que suas roupas coloridas haviam sido lavadas com Cheer.

Para criar verdadeiros clientes evangelistas por meio do "buxixo", é preciso muito trabalho. Pagar atores para fazer de conta que são verdadeiros evangelistas é apenas uma forma de prostituição e trapaça.

Em um artigo sobre "buxixo", em outubro de 2001 na revista *Business 2.0*, Renee Dye, da McKinsey & Company, é citada: "Não acho que essas campanhas mais manipuladoras passarão despercebidas pelos consumidores. Eles não são idiotas. O conceito de equipes de rua e outras iniciativas face a face pode funcionar por ora, mas, em longo prazo, acredito que os profissionais de marketing terão de optar por mais sutileza."[8]

"BUXIXO" EXPERIMENTAL

Como discutido no Capítulo 2, o evangelismo de clientes começa com um grande produto. Mas, geralmente, o que cria o maior "buxixo" é como o produto é experimentado. Pense na diferença entre assistir a um jogo de basquete profissional na TV e assistir a um jogo ao vivo. Da experiência na TV, você poderá falar com um amigo sobre o resultado do jogo e relatar uma jogada espetacular. Por ter estado no jogo, poderá dizer a um amigo sobre qualquer um dos seguintes itens:

- As pessoas que estavam raspando suas cabeças, em uma barbearia improvisada do lado de fora da arena, para se parecerem com o jogador estrela do time.
- Como o locutor se parecia com o sujeito que apresenta as lutas de boxe em Las Vegas.
- As camisetas grátis que foram jogadas nas arquibancadas durante os intervalos do jogo.
- A música legal, no estilo *hip-hop*, que foi tocada no jogo.
- Como toda uma seção de torcedores recebeu um vale para um sorvete grátis na Dairy Queen quando a estrela do time rival foi "DQ'ed" (desqualificada).
- Os uniformes estilosos das equipes.
- Os uniformes "minúsculos" das líderes de torcida.
- O dono da equipe gritando como um louco no banco.
- A banda legal que tocou logo depois do jogo.

Ao criar pontos memoráveis e identificáveis para os clientes, a organização cria fluxos de fontes de "buxixo". As pessoas contam suas experiências para os amigos, familiares e colegas de trabalho. As pessoas e eventos descritos na lista acima representam a experiência de assistir a um jogo de basquete do Dallas Mavericks em janeiro de 2002. Mark Cuban e seu diretor de marketing, Matt Fitzgerald, dizem que seu principal objetivo para os fãs é fazer com que tenham uma experiência divertida e memorável, não apenas um jogo de basquete.

No livro *The Experience Economy*, os autores Joseph Pine e James Gilmore explicam como as empresas que orquestram as experiências dos clientes "abrem possibilidades para uma expansão econômica extraordinária". As empresas conseguem evitar que seus produtos e serviços se tornem meras *commodities* ao criar valor por meio de experiências memoráveis. "Cada empresa é um palco e, conseqüentemente, o trabalho é uma peça de teatro", escreveram eles.[9] Como você aprenderá no estudo de caso da Build-A-Bear Workshop, no Capítulo 13, a experiência de um cliente pode ser um palco criativo para uma performance, como a linha de montagem de uma empresa em que os clientes fazem seus próprios ursinhos e animais de pelúcia.

Mas, geralmente, as experiências são criadas apenas pela interação com os funcionários da empresa. "Na economia da experiência, qualquer trabalho observado diretamente por um cliente precisa ser identificado como uma atuação teatral", disseram os autores.[10]

As empresas nos estudos de casos neste livro entendem esse princípio e se concentram em contratar pessoas memoráveis. Por exemplo, todos os funcionários da Build-A-Bear Workshop freqüentam a "Universidade de Ursos", um curso de treinamento de três semanas. Lá aprendem o "Jeito do Urso" e são encorajados a serem imaginativos e incansáveis na criação de experiências memoráveis com os clientes.

MEDINDO O "BUXIXO"

Pode parecer que medir um conceito abstrato como o "buxixo" seja como contar as estrelas no céu: como é possível contá-las? Como podemos saber o que as pessoas estão falando em suas conversas particulares? Mas à medida que as conversas entre amigos e colegas de trabalho passam, cada vez mais, para o mundo digital de e-mails e sites, os padrões podem ser observados e medidos. Em seu artigo na *Harvard Business Review,* Dye diz que as organizações ligadas nas redes de "buxixo" "conseguem prever a propagação do 'buxixo' analisando como os diferentes grupos de clientes interagem e influenciam um ao outro".[11]

Um dos maiores grupos de consumidores on-line no mundo é o Yahoo!, o enorme portal e mecanismo de busca imensamente bem-sucedido, que quantifica o interesse entre seus 135 milhões de visitantes mensais usando um "Índice de Buxixo" (veja Figura 5-2). Todos os dias, o Yahoo! lista os termos de busca mais populares em seu mecanismo de busca. Classifica os assuntos de busca com um "placar de buxixo" ou o percentual de usuários que buscam um assunto específico em um certo dia. (O número de buscas é multiplicado por uma constante para facilitar a leitura.) Por exemplo, em 23 de março de 2002, a cantora Britney Spears ficou em primeiro lugar, com um placar de 166, ficando no gráfico por 283 dias seguidos.

O Internal Revenue Service (Receita Federal) ficou em nono lugar no "Índice de Buxixo" do Yahoo! – compreensível, uma vez que faltavam apenas três semanas para o dia 15 de abril (último dia de entrega da Declaração de Imposto de Renda nos Estados Unidos). A maior parte das buscas na lista é por pessoas famosas, o que salienta a idéia de que as pessoas são fascinadas – e gostam muito – de falar sobre outras pessoas.

O Yahoo! está ampliando sua idéia de gráfico de "buxixo" e criando um serviço, em conjunto com as empresas cinematográficas, para correlacionar o "buxixo" on-line com a compra real de ingressos. Tim Sanders, diretor de soluções do Yahoo!, diz que a empresa registra o número de pedidos de busca

ESTABELECENDO O "BUXIXO" Espalhando a Palavra | 57

Figura 5.2 | **Resultados do Buxixo e da Bilheteria**

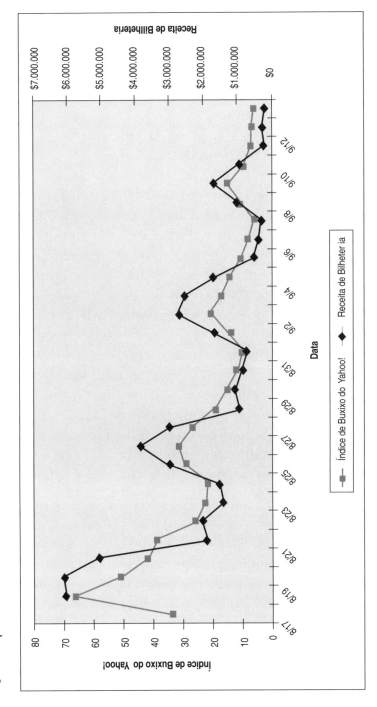

O Yahoo! mede o "buxixo" como o número de vezes que uma pessoa, local ou coisa é usado como termo de busca em seu site. A empresa descobre que o número de vezes que um filme é procurado no site está freqüentemente correlacionado com as receitas de bilheteria do filme.

Fonte: Yahoo! Reimpresso com a permissão da Yahoo! Inc. © 2002 por Yahoo! e o logotipo YAHOO! são marcas registradas da YAHOO! Inc.

por um filme específico durante seu lançamento e o compara à venda real de ingressos. O que descobriram: uma correlação quase idêntica entre os números de pedidos de busca e as receitas de bilheteria de um filme.

O Yahoo! está estendendo esse programa de medição do "buxixo" para outros setores: financeiro, musical, de vendas de carros. Quando acrescenta os dados do censo americano à mistura, uma empresa consegue ter uma idéia muito mais clara sobre quem está falando dela, tendo, de fato, uma visão muito mais ampla de seus clientes potenciais.

A chave para fazer com que o "buxixo" on-line funcione é o que Sanders chama de "estrutura", o que, na definição dele, significa uma mensagem claramente definida e uma chamada para ação. No universo da Internet, onde a premissa fundamental é "mais é mais", Sanders diz que a pesquisa do Yahoo! mostra que menos e mais compacto é melhor do que grande e espaçoso para gerar novos "buxixos", especialmente para os produtos de entretenimento.

"Vinte e sete por cento de todas as pessoas que visitam um site assistem ao vídeo ou escutam o áudio, que é uma mensagem curta e concentrada que transmite o recado", diz Sanders.[12] É importante escolher cuidadosamente as palavras certas que serão fáceis de lembrar e de repetir. Para criar um "buxixo" estruturado, Sanders sugere um "site de dez minutos". O visitante sabe tudo que precisa saber em dez minutos e consegue repetir, com facilidade, várias mensagens fundamentais para outras pessoas. Mais importante, o site pede o endereço de e-mail da pessoa, o que facilita a repetição das mensagens principais ou abre a porta para o conteúdo futuro.

Aqui está como medir os programas de geração de "buxixo".

- Sempre pergunte aos clientes novos e potenciais como o descobriram. Pergunte o local, a referência na mídia ou a pessoa *específicos*. Se a descoberta foi por meio de uma referência pessoal, o que a pessoa disse?
- Acrescente uma pergunta do tipo "Como ouviu falar sobre nós?" em todas as suas atividades diretas de marketing, como os formulários de assinatura do seu boletim eletrônico ou cartões de respostas impressos. Se sua organização tiver um *call center*, faça com que seus representantes finalizem uma conversa com essa pergunta se os dados ainda não estiverem em seu sistema de gestão de relacionamento com o cliente.
- Procure na Internet onde você e o nome de sua empresa são mencionados.
- Analise o tráfego em seu site. Saiba quais as organizações que o visitam com maior freqüência, em que parte do mundo estão e quais partes do

site mais visitam. A maioria das ferramentas de análise do tráfego na Web consegue medir os termos de busca que foram digitados em seus mecanismos de busca e que levaram os visitantes até seu site.

COMO OS MEMES LEGAIS E INTELIGENTES O AJUDAM A TER SUCESSO

Um meme é um conceito auto-explicativo que se movimenta por uma população como um vírus. A palavra *meme* foi cunhada em 1976 pelo biólogo de Oxford Richard Dawkins, em seu livro *The Selfish Gene*. Os memes transmitem uma idéia completa de forma simples e compacta.

"Os exemplos de memes são melodias, idéias, frases chamativas, roupas da moda, meios de se fazerem panelas ou de construir arcos", escreveu Dawkins. "Assim como os genes se propagam no reservatório genético, pulando de corpo em corpo por meio do esperma ou dos óvulos, os memes também se propagam no reservatório memético pulando de cérebro em cérebro por meio de um processo que, em um sentido amplo, pode ser chamado de imitação."[13]

Os exemplos de memes de várias indústrias são: É vero!; Coca-cola é isso aí!; Amo muito tudo isso!; e Intel Inside.

Um meme é mais do que um slogan porque ajuda as pessoas a entenderem o que você oferece. Um meme para os produtos e serviços de sua empresa ajuda os clientes evangelistas a contarem a sua história de maneira mais sucinta. Com algumas poucas palavras cuidadosamente ordenadas em uma frase que sai sem a pessoa pensar, um meme será transmitido de pessoa a pessoa como um aperto de mão.

Qual é mais fácil lembrar: "Somos uma empresa de consultoria em marketing que ajuda o crescimento das empresas de clientes fazendo com que seus consumidores não apenas comprem seus produtos, mas que acreditem tanto neles que falarão para todos que o conhecem" ou "Criando clientes evangelistas"?

Não há uma fórmula mágica para criar um meme. São necessárias algumas iterações para que ele dê certo. Aqui estão algumas dicas úteis.

- Entenda o verdadeiro valor que você proporciona. Depois que o experimentam, seus melhores clientes conseguem articular o valor de seus produtos e serviços melhor que você. Peça a eles para que descrevam, em suas próprias palavras, como seus produtos os ajudaram.

- Crie um meme com poucas palavras. Seja simples. Um bom exemplo é uma empresa chamada ReachWomen que ajuda outras empresas a elaborar campanhas de marketing voltadas para as mulheres.
- Experimente-o. Experimente seu meme com muitas pessoas, em todos os eventos possíveis. Quando apresentar seu meme, tente interpretar os sinais de compreensão ou confusão. Preste atenção ao que as pessoas respondem. Se elas disserem: "É exatamente disso que precisamos. Vou apresentá-lo ao nosso CEO", seu meme funciona! Se a resposta for: "Não entendi muito bem o que você quis dizer", seu meme precisa ser trabalhado.

CAPÍTULO | 6

CRIANDO COMUNIDADES
reunindo os clientes

"Temos o prazer de convidá-lo para nossa reunião anual a ser realizada no Royal York Hotel no centro de Toronto. O evento de gala incluirá jantar, entretenimento, camaradagem e um exame de acompanhamento da sua cirurgia de hérnia."

Do convite da reunião anual dos pacientes de hérnia do Shouldice Hospital

Todos os anos, um grupo muito unido de pacientes do Shouldice Hospital, em Thornhill, Ontário, no Canadá, se reúne e faz uma grande festa.

Jantam, brincam, dançam. Às vezes até dançam a hula. É uma noite divertida. Muitos dos que participam têm duas coisas em comum: realizaram uma cirurgia de hérnia e são ex-pacientes do Shouldice Hospital.

O Shouldice não é um hospital comum. Ele encoraja os pacientes a se conhecerem e desenvolverem relacionamentos. Sua abordagem para a hospitalização é que ela deveria ser uma *experiência* – feliz e memorável, e não assustadora e esquecível.

Tudo começou em 1947, quando vários pacientes do Dr. Edward Earle Shouldice sugeriram que ele organizasse um encontro entre ele e seus pacientes, como uma oportunidade para renovar as amizades e manter contato. O Dr. Shouldice adorou a idéia, vendo-a como uma excelente oportunidade para lançar sua idéia de check-ups anuais e para reunir dados para pesquisas.

A primeira festa, em 1948, reuniu cem pacientes; desde então, o hospital tem patrocinado reuniões anuais, com a presença de mais de 1.500 pessoas no final dos anos 80, embora recentemente a reunião tenha sido reduzida para apenas mil. Um comitê de ex-pacientes ajuda o hospital a planejar as festas.

O Shouldice Hospital parece mais um clube elegante do que uma unidade médica, com seus oito hectares de terreno bem cuidado, um solário e um campo para os jogadores de golfe. Vendo do lado de fora, uma pessoa não sabe que, lá dentro, são realizadas 7.500 cirurgias de hérnia todos os anos; são mais de 30 procedimentos por dia.

Desde 1945, o hospital registra uma taxa de sucesso de 99% com as cirurgias de hérnia. Esses dados são conhecidos por causa de um acompanhamento muito cuidadoso de cada paciente – 270 mil no total. O hospital contata 130 mil pacientes todos os anos:

- Convidando-os a irem ao hospital para um check-up.
- Realizando a reunião anual dos "graduados" em Shouldice (exame incluído).
- Montando clínicas móveis nas pequenas cidades ao redor de Ontário para as pessoas que não conseguem viajar até o hospital.
- Enviando uma pesquisa de acompanhamento para todos os pacientes por correio ou por e-mail.

Como previa o Dr. Shouldice, o hospital criou um projeto de pesquisa contínua que lhe permite entender seu índice de sucesso. E também proporciona a oportunidade de divulgar o próprio índice de sucesso.

Mas os diretores do hospital dizem que o que atrai novos pacientes é mais do que o sucesso cirúrgico. Daryl Urquhart, diretor de marketing do hospital, diz que o Shouldice se concentra na criação de comunidades de pacientes. Diz que é o fato de conhecer outras pessoas que leva a experiências memoráveis. A seguir, detalhamos a estratégia de criação de comunidades do hospital:

- A estadia no hospital dura de três a quatro dias. Em vez de cirurgias ambulatoriais, nas quais o paciente entra e sai, os pacientes são encorajados a conhecer outros pacientes, resultando em uma espécie de "terapia empática", um grupo de apoio instantâneo que troca idéias, discute as preocupações e alivia as ansiedades sobre as condições em comum.
- Cada quarto tem duas camas para que cada paciente tenha um "companheiro" durante a estadia.

- Os telefones e televisores estão localizados apenas em áreas comuns; não há TV ou telefone nos quartos. Esse pequeno detalhe ajuda os pacientes a saírem da cama, andarem um pouco e encontrarem outras pessoas.
- Os pacientes comem em uma sala de jantar comum com mesas para seis pessoas.
- O hospital tem mesas de bilhar, jogos de *shuffleboard* e uma área comum para jogar baralho, além do solário e do campo de golfe.

Durante seus 55 anos de história, o Shouldice muitas vezes foi assunto de conversas sobre instituições médicas no Canadá. Em 2001, um estudo feito pela Universidade de Concórdia, em Montreal, descobriu que, dos novos pacientes:

- 49% vieram por recomendação de outros pacientes.
- 34% vieram por recomendação de profissionais de saúde (médicos, quiropráticos, dentistas etc.).
- 13% vieram por recomendação de conhecidos que ouviram falar do Shouldice.
- 3% vieram por artigos no noticiário.
- 1% vieram da Internet.

Quase metade dos pacientes ouviu falar do Shouldice por ex-pacientes, os quais Urquhart chama de "apóstolos". "É nosso trabalho garantir que cada paciente que sai daqui seja um apóstolo, e não um terrorista", diz ele.[1] "Um terrorista", explica Urquhart, "é um cliente insatisfeito que tem como missão destruir seu negócio." Urquhart diz que o hospital tem uma taxa alta de evangelismo porque "não nos concentramos apenas na cirurgia, mas sim em toda a experiência". Grande parte da experiência é resultado da construção de comunidades entre os pacientes e do acompanhamento vitalício.

POR QUE COMUNIDADES?

Organizações que criam clientes evangelistas geralmente também criam comunidades de clientes. As comunidades criam, para os clientes, a idéia de que fazem parte de algo maior que eles mesmos. Um artigo de abril de 2001 na revista *Forbes* descreveu a paixão que os clientes da Harley-Davidson sentem pela empresa como algo relacionado a um "movimento que existia antes de você nascer e continuará até depois que você morrer".[2]

Quando você permite que os clientes se conectem entre si e com você, todas as partes envolvidas se beneficiam. Isso ajuda os clientes a receberem conselhos sobre itens que querem comprar e suporte para os itens que já compraram, assim como se conectarem, socialmente, com pessoas que pensam como eles. Para as empresas, as comunidades de clientes geram lealdade, proporcionam um *feedback* valioso e contribuem para o aumento nas vendas. Os profissionais de marketing nas empresas dos nossos estudos de casos sabem que isso é verdade, embora admitam que o efeito da comunidade seja difícil de medir. Para os sites de *e-commerce*, medir o efeito de uma comunidade on-line é mais fácil. Um estudo feito pela McKinsey-Jupiter Media Metrix, lançado em 2001, mostrou que dois terços das vendas no *e-commerce* eram gerados por participantes de comunidades na Internet, embora fossem responsáveis por apenas um terço das visitas ao site. Os usuários que contribuíram com análises de produtos ou que postaram mensagens visitaram os sites nove vezes mais e eram duas vezes mais leais, comprando produtos com uma freqüência quase duas vezes maior. Os usuários que leram, mas não contribuíram para a interação na comunidade, eram visitantes e compradores mais freqüentes.

FAST COMPANY E A COMPANHIA DE AMIGOS

Traçando o perfil dos não-conformistas e daqueles que ditam a moda, a revista *Fast Company* relata novas idéias na área de negócios e trabalho que estão quebrando os moldes e mostrando resultados. Leal à sua forma, a revista tem rompido com o modelo "normal" de publicação de revistas com sua comunidade Company of Friends (CoF) (Companhia de Amigos). O escritor e editor da *Fast Company*, Heath Row, lançou a CoF em 1997 para ajudar os leitores a continuarem as "conversas" que a revista gerava nas suas páginas impressas. Cinco anos depois, a CoF se multiplicou em 165 grupos locais em 35 países, com 44 mil membros.

"Sempre quisemos que as nossas histórias gerassem conversas", disse Row. "Queríamos fazer com que as pessoas falassem umas com as outras."[3] Sem nenhum orçamento com que trabalhar, Row se ofereceu para conectar os leitores formando grupos por e-mail. Em fevereiro de 1998, sua idéia havia crescido e se transformado em uma lista de mil nomes. Como um adolescente desajeitado, a idéia de Row ganhou um impulso tremendo e crescia rapidamente, passando a não caber mais na sua configuração original. Atualmente, um software baseado na Web informa aos assinantes e aos não-assinantes sobre os eventos vindouros em suas cidades e administra listas locais de discussão por e-mail. Um exército de voluntários coordena os esforços de cada local.

Row diz que os membros da Company of Friends (CoF):

- Começaram empresas juntos.
- Arrumaram empregos.
- Encontraram funcionários.
- Mudaram-se para uma nova cidade e construíram uma rede de contatos social e profissional em tempo recorde.
- Obtiveram contratos para a publicação de livros.
- Conheceram-se e se casaram.

Os eventos de 11 de setembro de 2001 aumentaram muito a importância da CoF para Row e para a revista. "A Company of Friends organizou uma rede de guias para viajantes encalhados, que não podiam viajar", diz Row. "Se alguém estivesse preso em algum lugar da cidade porque não conseguiu chegar aonde estava indo, os membros da Company of Friends recebiam-no em suas casas, levavam-no para jantar, mostravam-lhe a cidade e faziam com que o tempo que ele passou sem poder viajar fosse o mais divertido e confortável possível."[4]

A CoF tem tido uma influência "substancial" na base de 800 mil assinantes durante os cinco anos do programa, diz Row. "As pessoas agora vêm para a Company of Friends por causa da Company of Friends, muitas vezes sem saber da revista. Elas estão trazendo amigos para alguns workshops dizendo: 'Você precisa conhecer esse pessoal. Você tem de fazer parte dessa conversa. Você tem de ouvir esse palestrante'. Aí eles aparecem e vêem que há algo muito maior por trás disso tudo. E assim as pessoas são apresentadas à revista."[5]

Aqui está o conselho de Row sobre a criação de comunidades:

- Experimente. Proceda de maneira honesta e realista. Se não estiver dando certo, não hesite em parar.
- Envolva-se. A participação dos funcionários alimenta a comunidade, portanto os quadros de avisos ignorados por funcionários são inúteis. "Se você não estiver participando, não perca seu tempo", diz Row.[6]
- Relaxe. A CoF tem sucesso por causa de uma abordagem de não-interferência. Evite o uso de enormes manuais para ensinar os coordenadores a administrar a comunidade. Deixe os grupos decidirem quando, onde e por que fazem o que fazem. "A inovação acontece", diz Row. "Se tivés-

semos mais controle, teríamos menos criatividade e poucas idéias para partilhar na rede de contatos."[7]

O FORMATO DAS COMUNIDADES DE CLIENTES

As comunidades funcionam de maneira diferente para cada organização. Entretanto, o que é sempre igual é a interação com os clientes para entender as conexões que eles têm com você e com outras pessoas como eles.

Para reunir os clientes, as empresas usam eventos presenciais, assim como comunidades on-line. De fato, a combinação de ambos os métodos geralmente maximiza a interação entre as várias clientelas da organização. Alguns exemplos de programas de comunidade bem-sucedidos estão descritos a seguir.

Eventos Presenciais

Todos os verões, a Saturn, uma divisão da General Motors, recebe aproximadamente 60 mil proprietários e convidados para uma extravagância de dois dias na fábrica da Saturn em Spring Hill, Tennessee. Mas não é um piquenique comum: há desfiles, competições atléticas, atividades do clube de carros, test-drive dos últimos modelos, praças de alimentação, um parque de diversões, cerimônias de abertura e encerramento e música ao vivo, incluindo uma interpretação rítmica e animada da história e da filosofia da Saturn. O principal benefício do evento é o passeio pela fábrica.

Os varejistas ajudam os proprietários a planejarem caravanas para Spring Hill a partir de vários pontos dos Estados Unidos. As caravanas param nas lojas da Saturn e em locais interessantes pelo caminho, pegam outros proprietários em locais estratégicos e fazem uma grande entrada no local do evento, chamado Spring Hill Homecoming. Para aqueles que não conseguem ir até Spring Hill, pelo menos 150 mil proprietários adicionais participam do evento nas lojas varejistas por todo o país.

Clubes

Como o pastifício Buitoni, da Nestlé, quer ser mais do que um pastifício – seu objetivo é ser uma autoridade em comida italiana –, foi criado um programa de comunidade e lealdade chamado "Clube da Casa Buitoni". Seus esforços locais de degustação em lojas e patrocínio de populares eventos esportivos ajudaram a construir um banco de dados de 200 mil clientes em dois anos. Esses clientes foram convidados a entrar para o clube, cujos membros receberiam:

- Boletins informativos trimestrais em cores.
- Receitas de massas.
- Vales para descontos.
- Um número de telefone com discagem gratuita para obter conselhos culinários.
- A chance de ganhar uma viagem para a *villa* original da Casa Buitoni na Toscana.
- Informações sobre finais de semana de culinária gourmet.
- A oportunidade de experimentar novos produtos.

A associação ao clube cresceu por meio do marketing boca a boca e de canais de baixo custo como eventos de relações públicas e convites nos pacotes de macarrão. O consumo da massa Buitoni e a lealdade dos clientes têm sido notavelmente mais altos desde a criação do clube.[8]

Grupos de Usuários

Em 1983, a Harley-Davidson fundou os Harley Owners Groups (HOGs) (Grupos de Proprietários de Harley) em resposta ao crescente desejo dos pilotos de Harley de partilharem sua paixão pela moto. Por volta de 1985, já havia 49 sedes espalhadas pelo país, com um total de 60 mil membros. Em 2002, havia 650 mil pessoas em 1.200 sedes no mundo todo.

Quadros de Avisos On-line

A Dell e a Microsoft proporcionam fóruns nos seus sites para os usuários de seus produtos para que eles ajudem a resolver as questões técnicas uns dos outros. Ao patrocinar fóruns que permitem a colaboração dos clientes, o fabricante de PCs e o de software economizam com os custos de atendimento ao cliente e de suporte técnico.

Grupos de Discussão por E-mail

Nancy White, presidente da Full Circle Consulting, criou o grupo de e-mail chamado Online Facilitation em agosto de 1999. Ela lidera o grupo com seus mais de 700 membros em discussões sobre as melhores práticas de facilitação on-line e sobre o partilhamento de recursos e idéias. Nancy indiretamente apresenta sua experiência todos os dias ao liderar e moderar o fórum.[9]

Boletins Informativos por E-mail

Boletins informativos semanais ou mensais, transmitidos por e-mail, ajudam as organizações a partilharem seu mais recente conhecimento sobre tópicos específicos. A O'Reilly & Associates, editora de livros técnicos, produz 35 boletins informativos que abrangem assuntos que vão do Linux ao Java e ao Perl. Existem até mesmo boletins especiais para bibliotecários, professores e livrarias. Os boletins informativos e bem escritos proporcionam um valor real. Cada boletim tem um editor diferente na empresa que inclui informações como "Dicas para Construir Aplicativos de Bancos de Dados na Web". O modelo da O'Reilly fornece um boletim valioso para uma comunidade de assinantes, não um boletim que negligentemente promove produtos.

Sites de Fãs

Existem sites de fãs para seu produto ou serviço? Acolha-os! Exalte-os por serem heróis. Acrescente links para os sites de fãs no seu site. Dê aos fãs internautas acesso especial a fotos e informações que possam usar para construir seus sites. Envie-os vales-presente, convites para eventos especiais... qualquer coisa para reconhecer e recompensá-los por seu evangelismo.

A pior maneira de lidar com os sites de fãs: enviar cartas pedindo para cessar e desistir. No final de 2000, a Warner Brothers enviou cartas para centenas de sites de fãs do Harry Potter, insistindo que estavam infringindo os direitos de propriedade intelectual da empresa. A gigante da mídia pediu aos webmasters adolescentes que fechassem seus sites e, em alguns casos, exigiram que transferissem a propriedade dos domínios, como www.HarryPotter-world.com, para a Warner Brothers. Uma irada fã britânica de 15 anos, Claire Field, levou sua história para a imprensa e, em poucos dias, virou manchete nos jornais de todo o país. Foram formadas duas organizações ativistas diferentes para protestar a ação judicial: PotterWar e Defense Against the Dark Arts (Defesa contra as Artes Ocultas) (DADA). A DADA organizou um boicote de toda a parafernália do Harry Potter.[10] Empresas que enviam "mensagens desagradáveis" para fãs que constroem altares para seus produtos e serviços são grosseiras.

A maneira correta de trabalhar com sites de fãs: recrute-os para ajudá-lo com o marketing. Gordon Paddison, vice-presidente sênior de marketing interativo mundial da New Line Cinema, é responsável pelo site oficial do filme *O Senhor dos Anéis*. Antes de construí-lo, contatou os webmasters de mais de 400 sites de fãs dedicados à trilogia literária de J.R.R. Tolkien.

"Eu queria estabelecer um relacionamento logo no início com os formadores de opinião, pessoas que eu achava que seriam condutos de informações", disse Paddison.[11] O site resultante estava repleto de *screen savers*, imagens para o *desktop*, centenas de fotos e entrevistas com o elenco e a equipe de filmagem. A estratégia de Paddison é fazer uma parceria com os sites de fãs e alimentá-los com dicas internas, induzindo-os, dessa maneira, a recrutar seguidores apaixonados que espalham a mensagem do filme.

COLOCANDO PESSOAS NO SEU MARKETING

Por definição, uma comunidade é composta de pessoas. A criação de comunidades requer um toque pessoal. Sim, os clientes querem saber as características, funções ou metodologias dos produtos e serviços; as comparações de características e as descrições de produtos são partes fundamentais dos esforços de venda de qualquer empresa. Mas os clientes potenciais também querem saber o lado pessoal da equação: quem mais comprou de você? Essas pessoas o recomendam a outras? Quem são as pessoas por trás da sua empresa?

Muito freqüentemente, os sites na Internet, os catálogos e as propagandas mostram objetos inanimados, como as silhuetas de edifícios, salas vazias, prédios vazios, partes do corpo desconectadas, poentes, auroras, relógios, copos, bandos de gansos, obras de arte ininteligíveis ou qualquer outra coisa, menos pessoas reais. Isso é marketing criado para o pessoal de *Invasão de Corpos*.

Uma comunidade de consumidores ajuda os clientes potenciais a se identificarem e se conectarem com outras pessoas. A seguir, explicamos como se concentrar no princípio de valorização das pessoas ao executar seus esforços de comunicações de marketing.

- *Livre-se das fotos arquivadas.* Use fotos de seus clientes no seu site. A probabilidade é que a primeira página do seu site seja a mais visitada, por-

tanto é um excelente local para apresentar seus clientes. Aqueles que aparecerem no site falarão dele a todas as pessoas que conhecem.
- *Destaque seus clientes supersatisfeitos em sua propaganda.* Quando compra um produto ou serviço pela primeira vez, em qual conselho você mais confia: no de um cliente atual ou no do presidente ou gerente de vendas da empresa? Um cliente real com uma citação real e um nome e ocupação reais é uma ferramenta poderosa.
- *Disponibilize as informações de contato com seus principais funcionários de forma fácil e prática no site.* Inclua os endereços de e-mail de todos, incluindo a alta administração. Não deixe a alta administração se esconder dos clientes atuais e potenciais. Uma lição fundamental aprendida com as empresas de nossos estudos de casos é que os principais líderes precisam se colocar ao alcance dos clientes.
- *Dê personalidade a seus cartões de visitas.* Se você trabalha arduamente em vendas ou na construção de redes de contato, provavelmente conhece dezenas de pessoas todo mês, talvez toda semana. Esses clientes potenciais se lembrarão melhor de você se puderem associar um rosto ao nome... Tente colocar sua foto no cartão de visita. Isso não serve mais apenas para corretores imobiliários.
- *Destaque fotos e biografias dos funcionários da empresa no site.* Deixe os clientes potenciais verem as personalidades por trás da cortina corporativa. Fotos de expressões carrancudas transmitem a imagem de que sua empresa não é amigável. Sorria – é um retrato, não uma foto de bandido procurado pela polícia. A fotografia informal é melhor.
- *Desenvolva estudos de casos de clientes.* Prove como sua empresa solucionou problemas de clientes. Apresente citações de consumidores, não as de seus gerentes de projeto. Depois, fale com orgulho sobre os estudos de casos em todos os lugares e a qualquer hora. Faça deles uma ferramenta central para sua força de vendas.
- *Humanize a correspondência por e-mail de sua empresa.* Adote um estilo de escrita mais conversacional e casual. As correspondências devem ter a assinatura de uma pessoa real, não de "A Gerência". Se você enviar um e-mail, evite o temido "Por favor, não responda a este e-mail". Se as empresas não querem que as pessoas respondam aos e-mails, simplesmente não deveriam enviá-los.

Empresas têm tudo a ver com pessoas. Se você *humanizar seu marketing*, está a caminho da criação de clientes evangelistas.

* * *

A criação de comunidades é a chave para a criação de clientes evangelistas. A comunidade encoraja os clientes a se reunirem sob o grande guarda-sol da reputação comercial da sua organização. Uma das estratégias para apresentar novos clientes para sua comunidade é por meio de uma oferta especial e menor – ou o que chamamos de "pequenos pedaços".

CAPÍTULO | 7

PEQUENOS PEDAÇOS
das amostras ao evangelismo

"Nada é muito difícil se você dividir em pequenos pedaços."[1]

HENRY FORD

Como você come um boi? De pedaço em pedaço.

É assim, também, que as empresas recrutam novos clientes evangelistas. Em vez de vender o boi inteiro para seus clientes, seduza-os com um jantar de um belo pedaço de contrafilé. Se eles adorarem o contrafilé, voltarão para comer o filé mignon e, depois, para todo o quarto traseiro do boi.

Divida sua carteira de produtos e serviços em pequenos pedaços facilmente consumíveis daquilo que faz com que sua empresa tenha valor. Para alguns produtos, esses pequenos pedaços são amostras. Para outros, são versões minúsculas, apenas para teste, com tempo ou capacidade limitados. Para outros, é um workshop público que proporciona um serviço. Um produto ou serviço "inicial" permite que seus clientes provem seus produtos mais simples para que possam comprar seus produtos de ponta, mais caros e mais complexos.

Como a divisão do seu produto em pequenos pedaços ajuda a criar clientes evangelistas?

- Reduz o risco para os tomadores de decisão que estão comprando de você pela primeira vez.
- Elimina os inibidores da compra, como custo ou tempo.

- Leva seu excelente produto até as mãos e mentes dos consumidores.
- Encurta o ciclo de vendas e proporciona uma oportunidade estratégica para que os clientes experimentem seus produtos mais cedo.
- Espalha o "buxixo" ao apresentar o produto ou serviço para mais pessoas, que podem falar dele a outras.
- Desenvolve a reputação comercial com os clientes porque *proporciona valor sem exigir uma compra grande.*

Esse último item é fundamental; os pequenos pedaços proporcionam um valor adiantado. Dar para receber. Ao estender uma oferta de confiança, você implicitamente diz aos clientes que é confiável e verdadeiro. É fácil trabalhar com você. Algumas pessoas provarão e desaprovarão? É claro que sim. Mas seu produto não é para todos em todos os momentos de suas vidas. Não deixe que o potencial de uma microporcentagem de clientes que quer se aproveitar da sua boa vontade o impeça de oferecer pequenos pedaços. Você está em busca do benefício de alcançar todos os outros clientes desejáveis.

As amostras funcionam bem para produtos baratos. Empresas de bens de consumo embalados, como a P&G e a Unilever, têm usado essa técnica há décadas, enviando amostras grátis de sabão em pó e xampu para milhares de residências. Se você tem um produto excelente, metade da batalha é fazer com que os clientes o experimentem. A amostra proporciona as mais baixas barreiras de entrada para experimentar um produto. Afinal, a maioria de nós não resiste a uma oferta para experimentar algo novo... e grátis!

Um estudo realizado em janeiro de 2001 pela Brand Marketing e pela Associação de Marketing Promocional descobriu que a amostragem é altamente eficaz para os profissionais de marketing de bens de consumo embalados. O estudo perguntou a 1.195 pessoas sobre seus hábitos em relação aos pequenos pedaços. Os resultados foram os seguintes:

- 95% experimentaram uma amostra.
- 38% experimentaram todas as amostras que receberam no último ano.
- 92% decidiram comprar um produto comestível, para o lar, de saúde ou de beleza depois de experimentar uma amostra.
- 73% ficaram sabendo de produtos novos ou melhorados por meio de amostras.
- 84% pensariam em trocar de produto se gostassem da amostra grátis.[2]

A indústria da tecnologia tem tido um enorme sucesso ao usar a idéia de pequenos pedaços para criar evangelistas iniciantes. Muitas empresas de software deixam que os clientes potenciais experimentem um produto por um tempo limitado. Os clientes fazem o *download* gratuito de uma versão completa do software no site da empresa. Essa versão normalmente é válida por 30 a 90 dias ou limitada a um determinado número de usos.

As empresas descritas nos Capítulos 9 a 15 empregam abordagens variadas para seus pequenos pedaços.

- Krispy Kreme – Novos clientes que ainda não experimentaram um donut da Krispy Kreme geralmente ganham um de graça na loja. Algumas vezes, os balconistas incluem um donut extra para os clientes degustarem enquanto esperam para pagar a conta.
- SolutionPeople – Esta empresa de consultoria em criatividade cobra 60 mil dólares de empresas da lista *Fortune 500* por vários dias de *brainstorming* criativos, mas os clientes potenciais podem enviar um representante para um sessão pública de um dia por 850 dólares.[3]
- Dallas Mavericks – Como é ter cadeira cativa para este time da NBA? Os fãs podem descobrir se comprarem pacotes de ingressos para cinco ou dez jogos. Se gostarem de seus assentos e da experiência em geral, podem fazer um *upgrade* dos ingressos para meia temporada ou para a temporada toda. O diretor de marketing do time diz que 55% dos torcedores fazem o *upgrade*.[4]
- IBM – Seu programa de "Test Drive" permite que os programadores testem on-line os aplicativos Linux em um ambiente IBM simulado sem terem de comprar o hardware da IBM.

A WebTrendsLive é uma ferramenta de monitoramento de tráfego na Web do NetIQ. Ela divulga o número de visitantes no site, de que organização eles são, como descobriram seu site e quais páginas vêem. A empresa oferece aos clientes uma versão gratuita com características limitadas em troca da colocação de um *banner* da WebTrendsLive em seus sites.

A versão gratuita mostra quais características estão disponíveis ao fazerem um *upgrade* para a versão paga. Os clientes da versão gratuita podem evangelizar a versão paga para os outros porque entendem os benefícios, embora não a usem.

A Figura 7.1 ilustra como diferentes empresas criam pequenos pedaços de seus produtos e serviços.

* * *

Como disse Henry Ford certa vez: "Nada é muito difícil se você dividir em pequenos pedaços". Ao dividir seu produto e serviço em pedaços discretos, você aumenta exponencialmente a probabilidade de criar novos clientes evangelistas.

Seus clientes acreditam em seu produto agora que o experimentaram? A compra de seu produto contribui para um bem maior? Os consumidores acreditam em causas que são importantes para eles, e querem contribuir para o sucesso dessas causas; se a compra de seu produto sustenta uma causa popular e muito considerada, você está no caminho certo para a criação de clientes evangelistas.

Figura 7.1 | **Uma Amostragem dos Pequenos Pedaços das Empresas**

Empresa	Oferta Premium / Preço	Pequenos Pedaços/Preço
Harley-Davison	Motocicletas/6 mil dólarres 16 mil dólares no varejo	Alugue uma Harley por um dia/120 dólares
WebTrendsLive	Software que monitora o tráfego no site/35 dólares a 2 mil dólares por mês	Versão de uso limitado/grátis
SolutionPeople	Treinamento em criatividade e inovação/60 mil dólares por 3 dias	A ferramenta KnowBrainer/ 75 dólares
Faith Popcorn	Palestras em conferências/ 25 mil dólares	Livro/25 dólares no varejo

CAPÍTULO | 8

CRIE UMA CAUSA
quando os negócios são bons

"O evangelismo é o processo de vender um sonho."[1]

GUY KAWASAKI

Guy Kawasaki e seus compatriotas na Apple Computer "pegaram emprestado" o evangelismo religioso e levaram-no para o trabalho.

O evangelismo secular da Apple lançou um novo computador que sofria de falta de software, falta de capacidade de armazenagem, tinha uma tela pequena e um preço mais alto que o de seus concorrentes. Ainda assim, o Mac conseguiu competir com os modelos de preços mais baixos e com mais recursos feitos pela IBM porque a Apple estava vendendo um sonho, não um computador. A Apple vendia o sonho do Macintosh, que era melhorar a produtividade e a criatividade de todos. Criou um departamento de evangelismo e contratou profissionais de marketing para evangelizar, evangelizar, evangelizar.

Mas, para crescer, a Apple tinha de convencer os fornecedores de software a escrever aplicativos para seu sistema operacional. A principal concorrente de Kawasaki – a IBM – tinha uma tecnologia robusta usada para estabelecer os padrões na indústria; em certa época, foi até considerada um monopólio. A Apple convenceu vários fornecedores a acreditarem na causa Macintosh ao retratar a Big Blue como o Big Brother.

Para construir o impulso para a sua causa, a Apple acabou criando o que é, discutivelmente, a propaganda mais famosa na história da televisão. Mostrada apenas uma vez, durante o Superbowl de 1984, o comercial para a televisão da Apple – "1984" – retratou de forma inesquecível o posicionamento singular e de contracultura da Apple. Dirigido por Ridley Scott (que também dirigiu os filmes *Bladerunner* e *Alien*, entre outros), o comercial retratava a figura de um Big Brother carrancudo, no estilo Orwell, projetada em uma tela gigante, fazendo lavagem cerebral em uma multidão de parasitas com olhos vidrados. Uma arremessadora de martelos aparece para salvar o dia e, com um arremesso certeiro, destrói a imagem do Big Brother, permitindo, assim, que todos enxerguem a verdadeira luz atrás da visão.

Com o Macintosh, uma voz promete que "1984 não será como *1984*", a clássica história de George Orwell sobre um mundo onde o "pensamento em grupo" é a norma e a individualidade é considerada fora da lei. Embora a empresa tenha negado isso na época, o comercial da Apple a retratava como um Davi lutando contra o Golias IBM. Estava em jogo nada mais nada menos que a liberdade pessoal e global.

"O Macintosh começou como uma visão; depois, tornou-se um produto sustentado por um culto; e finalmente, passou a ser uma causa – propagada por milhares de evangelistas do Macintosh", diz Kawasaki.[2]

Isto é: visão → produto → culto → causa → evangelistas

O evangelismo de clientes começa com um grande produto fabricado a partir da visão de um líder que percebeu uma necessidade no mundo. O culto sustenta o produto nos seus estágios iniciais. À medida que o culto ou, mais apropriadamente, a comunidade de consumidores cresce com o apoio da organização, a comunidade começa a se auto-organizar em torno de uma causa. Uma boa causa é significativa; é algo em que se deve acreditar e pelo qual as pessoas devem se unir. Cinco metas para a causa de uma empresa incluem:

1. Ter uma visão bem definida.
2. Fazer com que as pessoas sejam melhores.
3. Gerar grandes efeitos.
4. Catalisar ações altruístas.
5. Polarizar as pessoas.[3]

Uma visão é o grande plano que alguém tem para mudar o mundo – é um pedaço da alma de uma pessoa. A visão do fundador da Apple, Steve Jobs, era levar computadores até as pessoas – os pensadores livres, os espíritos criativos.

Quando algo ajuda as pessoas a melhorarem, elas o apóiam. Contam sobre a sua experiência para todo mundo; em outras palavras, tornam-se evangelistas. É por isso que os livros de auto-ajuda freqüentemente são *best-sellers*; as vendas são alimentadas pelo marketing boca a boca.

As causas podem gerar mudanças profundas e afetar um grande número de pessoas. Um motorista que sempre dirigia bêbado matou a filha de 13 anos de Candy Lightner em 1980. Ele se declarou culpado, mas não foi preso; dez meses depois, pôde voltar a dirigir legalmente. Indignada, Lightner lançou o Mothers Against Drunk Driving (MADD) – Mães Contra Motoristas Embriagados. Em 2002, já havia dois milhões de membros do MADD em 600 unidades espalhados por todos os 50 estados, resultando em leis consideravelmente mais rígidas sobre dirigir embriagado. Portanto, a causa de Lightner teve ótimos efeitos.

O ato de catalisar ou inspirar ações altruísticas é mais bem definido como fazer negócios de acordo com a Regra Dourada: apenas faça a coisa certa. Por exemplo, depois que os ataques terroristas de 11 de setembro de 2001 diminuíram os vôos das empresas aéreas americanas, dezenas de milhares de trabalhadores receberam licenças ou foram afastados. A maior parte da renda dos carregadores de mala vem de gorjetas. Durante esse período de queda brusca nas viagens aéreas nos Estados Unidos, a Southwest Airlines decidiu pagar os carregadores de malas a quantia que normalmente ganhariam, uma ação notavelmente altruísta.

As causas têm o poder de mudar a sociedade. Por outro lado, os desafios ao status quo podem gerar medo, incerteza e dúvida. As causas altamente carregadas e emocionais podem gerar uma paixão intensa – contra e a favor. O aborto e a causa de dar às mulheres o direito de escolha é um exemplo de quão polarizadas as pessoas podem se tornar. Veja os cartazes de protesto do lado de fora de uma clínica de aborto.

EXEMPLOS DE CAUSAS

Quando pensamos em organizações com causas, geralmente pensamos em organizações sem fins lucrativos como a Fundação Susan G. Komen Contra o Câncer de Mama ou o Exército da Salvação. A causa é a razão de ser da organização. Seus membros vestem a camisa de seus valores, muitas vezes literalmente. As pessoas que têm um forte sentimento sobre uma questão naturalmente buscam alianças com outros que sentem o mesmo.

Os autores Richard Cross e Janet Smith explicam como os "laços de identidade" se formam entre os clientes e a empresa. "Laços de identidade são formados quando os clientes admiram e se identificam com os valores, as atitudes ou o estilo de vida que associam a sua marca ou seu produto", escreveram no livro *Customer Bonding: 5 Steps to Lasting Customer Loyalty*. "Os clientes formam um laço emocional com base em suas percepções desses valores partilhados."[4]

Os laços emocionais são fundamentais para a criação de clientes evangelistas. As duas maneiras simples de construir laços emocionais são: (1) adotar uma causa beneficente (geralmente chama-se marketing relacionado a uma causa ou marketing social); e (2) vender sonhos em vez de produtos. Vamos dar uma olhada nas diferenças entre esses dois conceitos.

Adotando uma Causa Beneficente

Em 1983, a American Express lançou uma campanha de três meses para apoiar a reforma da Estátua da Liberdade. A empresa doava um centavo toda vez que um cliente usava um cartão American Express e 1 dólar para cada nova conta. O programa angariou 1,7 milhão de dólares para a restauração, e o uso do cartão American Express subiu 28% durante o primeiro mês da campanha; os pedidos de novos cartões aumentaram 45%.[5]

A American Express recebe o crédito por ter cunhado o termo *marketing relacionado a uma causa*. A Business in the Community, organização com sede em Londres concentrada na responsabilidade social corporativa, define o termo como "uma atividade comercial pela qual as empresas e instituições de caridade formam uma parceria para projetar uma imagem, um produto ou um serviço para benefício mútuo".[6]

Desde o avanço da bem-sucedida campanha da American Express, as empresas cada vez mais abraçam o marketing relacionado a uma causa. De acordo com o International Events Group, os investimentos de empresas em programas ligados a causas subiram mais de 400%, de 125 milhões de dólares em 1990 para 545 milhões de dólares em 1998.

Agora, mais do que uma tática de curto prazo para aumentar as vendas, o marketing relacionado a uma causa evoluiu para uma disciplina de posicionamento para melhorar as imagens corporativas com resultados finais e aspectos comunitários significativos, diz Carol Cone, CEO da Cone Communications, uma empresa de marketing estratégico que desenvolve e implementa programas ligados a causas.7 Sua pesquisa no Cone/Roper Cause Related Trends Report descobriu que os consumidores americanos consistentemente sustentam os programas relacionados a uma causa. O relatório de 1990 descobriu que, dada a escolha de compra entre dois produtos de preço e qualidade equivalentes:

- 78% dos adultos disseram que era mais provável que comprassem um produto associado a uma causa com a qual se importam.
- 66% disseram que trocariam de marca para apoiar uma causa.
- 61% disseram que trocariam de varejista para apoiar uma causa.
- 54% pagariam mais por um produto que apoiou uma causa com a qual se importam.

O estudo da Cone/Roper descobriu que 80% dos americanos preferem empresas que se comprometem com uma causa específica por muito tempo do que aquelas que optam por muitas causas de curto prazo. Cone chama as primeiras empresas de "marcadores de causas", isto é, empresas que assumem uma abordagem de longo prazo, baseada nos interessados, para integrar as questões sociais nas estratégias comerciais, no patrimônio da marca e na identidade organizacional.[8] Empresas que apóiam causas por muito tempo conquistam os corações dos clientes.

A Figura 8.1 mostra um quadro das empresas e seus esforços altamente visíveis de marketing relacionado a uma causa.

Figura 8.1 | **Uma Amostragem do Marketing Relacionado a uma Causa**

Empresa	Produtos	Causa(s)
Ben & Jerry's	Sorvete	Apóia e encoraja as organizações a eliminarem as causas básicas de problemas ambientais e sociais.
The Body Shop	Cosméticos, artigos de toucador	Ambientalismo, direitos humanos.
Whole Foods	Alimentos naturais e orgânicos	Agricultura orgânica global; bancos locais de alimentos; 5% do total dos lucros líquidos vai para organizações sem fins lucrativos.
Wal-Mart	Mercadorias em geral	Meio ambiente, crianças, educação, comunidade.
Avon	Produtos de beleza, jóias	Saúde da mulher, incluindo a conscientização sobre o câncer de mama.

Fonte: Sites das empresas.

Vendendo Sonhos em Vez de Produtos

Em um mundo com tanta coisa, como você faz para seu produto sobressair? Venda algo maior que o produto em si. Venda um sonho. Atraia os clientes demonstrando que você se interessa por muito mais que simplesmente cumprir suas cotas trimestrais de vendas. Evangelize sobre como você está ajudando seus clientes a viver melhor.

Isso não significa apenas fixar um slogan de sonho em um produto e anunciar que ele mudará a vida de seus clientes para sempre. Muitos dos "infomerciais", mostrados na TV no horário da madrugada, já vendem pesadelos, e as pessoas são céticas sobre soluções mágicas.

Casar um produto com uma causa não é algo com o qual o departamento de marketing sonha. Uma causa ajuda os clientes e, mais importante, incorpora os princípios e valores dos líderes e funcionários de uma empresa. Desde a recepcionista até o CEO, todos os funcionários mostram que acreditam na causa por meio de suas ações diárias. O departamento de marketing comunica a mensagem da causa na Web, em catálogos, por intermédio de suas relações públicas e em propagandas. A Figura 8.2 mostra um esboço das empresas que vendem mais do que simples produtos.

A idéia de empresas voltadas para uma causa não pode ser subestimada, não importa o produto. Vamos examinar duas empresas bem conhecidas e explorar como elas *poderiam* organizar clientes ao redor de uma causa. (*Nota*: Essas são sugestões de causas, não programas reais que elas tenham empreendido.) As duas empresas são a Coca-Cola, fabricante de um dos produtos mais conhecidos no mundo, e a Oral B, um fabricante de escovas de dentes e outros produtos dentários.

Perguntamos, então, a dois especialistas conhecidos e respeitados na criação de causas, como os candidatos menos prováveis à causa de uma empresa – os bens de consumo – poderiam desenvolver algum apoio para seus produtos. Dan Pallotta é fundador e CEO da Pallotta TeamWorks, uma empresa de marketing de eventos com sede em Los Angeles, Califórnia. Brian Erwin é vice-presidente de vendas e marketing da DigitalMed, uma empresa de Boulder, Colorado, especializada na aprendizagem eletrônica para a indústria de produtos para a saúde. É ex-chefe de marketing da O'Reilly & Associates e ex-diretor de ativismo do Sierra Club.

Como a Coca-Cola pode criar uma causa? Dan Pallotta diz que a Coca-Cola deve "fazer algo muito, mas muito radical", se quiser se diferenciar da Pepsi. "Eles têm o quê, aproximadamente 700 milhões de dólares para publicidade este ano? Aqui está o que vamos recomendar: gaste todos os 700 milhões de dólares em uma campanha sobre reciclagem das latas de Coca-Cola. Não fale sobre o sabor; você já tem isso. As pessoas amam o produto. Agora faça uma diferença no mundo e as pessoas realmente amarão o produto."[9]

Como a Oral B, fabricante de escovas de dentes, pode criar uma causa? Brian Erwin diz que é difícil, mas possível. "Talvez eu não seja leal à escova de dentes em si, embora seja uma boa escova de dentes. Mas uma boa entidade corporativa, que faz coisas boas no mundo, conquistará minha lealdade, e isso terá um impacto positivo em sua marca. Se eu tiver escolha na farmácia, ficarei inclinado a escolher aquela marca. Há um elemento importante sobre como uma empresa age como entidade corporativa."[10]

Figura 8.2 | **Uma Amostragem de Empresas que Vendem Mais do Que Produtos**

Empresa	Produtos	Causa(s)
Apple	Computador pessoal Macintosh	A "democratização do *desktop*", em que programas e processos, antes caros e exclusivos, são mais baratos e mais fáceis de usar.
Southwest Airlines	Transporte aéreo	Liberdade para se conectar com os seus entes queridos (por causa das passagens sempre mais baratas).
Starbucks	Café	Um ponto de encontro para vizinhos e comunidades.
Dallas Mavericks	Basquetebol profissional	Criação de memórias emotivas.
Fast Company	Assinatura de revistas	É a vitrina de empresas e indivíduos que estão inventando o futuro e reinventando os negócios.

FACILITANDO AS COISAS

Criar uma causa é fácil. O difícil é fazer com que as pessoas se juntem à sua causa. As propagandas foram transmitidas na TV. Os catálogos foram entregues. O site está no ar. Os clientes descobrem sua empresa, seu produto e sua causa, e querem mais informações. Estão pensando em se juntar à sua causa. Agora é o momento da verdade.

As pessoas podem realmente juntar-se à sua causa? Uma pergunta simples, mas pode ser um problema sério se você não conseguir capitalizar o interesse e a empolgação que gerou. Os clientes ficarão frustrados e perderão o interesse se o processo não for suave.

No livro *Selling the Dream*, Kawasaki ilustra as complexidades que existem para se juntar a uma causa. Como experiência, em julho de 1990 seu pesquisador ligou para oito organizações para perguntar como poderia aderir às causas. A seguir, temos os resultados:

- Apple, NeXT e IBM: o pesquisador perguntou a esses fabricantes de computadores como entrar para o programa de desenvolvedores para escrever software para suas empresas.
- Handgun Control, Inc. e National Rifle Association: o pesquisador pediu informações sobre como tornar-se um membro e sobre as oportunidades para voluntários.
- National Audubon Society, Planned Parenthood e Sierra Club: o pesquisador pediu instruções sobre como juntar-se às causas.

Os resultados foram quase cômicos. Três das oito organizações nunca enviaram materiais; e um telefonista corporativo de uma das empresas não tinha a mínima idéia de qual era a causa de sua organização.

Em que passo as coisas estão nessas mesmas organizações 12 anos depois? No dia 17 de fevereiro de 2002, decidimos descobrir. Usamos a mesma metodologia, mas substituímos a NeXT (que foi comprada e incorporada à Apple em dezembro de 1996) pela Microsoft.

Em 1990, a World Wide Web não existia, então o pesquisador de Kawasaki pediu informações por telefone; em 2001, todas as organizações tinham um site. Certamente, depois de terem sido questionadas por Kawasaki 12 anos antes, essas empresas haviam feito com que fosse fácil *juntar-se* às suas causas, certo? Não necessariamente.

Apple

www.apple.com

Um link "Desenvolvedor" na primeira página nos levou para a área da Apple Developer Connection (ADC), que continha informações sobre todos os níveis do programa. Clicamos no proeminente botão "Inscreva-se agora" e nos registramos para o nível mais baixo do programa. O registro on-line foi fácil, grátis e sem sofrimento, mas o formulário tinha muitas páginas. Embora o site tenha prometido um e-mail de confirmação, não o recebemos, mas começamos a receber boletins informativos da ADC semanalmente por e-mail.

Resultado: o registro foi fácil.

IBM

www.ibm.com

O link "Desenvolvedores" na primeira página nos levou a páginas com quantidades abundantes de informações sobre produtos e tecnologias, mas não havia informações sobre como participar de seu programa de desenvolvedores, ou mesmo se tal programa existia. Nós nos registramos para algo chamado "developerWorks", um boletim informativo por e-mail. Um botão de *feedback* na página nos levou a um formulário de *feedback*, e perguntamos como participar do programa de desenvolvedores da IBM. Dois dias depois, recebemos um e-mail de Jeannette nos informando que o "developerWorks" era um site de conteúdo e que deveríamos participar do PartnerWorld para Desenvolvedores. Jeannette incluiu um link, que nos levou a uma página na Web para nos registrarmos como "membros comerciais". Depois de preencher e submeter um formulário muito longo, recebemos um e-mail de confirmação em minutos.

Resultado: Registramo-nos, mas o processo foi muito confuso.

Microsoft

www.microsoft.com

Um link "Desenvolvedor" na primeira página do site nos levou à página da Microsoft Developer Network (MSDN), mas não estava claro como participar do programa. Havia muitas informações sobre produtos e tecnologias, *downloads*, treinamento e eventos. Decidimos simplesmente nos registrar para o boletim informativo gratuito, mas ele também exigia uma conta Passport. Quatro páginas depois, nós tínhamos nos registrado para uma conta Passport. Um e-mail de confirmação chegou alguns minutos depois. Temos recebido e-mails da MSDN a cada duas semanas.

Resultado: Não conseguimos descobrir nada além da lista do boletim informativo por e-mail para participarmos.

Handgun Control, Inc.

www.bradycampaign.org

- Tivemos de pesquisar para encontrar este site. Em 14 de junho de 2001, a Handgun Control mudou seu nome para Brady Campaign to Prevent Gun Violence. A palavra *participe* não estava escrita em nenhum lugar na primeira página do site, mas um botão para "Ativistas" nos levou a uma página que nos encorajava: "Torne-se um Ativista". Fomos apresentados às seguintes escolhas:

- Junte-se ao B.E.A.R.
- Escreva para seu representante no Congresso.
- Escreva para seu jornal local.
- Comece uma Aliança no Campus em sua escola.
- Junte-se ao nosso Hechinger Speakers Bureau.
- Faça doações on-line.

Sem saber o que significava B.E.A.R., parecia que "juntar-se" nos levaria na direção certa. O link nos levou para o "Brady E-Action Response Network". Depois de preenchermos e submetermos o formulário on-line, recebemos uma página de erro.

Nota: Tentamos a Brady Campaign alguns meses depois. Depois de completarmos e submetermos o formulário on-line, recebemos um e-mail de confirmação em minutos. A navegação no site foi ligeiramente melhorada.

Resultado: Não conseguimos nos juntar a eles na primeira tentativa. Tivemos sucesso na segunda tentativa.

National Rifle Association (NRA)

www.nra.org

Um botão "Junte-se/Renove" na primeira página do site nos levou a uma outra página, em que tivemos de clicar novamente em "Junte-se à NRA". Poucas informações sobre os benefícios da associação foram encontradas, exceto que 3,75 dólares das taxas de associação são destinados à assinatura da revista da organização. Preenchemos o formulário, incluindo informações sobre nossos cartões de crédito para o pagamento da taxa de 10 dólares. Recebemos um e-mail de confirmação em minutos.

Resultado: Nos juntamos a eles, mas ficamos incertos sobre os benefícios.

National Audubon Society

www.audubon.org

Um botão "Junte-se & Apóie" na primeira página do site nos levou a uma página que explicava claramente os benefícios da associação. Clicamos no botão "Junte-se agora", mas recebemos uma página de erro.

Nota: Tentamos a National Audubon Society alguns meses depois. Desta vez, conseguimos preencher o formulário de associação e nos juntamos a eles por uma taxa de 20 dólares. Não recebemos e-mail de confirmação.

Resultado: Inicialmente não conseguimos nos associar. Tivemos sucesso na segunda tentativa.

Planned Parenthood

www.plannedparenthood.org

Um botão "Envolva-se" na primeira página do site nos levou a uma página com um excesso de informações e que listava muitas das seguintes medidas a serem tomadas em seguida:

- Fale livremente para salvar a lei *Roe vs Wade*.
- Envie uma mensagem de agradecimento a Colin Powell pelo seu apoio ao uso de camisinha.
- Assine a petição pela escolha!
- Assine a petição se opondo à nomeação do Juiz Pickering.
- Não retire os fundos do planejamento de família internacional.
- Não relegue as mulheres a uma condição de segunda classe!
- Exija fundos para uma educação sexual abrangente.
- Apóie a legislação pela igualdade contraceptiva.

Não estava claro como fazer para simplesmente juntar-se à causa do Planned Parenthood. Um botão nos convidava a participar da "Rede de Ação para Escolhas Responsáveis", da qual poderíamos mandar fax ou e-mails para todos os membros do Congresso sobre questões relacionadas ao planejamento familiar, educação sexual e saúde reprodutiva. A rede, de acordo com o site, nos enviaria e-mails a respeito da legislação e sobre como agir. Depois de submeter um formulário para nos registrarmos na Rede de Ação para Escolhas Responsáveis, não recebemos um e-mail de confirmação. Entretanto, vários dias depois, a rede de ação nos enviou um e-mail pedindo que nos opuséssemos à nomeação de Charles F. Pickering, Sr. ao Tribunal de Apelação Norte-Americano para o Quinto Circuito, respondendo ao e-mail. (Não fizemos isso.) Desde que nos inscrevemos, temos recebido e-mails a cada duas semanas.

Resultado: Não temos certeza se nos juntamos ao Planned Parethood ou simplesmente a uma lista de e-mails.

Sierra Club

www.sierraclub.org

Um botão "Junte-se ou Doe" na primeira página do site nos levou a uma página com explicações detalhadas sobre os benefícios da associação, incluindo como o dinheiro é usado. Clicamos no botão "Junte-se on-line agora", preenchemos o formulário com informações sobre nosso cartão de crédito e recebemos uma página de confirmação. Custou 25 dólares para nos juntarmos no nível mais baixo, mas não recebemos um e-mail de confirmação da nossa transação. Recebemos, duas semanas depois, uma revista *Sierra* e uma mochila Sierra Club algumas semanas depois disso.

Resultado: É fácil juntar-se a eles.

A World Wide Web certamente melhorou a habilidade de obter informações rapidamente. Como cada organização tem um site, pudemos obter mais do que o pesquisador de Kawasaki conseguiu 12 anos antes. Juntar-se realmente às causas foi algumas vezes complexo e outras vezes impossível. A tecnologia só é ótima quando funciona.

Organizar e reunir pessoas para apoiarem sua causa é como namorar: quando elas estão prontas para o compromisso, não as abandone no altar.

* * *

Com os seis princípios básicos do evangelismo de clientes como princípios guias, podemos entender o sucesso de empresas amadas pelos seus clientes. Como você descobrirá nos capítulos a seguir, o evangelismo de clientes é possível em todo tipo de empresa.

Além de adotar os princípios básicos do evangelismo de clientes, descobrimos estes corolários adicionais:

- *Um líder visível.* A disposição do fundador da empresa, do CEO ou do líder sênior em estar à mostra foi fundamental. Isso geralmente significa alguém que fala o que pensa e não se esquiva das controvérsias dentro de seu setor. Nota: Isso é diferente de um CEO carismático que lidera totalmente pela personalidade em vez de liderar pelo exemplo. Os funcionários e clientes querem que os presidentes das empresas sejam *acessíveis*.

- *Uma insistência recorrente em "fazer a coisa certa".* Isso se aplica consistentemente a clientes, funcionários e parceiros comerciais. As empresas com legiões de clientes evangelistas reconhecem que o lucro é um subproduto do evangelismo, não um propósito central.
- *Uma abordagem um tanto teatral aos negócios.* Parece que bons negócios significam uma boa dramatização. O *chairman* da May Department Store Company, Stanley Goodman, costumava dizer: "Quando os clientes se divertem, eles gastam mais dinheiro".
- *Uma intolerância por ser "barato".* Isso não é a mesma coisa de ter consciência de custo.
- *Um foco maníaco na satisfação dos clientes.* Descobrimos que, embora o valor do acionista seja importante, não está necessariamente no topo dos objetivos da empresa. Aumentar o valor dos clientes sim!

CAPÍTULO | 9

MARKETING "QUENTE" AGORA
krispy kreme doughnuts

"As pessoas estão sempre fazendo o marketing boca a boca; sempre tem alguém que conta a outrem sobre nós – nossos clientes sentem que estão ajudando a espalhar a palavra porque não fazemos propaganda." [1]

STAN PARKER, vice-presidente sênior de marketing da Krispy Kreme Doughnuts

No dia 4 de dezembro de 2001, Darrin Dredge e seus amigos montaram um acampamento às 18h30 em uma noite escura, porém agradável, no Kansas.

Uma lua crescente surgiria em cerca de três horas no céu do sul. Por serem pessoas experientes em acampamentos, Dredge e seus amigos levaram cobertores, jogos, alimentos, água e os mais recentes acessórios para acampamento – uma TV portátil com videocassete – para passar o tempo. À medida que as horas passavam vagarosamente, outros chegavam e se juntavam ao acampamento. Dentro de algumas horas, a multidão havia aumentado para 75 pessoas, sendo que algumas estavam preparadas, outras não. O ar noturno estava coberto com um doce aroma de farinha cozida e cana de açúcar, e as pessoas começaram a ficar com fome.

Mas essas pessoas não estavam desfrutando do ar noturno para escapar da correria da vida de escritório em Wichita, que produz mais aviões de uso geral que qualquer outra cidade no mundo. Darrin Dredge estava lá para saborear a primeira maravilha produzida pela Krispy Kreme Doughnuts com sede em

Winston-Salem, no estado da Carolina do Norte. Onze horas depois, ele os saborearia.

Precisamente às 5h30, as portas da loja foram abertas. Centenas de pessoas se aglomeraram no saguão e no gramado em frente à loja. Uma fila de espectadores famintos contornava o prédio e descia a rua, atraídos pelo "buxixo" da Krispy Kreme. Repórteres da TV, da rádio e do jornal locais lotavam a cena, tentando entender a magnitude e fascinação dos donuts quentes banhados em um glacê de açúcar. Um labirinto de carros complicava o trânsito na East Central. "Nós amamos os donuts da Krispy Kreme"[2], foi como Dredge explicou o fenômeno.

O cenário daquela manhã em Wichita, Kansas, é muito familiar para os executivos da Krispy Kreme Doughnuts. Em Fresno, Califórnia, um repórter descreveu a abertura da loja local como "marcada pelo tipo de comoção geralmente reservada para... uma visita presidencial".[3]

Dois estudantes de Stuttgart, na Alemanha, viram uma reportagem na Internet sobre a abertura, em breve, de um Krispy Kreme no Colorado. Compraram passagens de 400 dólares faltaram à aula e voaram para Denver alguns dias depois para participar das festividades de abertura da loja.[4]

Em Issaquah, Washington, um subúrbio de Seattle, um local de treinamento para futuros funcionários da Krispy Kreme Doughnuts é mantido em segredo, por temer que os fãs apareçam na porta implorando por donuts. A prefeita de Issaquah é questionada todos os dias sobre a futura abertura de uma loja local. Fica pasma com o que chama de "seguidores do culto".[5] As aberturas das lojas de Chicago, Buffalo, Mississauga, Ontário e uma outra dezena de locais produziram histórias similares, especialmente congestionamento no trânsito em rodovias próximas.

A chegada de uma nova loja da Krispy Kreme é um evento. Os anos gastos para cultivar uma boa reputação junto aos clientes, explorar as oportunidades de "buxixo", construir relacionamentos amigáveis e simples com a mídia, ter um plano de crescimento lento e manter um foco em tempos passados têm sido muito rentáveis para a Krispy Kreme. Ela desenvolveu ondas gigantescas de evangelismo de clientes para um produto com 11 gramas de gordura e 200 calorias.

De fato, a vida é doce na Krispy Kreme. No ano fiscal de 2002, a receita de 394 milhões de dólares da empresa superou os 300 milhões de dólares em vendas no ano anterior, um aumento de 31%. Embora a empresa esteja crescendo, não é à custa dos lucros; os lucros do ano fiscal de 2002 foram de 26 milhões de dólares, quase o dobro dos lucros do ano anterior de 14 milhões de dólares. As vendas semanais por loja cresceram tão rapidamente quanto a massa dos produtos da empresa, indo de 40 mil dólares em 1996 para aproximadamente 70 mil dólares em 2001 para as lojas da empresa. (Nas lojas franqueadas, as vendas semanais foram de 23 mil dólares em 1996 para 41 mil dólares em 2001.)

Cada loja da Krispy Kreme normalmente fatura $2,5 milhões por ano em comparação com os 600 mil dólares de cada loja da rival Dunkin Donuts.[6] Em comparação com as 5.200 lojas da Dunkin Donuts nos Estados Unidos, as 215 lojas da Krispy Kreme em 2002 parecem insignificantes. Mas ninguém acampa do lado de fora de uma loja da Dunkin Donuts e ninguém chama sua base de clientes de culto.

A Krispy Kreme Doughnuts cria clientes evangelistas porque:

- Começa com um produto "quente".
- Não é apenas massa frita; é uma experiência.
- A comunicação com os clientes guia o desenvolvimento do produto.
- As raízes da empresa estão no marketing de base.
- Ela dá donuts para instigar as pessoas a comprá-los.

Figura 9.1 | **Krispy Kreme**

Abertura de mais uma loja da Krispy Kreme: mais uma fila longa dobrando quarteirões. Centenas de clientes esperando, durante horas de ansiedade, a abertura da loja da empresa em San Diego em 19 de dezembro de 2000.

COMEÇANDO COM UM PRODUTO "QUENTE"

Os donuts são tão antigos quanto a América. Os franceses têm os *beignets* (uma espécie de donut sem furos); o *paczki* polonês, uma espécie de donut recheado com frutas, existe há centenas de anos. Os holandeses que imigraram para Nova York em 1600 trouxeram os *olykoecks*, ou bolinhos oleosos, massas fritas em gordura.[7] Aparentemente, até mesmo os antigos romanos tinham sua espécie de massa frita.

Mas o donut dos dias de hoje, o bolinho em forma de roda com um buraco no meio, é uma invenção americana. Existem duas teorias que explicam o buraco do donut. A primeira foi que os imigrantes holandeses na Pensilvânia, nos anos de 1800, faziam buracos em seus *olykoecks* para tornar mais fácil molhá-los no café.[8] A outra teoria é que um adolescente de Maine, chamado Hanson Crockett Gregory, fez um furo no "bolinho oleoso" porque os bolinhos fritos da sua mãe ficavam muito cheios de gordura no meio. As evidências sobre quem fez o primeiro buraco nos bolinhos oleosos são inconclusivas.

Em 1933, o *chef* francês Jon LeBeau vendeu sua loja de donuts em Paducah, Kentucky, sua receita secreta de donuts e o nome *Krispy Kreme* para Vernon Carver Rudolph e um sócio, que se mudaram para Nashville para se tornarem revendedores atacadistas de donuts, vendendo para os mercados locais. Não demorou muito até que Rudolph e seu sócio tivessem uma desavença; Rudolph e dois novos sócios partiram em um Pontiac 1936 e chegaram em Winston-Salem, Carolina do Norte, com 25 dólares em dinheiro, alguns equipamentos para fazer donuts, a receita secreta e o nome Krispy Kreme. O plano deles era tornarem-se atacadistas.

Com o aroma de donuts frescos soprando no ar na vizinhança, os residentes mais próximos logo começaram a bater na porta da fábrica, pedindo para comprar uma dúzia. Rudolph abriu uma janela na parede e começou a vender diretamente para os clientes. A notícia sobre os donuts se espalhou rapidamente com o marketing boca a boa, e a Krispy Kreme tornou-se um negócio "quentíssimo", confinado, em grande parte, ao Sudeste dos Estados Unidos.

Um ano depois da morte de Rudolph em 1973, a Beatrice Foods comprou a Krispy Kreme como uma subsidiária de propriedade total da empresa. Por seis anos, a Beatrice tentou fazer da Krispy Kreme uma loja de conveniência fast-food que vendia os *cookies* feitos pela Beatrice, sanduíches, sopas e biscoitos. "Nada parecia dar certo", diz Stan Parker, chefe de marketing da Krispy Kreme, que está com a empresa desde 1997.[9] A Beatrice começou a fazer coisas para baratear o produto, incluindo o uso de ingredientes mais baratos na mistura secreta dos donuts. Em 1980, um grupo de franqueadores fez um empréstimo de 23 milhões de dólares e comprou a Krispy Kreme de volta da Beatrice. Liderada por Joe McAleer, Sr., a recém-independente Krispy Kreme se livrou de todos os produtos Beatrice e voltou ao que era: um amor de donut, com os ingredientes originais restaurados.

Foi bom a Krispy Kreme ter sido comprada da Beatrice, porque os americanos adoram donuts. Desde 1994, as vendas de donuts não param de crescer entre os norte-americanos com cinturas em constante expansão: de 6,5 bilhões de dólares ao ano para 9 bilhões de dólares em 2002, de acordo com o grupo de consultoria Business Trend Analysts. Transformando esses dólares em donuts, temos dez bilhões de donuts e 2,2 trilhões de calorias por ano, diz a Associação Nacional de Restaurantes.

Os confeitos doces da Krispy Kreme certamente têm sido um dos fatores que contribuem para esse crescimento duplo. Recém-saído da linha de produção, um donut do Krispy Kreme praticamente flutua. Seu glacê grudento brilha. Um fã da Krispy Kreme o descreveu na Internet como "a sensação que você tem pouco antes de dormir, mas na forma de um donut".

A brigada adormecida de Winston-Salem foi de uma especiaria sulista para estrela ascendente em 1997, quando abriu uma loja na capital mundial da mídia – Nova York. Com alguém como Willard Scott, do programa *Today*, anunciando que freqüenta a "igreja do Krispy Kreme", quem precisa de propaganda?

Logo a imprensa faminta descobriu o charme sulista da mística Krispy Kreme e seus clientes evangelistas apaixonados; isso resultou em dezenas e mais dezenas de histórias. "Nova York foi um grande sucesso", diz Parker modestamente, com seu sotaque de nativo da Carolina do Norte. "Acho que pela primeira vez pudemos perceber que esta poderia ser uma marca nacional."[10] A cobertura da mídia alimentou um fogo adocicado que transformou a empresa em uma possibilidade "quentíssima" ainda não descoberta.

"Faremos 65 anos neste verão [em 2002]", diz Parker. "Mas é como se estivéssemos começando com 65 anos de experiência."[11]

As lições aprendidas:

- Os clientes só podem evangelizar um produto bom.
- Confie em seu produto "quente" – ele cria o boca a boca.
- A localização ainda importa quando se trata de varejo.
- Quando a mídia se aproximar, direcione-a para seus clientes para alimentar o fogo de seu evangelismo.

UMA EXPERIÊNCIA, NÃO APENAS MASSA FRITA

Vernon Rudolph amava a automação. Por ter começado seu negócio como atacadista para os mercados, quanto mais rápido conseguisse produzir donuts, mais sucesso teria. Assim, depois da Segunda Guerra Mundial, ele aumentou sua dependência da automação. Cinqüenta anos depois, a automação dos donuts havia se transformado no *teatro de donuts*, um termo desenvolvido pelos clientes para explicar o valor de entretenimento de observar a máquina brilhante, de aço inoxidável, que faz os donuts. "Cada uma das nossas lojas é, na realidade, uma pequena fábrica", diz Parker.[12]

Como a máquina de donuts requer um mínimo de intervenção humana, ela também pode ser descrita como um teatro mecanizado. É tão larga e tão comprida quanto a carroceria de um caminhão pequeno. Usando um guincho, os funcionários enchem as cubas gigantes com a massa da receita secreta. Um extrusor automático cria uma fileira de quatro donuts; uma rajada de ar cria o buraco de cada donut. Cada fileira de donuts que acabou de ser feita "anda" no seu próprio carrinho para cima e para baixo em um elevador de três metros e meio de altura chamado de "provador" por aproximadamente 15 minutos. O calor e a umidade no provador fazem com que o fermento cresça em cada donut.

Depois dessa prova, os donuts "caminham" em câmera lenta ao longo de uma esteira rolante por alguns minutos, até que sejam colocados em uma panela com óleo quente. Eles cozinharão por exatamente um minuto antes de entrarem em uma pequena garagem onde são virados – quatro por vez – para cozinhar por exatamente mais um minuto.

Um funcionário da loja fica rondando a máquina, retirando as criações com formato esquisito. Como participantes em um desfile, os donuts "viajam" por uma outra esteira rolante antes de serem mergulhados em uma cachoeira de glacê de um metro de largura. Momentos depois, um funcionário cuidadosamente retira os donuts ainda quentes da linha de montagem em movimento e os coloca em uma caixa. Tudo isso é feito atrás de um vidro que vai do chão até o teto, com visão desobstruída, como um zoológico moderno.

Passe uma tarde na loja de Mountain View, Califórnia, mais popularmente conhecido como Vale do Silício, e você verá um perfil da América: asiáticos, hispânicos, hindus orientais, britânicos, idosos, crianças e todos os programadores de computadores entre eles. Quase todo mundo gasta, no mínimo, alguns minutos com as faces grudadas no vidro, que abrange uma linha de montagem que produz cerca de três mil donuts por hora. Por toda a nação Krispy Kreme, isso significa cinco milhões de donuts por dia, dois bilhões por ano.

Levou décadas para que a Krispy Kreme percebesse que seria um bom marketing colocar a máquina de donuts no "palco"; até os anos 80, os clientes tinham de espiar por uma pequena portinhola para ver a ação, como se fosse uma cabine de vídeo.

Assim como Maxine Clark, a fundadora das lojas Build-A-Bear Workshops (Capítulo 13), descobriu, os clientes varejistas adoram as "fábricas" na loja. Estar, de certa maneira, envolvido no processo cria uma experiência memorável e ondas de "buxixo".

Para estender a experiência de "palco" para além de seus locais permanentes, a Krispy Kreme criou uma loja de 16 metros sobre rodas. Em 2002, começou a fazer um tour que cansaria até mesmo os músicos mais veteranos: 240 dias por ano na estrada, com um grupo de 10 a 20 funcionários para alimentar os famintos por donuts nas feiras e festivais municipais em locais distantes ou em lugares onde a Krispy Kreme ainda não tenha agitado, diz Parker. Totalmente equipada, a loja móvel é uma lanchonete colorida e brilhante que se encaixa perfeitamente em uma feira municipal. Uma enorme placa com luzes brilhantes dizendo "Donuts Quentes Agora" se sobressai.

"Com os e-mails e cartas apaixonados que recebemos, podemos simplesmente surpreender alguém um dia e aparecer na cidade dele, como um ato aleatório de bondade", diz Parker. "Um enorme ato aleatório de bondade."[13]

Assim como as lojas permanentes, a loja móvel é um teatro visível de donuts. É o "buxixo" sobre rodas.

Lições aprendidas:

- Construir uma experiência ao redor de um produto faz com que os clientes se envolvam e se sintam conectados.
- Esforçar-se continuamente para entender as conexões emocionais que os clientes sentem em relação aos produtos e à empresa.

O ENCORAJAMENTO DAS COMUNICAÇÕES ENTRE OS CLIENTES IMPULSIONA O DESENVOLVIMENTO DO PRODUTO

Os clientes impulsionaram o conceito do teatro de donuts. Nos anos 80, Jon McAleer e sua equipe escutaram os clientes evangelistas da empresa e reformaram suas lojas para fazer com que o processo de fabricação fosse mais acessível. Eles também atenderam aos pedidos de janelas de *drive-thru*, mais mesas e uma decoração contemporânea.

Levou 40 anos para a empresa perceber que a placa "Donuts Quentes Agora" seria uma ótima idéia de marketing. Os clientes reclamavam que não sabiam quando donuts quentes e fresquinhos estavam disponíveis. Um dono de uma franquia em Chattanooga, Tennessee, ouviu seus clientes nos anos 70. Comprou uma persiana e escreveu nela: "Donuts Quentes Agora"; quando os donuts estavam quentes, eles abaixavam a persiana.

Os executivos da empresa adoraram a idéia. Em vez da persiana, a Krispy Kreme produziu as distintivas luzes néon em verde e vermelho que hoje são vistas em todas as suas lojas. Quando as luzes estão acesas, os donuts estão quentes.

"É uma daquelas grandes coisas que uma empresa só consegue ter depois existir por muito tempo", diz o CEO Scott Livengood. "É a essência do marketing excelente: foi o gerente de uma de nossas lojas que escutou seus clientes."[14]

Não é por coincidência que "Donuts Quentes Agora" é o perfeito meme de marketing. Ele descreve um processo e uma oportunidade. É também a forma principal – e única – de a Krispy Kreme fazer propaganda.

Isso também iniciou um período de transformação para a Krispy Kreme, saindo de um negócio em grande parte atacadista para um negócio em grande parte direto ao consumidor, diz Parker. Pelo lado do atacado, a rede de supermercados Kroger é responsável por mais de 10% das vendas.

A Krispy Kreme fez uma sábia ligação com o amor que os clientes expressam livremente por seus produtos. A empresa encoraja cartas e e-mails para saber como está se saindo. De fato, os clientes escrevem seis mil e-mails por mês, diz Parker. Muitos clientes contam sua primeira experiência com a Krispy Kreme.

"Os clientes nos enviam fotos deles comendo seu primeiro donut e descrevem como ele parecia um 'pedacinho do céu'", diz Parker. Mas a maioria deles, se não mais, fala sobre sua experiência. "Eles contam como era quando seus pais os levavam à Krispy Kreme depois da missa de domingo. Ou dos donuts que venderam para juntar dinheiro para as excursões escolares. Ou que namoravam na Krispy Kreme aos sábados à noite. Eles partilham muito."[15]

Um piloto de uma empresa aérea comercial escreveu que, certa noite, quando anunciou que havia comprado donuts da Krispy Kreme para todos no vôo de San Diego para Seattle, os passageiros engoliram em seco e aplaudiram. "Nunca, nos meus 17 anos de vôo para esta empresa, (...) tive uma experiência mais agradecida e feliz de um grupo de pessoas", escreveu o piloto comedor de donuts.[16]

Parker diz que cada cliente recebe uma resposta pessoal. "Precisamos cultivar o relacionamento com os clientes", diz ele. "Sempre respondemos às pessoas, e não fazemos isso com uma resposta automática."[17] Dos seus estudos e pesquisas em comunicações com clientes, a empresa sabe que a maioria dos clientes compram, em média, mais que uma dúzia de donuts para "levar a algum lugar e repartir".

"Esta é uma grande parte da experiência Krispy Kreme. A força da marca Krispy Kreme é que nossos clientes fizeram-na forte", diz Livengood. "Não foi por meio de campanhas publicitárias ou marketing planejado ou por sairmos para criar uma imagem. A marca é o que os clientes fizeram dela."[18]

Por intermédio de pesquisas formais e informais próprias para entender o fenômeno criado, Parker descobriu que, ao final, ele se resume a duas coisas: "Começa como *uma experiência* – um donut quente – e se transforma muito rapidamente em *uma conexão emocional*. Quanto mais nos aprofundamos, mais entendemos a conexão emocional. Não havia um plano em 1995 que pudesse prever o que está acontecendo hoje."[19]

Lições aprendidas:

- As idéias dos clientes podem causar o maior impacto, mesmo que leve 40 anos para perceber.
- Encoraje os clientes a escreverem e descreverem o que sua empresa e seus produtos significam para eles.
- Quando os clientes usam seu tempo para escrever, use seu tempo para responder com um bilhete personalizado.

AS RAÍZES DA EMPRESA ESTÃO NO MARKETING DE BASE

Desde os anos 50, a Krispy Kreme tem ajudado centenas de instituições de caridade a angariarem fundos. Em 2001, a empresa ajudou a angariar 27 milhões de dólares para causas nas cidades onde suas lojas estão localizadas; no ano anterior, 19 milhões de dólares. As causas podem ser de tudo, desde grupos de igrejas e tropas de escoteiros/bandeirantes até viagens de bandas escolares, contanto que sejam locais e sem fins lucrativos. "Para nós, é um pouco de negócios, mas não muito", diz Parker. "Nossa abordagem é muito local."

Os ingredientes que compõem a fórmula de marketing de base da Krispy Kreme são simples, porém altamente poderosos.

- Apoiar as organizações de caridade locais vendendo a elas donuts pela metade do preço.
- Permitir que as organizações sem fins lucrativos revendam o produto no preço integral de varejo ou mais alto.
- Deixar que as organizações sem fins lucrativos fiquem com os lucros.
- Fazer com que milhões de donuts cheguem às bocas de pessoas que podem nunca tê-los experimentado.

As raízes do marketing de base da Krispy Kreme estão em evitar grandes orçamentos com publicidade. Orçamentos baixos — ou nenhum orçamento — ajudam as empresas a pensarem criativamente sobre suas táticas de marketing, afirma Parker. "Tem sido uma maneira de nos conectarmos com as pessoas em nível local e de base", diz ele. "Tivemos de achar maneiras como essa."[20]

De todas as indicações, parece que essa estratégia é fundamental para o encanto da Krispy Kreme. Entretanto, desde o dia em que a empresa abriu seu capital, em abril de 2000, os analistas de Wall Street volta e meia colocam a cabeça para fora, como doninhas (uma espécie de esquilo que vive embaixo da terra), e insistem em que a Krispy Kreme comece a fazer publicidade.

Embora Parker explique que os clientes dizem que ficariam desapontados se começassem a ver propagandas da Krispy Kreme na TV, ele não descarta essa possibilidade.

"Somos uma empresa de capital aberto, e faremos propaganda se for interessante", diz ele. Nesse meio tempo, as legiões de evangelistas da empresa fazem a propaganda por ela.

"As pessoas estão sempre fazendo o marketing boca a boca; sempre tem alguém que conta a outrem sobre nós – nossos clientes sentem que estão ajudando a espalhar a palavra porque não fazemos propaganda", diz Parker.[21] "Não é raro, quando abrimos uma loja – às 5h30, com uma fila de duas ou três horas de comprimento –, que muitas das pessoas ali já tenham experimentado o Krispy Kreme e estejam trazendo seus amigos e vizinhos que nunca o experimentaram. Elas apenas tomam a iniciativa de trazer uma pessoa que desconhece o produto e certificar-se de que ela receberá um donut quente."

"Seria muito difícil conseguir isso com uma propaganda tradicional."[22]

Lições aprendidas:

- Recrute o auxílio de grupos sem fins lucrativos e de caridade para ajudar a vender seu produto ao dar-lhes um preço de atacado.
- Quando bem conduzido, o marketing de base cria, entre os clientes, um sentimento de que eles são donos da empresa.
- Na hora de decidir entre o conselho dos clientes e o conselho dos analistas de Wall Street, qual você acha que pesa mais?

DAR OS DONUTS PARA INSTIGAR AS PESSOAS A COMPRÁ-LOS

As pessoas de fora que estudam a estratégia de marketing da Krispy Kreme geralmente ficam surpresas em descobrir que a empresa não segue os tradicionais quatro Ps de marketing (produto, praça, preço e promoção). Essa foi a experiência dos alunos de marketing de Karen Mishra na Universidade de Wake Forest em Winston-Salem, a cidade onde a Krispy Kreme instalou sua matriz.

"Uma das melhores maneiras de eles 'fisgarem' as pessoas é com amostras", diz Mishra, uma professora adjunta de marketing que se coloca entre os clientes evangelistas da Krispy Kreme. "É simples e engenhoso."[23]

De fato, a Krispy Kreme conseguiu dominar o conceito de pequenos pedaços. Ainda não experimentou o novo donut com sabor de *cheesecake? A probabilidade é que o balconista dê um jeito nisso.*

"Aqui está, experimente", diz ele.

Comprou uma dúzia de donuts originais com glacê brilhante? Os funcionários da loja geralmente incluem um donut quente extra, embrulhado em um guardanapo. Uma recompensa por esperar na fila. Ou por sorrir. Ou por ser um cliente regular. Em termos de marketing, é criar o deleite do consumidor.

Na abertura de novas lojas, os funcionários da Krispy Kreme saciam a multidão de pessoas na fila com amostras. A reputação comercial gerada por um donut gratuito tem recompensas enormes.

Mas espere, há mais: para dizer olá à vizinhança, o gerente de uma nova loja visita as residências e empresas mais próximas, distribuindo donuts como um "Flautista de Hamelin" da culinária. No dia em que as ações da Krispy Kreme deixaram de ser negociadas pela Nasdaq e passaram para a Bolsa de Nova York, a empresa bloqueou parte de Wall Street e montou um teatro ao ar livre para fazer donuts. Naquele dia, a empresa deu 40 mil donuts e 17 mil xícaras de café. Também teve o segundo mais alto desempenho de oferta pública inicial de 2000.

"Foi uma resposta fenomenal", diz Parker. "Acho que a reação àquilo realmente nos ajudou a entender como a loja móvel nos ajudaria a expandir a experiência de donuts quentes 'agora'."[24]

Dar dezenas de milhares de donuts a cada ano ajuda criar dois resultados identificáveis.

1. Reputação junto ao cliente.
2. Um "buxixo" enorme.

"Se você vai usar o marketing boca a boca como estratégia de marketing, precisa ter um produto bom", diz Mishra. "Esse é o maior componente do sucesso. A Krispy Kreme tem um produto extraordinário e delicioso."[25]

Enquanto a Krispy Kreme continua enrolando Wall Street e virando o mundo tradicional do marketing varejista e de fast-food de cabeça para baixo com sua tendência antipropaganda, Parker admite que o sucesso de marketing da empresa não é devido a nenhum plano mestre.

"A evolução é o caminho para descrever a estratégia de marketing, não a revolução", diz ele.[26]

Lições aprendidas:

- Domine a arte dos pequenos pedaços; deixe que os clientes provem seu produto em locais criativos e divertidos.
- Uma estratégia de marketing é evolucionária, não revolucionária.

PLACAR DO EVANGELISMO: KRISPY KREME DOUGHNUTS

Plus-Delta dos Clientes

- A empresa recebe seis mil e-mails por mês com histórias sobre a primeira experiência dos consumidores com a Krispy Kreme, assim como sugestões para melhorias e idéias para a localização de novas lojas.
- O site da empresa encoraja ativamente o *feedback* sobre todos os aspectos de seu funcionamento.
- Cada loja é avaliada semanalmente em relação a seus produtos, apresentação e atendimento ao cliente.

"Napsterize" o Conhecimento

- O processo de fazer os donuts é aberto para que os clientes vejam.

Estabeleça o "Buxixo"

- Seu produto extraordinário gera enormes níveis de marketing boca a boca.
- Os esforços de RP ao redor da abertura de cada loja normalmente geram contagens regressivas da mídia para o evento.
- Os executivos da empresa estão totalmente disponíveis durante as aberturas das lojas para capitalizar o interesse da mídia pelas aberturas.
- Sua máquina móvel de fazer donuts, inaugurada em 2002, leva a experiência da Krispy Kreme para a estrada, em direção a lugares onde ainda não há lojas.

Crie Comunidades

- A empresa promove eventos para angariar fundos para causas beneficentes por todo o país, vendendo donuts com desconto para grupos relacionados a causas e permitindo que eles os revendam pelo preço integral de varejo ou mais alto.

Pequenos Pedaços

- Cada loja dá milhares de donuts todos os anos como parte de sua estratégia de amostra.
- As lojas são generosas na distribuição de donuts extras para as pessoas que esperam na fila.

Crie uma Causa

- Seu marketing se concentra na conexão emocional que os clientes sentem, não no produto.

Coordenadas

Empresa:	Krispy Kreme Doughnuts, Inc.
Matriz:	Winton-Salem, N.C.
Fundada em:	1937
Presidente:	Scott Livengood
Diretor de marketing:	Stan Parker
Descrição:	Donuts Quentes Agora
Indústria:	Restaurante/Varejo
Funcionários:	3.200
Propriedade:	Capital aberto (Bolsa de Nova York:KKD)
Site:	www.krispykreme.com

CAPÍTULO | 10

O HOMEM DE SOLUÇÕES AMBICIOSAS

solutionpeople

"Julgue a inteligência pelas respostas dadas às perguntas. Julgue a criatividade pelas perguntas feitas."[1]

– GERALD HAMAN, fundador e presidente da SolutionPeople

Gerald Haman gastou 2.500 dólares para lançar sua empresa de milhões de dólares.

O empreendimento de Haman é a SolutionPeople, uma empresa de criatividade, inovação, treinamento e consultoria. Ela ajuda as empresas a fazerem *brainstorming* para novos produtos e serviços, resolver problemas existentes e melhorar a habilidade de trabalho em equipe. Haman lançou a SolutionPeople pouco depois de George Bush pai ter sido empossado como presidente. A idéia de Haman por trás de sua empresa: treinamento deve ser algo divertido e as ferramentas para isso devem ser eternamente úteis.

O ano era 1989 e Haman apostou que o investimento de alguns milhares de dólares para se misturar com os cinco mil participantes na reunião da American Society for Training and Development (ASTD) no Centro de Convenção em Dallas, Texas, seria uma boa estratégia para lançar sua empresa. Os profissionais de recursos humanos e treinamento que compõem a ASTD se reúnem todos os anos para discutir as mais recentes técnicas e metodologias para treinar pessoas em suas empresas.

Haman tinha um produto que gerava muito "buxixo": uma ferramenta de mão, que ele chamava de Inovador de Bolso, que os profissionais de treinamento poderiam carregar em seus bolsos. Como um maço de cartas de baralho presas por uma ponta, os cartões no Inovador de Bolso estavam cheios de perguntas provocativas que incitariam seus usuários a pensar sobre seus problemas de forma criativa.

Portanto, o ano era 1989 na convenção da ASTD, e o estande de Haman era perto do estande de Ned Herrmann, um conhecido especialista em criatividade, cujo livro *Creative Brain* tinha acabado de ser lançado. Herrmann foi um dos grandes do setor durante sua carreira e, aos olhos de Haman, um gigante que poderia esmagar todos os presunçosos. Seria um presságio?

"Eu nunca pensei em me colocar na mesma classe que o Herrmann porque ele foi um pioneiro no ramo", diz Haman. "Muitas de suas pesquisas são um modelo para nós. Seu pensamento influenciou o meu. E estávamos na mesma conferência em Dallas. Isso é interessante; nunca havia pensado nisso antes, mas, sim, acho que foi um presságio."[2]

Esse momento na vida de Haman não foi fácil. Desde o começo da empresa, ele usou recursos próprios. Para economizar custos, recrutou sua irmã, Elaine, para ficar com ele no estande da convenção, e eles se revezavam para ir ao banheiro. Mas a aposta de Haman deu certo, e muitas pessoas fizeram fila para comprar o Inovador de Bolso. O "buxixo" sobre a pequena ferramenta se espalhou rapidamente na convenção.

"Acho que chamamos um pouco de atenção com uma ferramenta singular que as pessoas queriam ter", reconhece Haman. "Se há um item que fez com que as pessoas saíssem como evangelistas foi o fato de todos receberem uma ferramenta que poderia ajudá-los em algum ponto."[3]

Como seu produto fez com que as pessoas falassem, dois fatos importantes resultaram da conferência: (1) Haman conquistou dois clientes importantes: a Hewlett Packard e a Digital Equipment Corporation; e (2) conheceu Linda Stockman-Vines, uma escritora que teve um papel fundamental na criação de um enorme "buxixo" sobre a empresa.

Como empresa de uma só pessoa, Haman acabou conseguindo 50 clientes naquela exposição que durou uma semana em Dallas. A ferramenta e a empresa de Haman foram sucessos imediatos. Sua confiança alguma vez tremeu antes da conferência?

"Eu não estava nervoso", diz ele. "Estava empolgado e intuitivamente sentindo que seria um sucesso."[4]

Ele teve um lucro bruto de 87 mil dólares em seu primeiro ano na empresa. Doze anos depois, em 2002, a SolutionPeople estava rendendo 4 milhões de dólares por ano e ocupando vários escritórios em um armazém transformado no West Loop, em Chicago. No início de 2002, ele contava com 160 empresas da *Fortune 500* entre seus clientes. Haman cobra de 60 mil dólares a 100 mil dólares por dois ou três dias de facilitação de *brainstorming*. Sua empresa cresceu a uma taxa anual de 30% entre 1999 e 2001; e Haman mantém um quadro de dez pessoas muito, mas muito, ocupadas.

Quando lançou a empresa, Haman tinha poucos concorrentes naquilo que é imprecisamente chamado de setor de "consultoria em criatividade". Em 2002, o cenário de consultores que conduzem as organizações por um processo sistemático de criatividade está repleto de grandes e pequenos concorrentes, da McKinsey à Eureka Ranch e à Gary Hamel's Strategos.

O trabalho de Haman o tem levado ao redor do mundo, incluindo Cingapura, onde ajudou 7.500 pessoas em um estádio a gerar 454 mil idéias em 60 minutos. Lá, ele estabeleceu três recordes mundiais para o Guinness: o maior volume de idéias geradas em 60 minutos; a maior equipe de *brainstorming* já reunida; e a maior equipe de facilitadores já reunida. Um estudo conduzido pelo Kellogg Alumni Consulting Group, da Universidade de Northwestern, relatou que a SolutionPeople tem ajudado seus clientes a gerarem mais de um milhão de idéias com valor estimado de 1 bilhão de dólares.

Haman mantém uma cópia emoldurada de seu primeiro pagamento – um endosso de 29 mil dólares da Digital Equipment – em seu escritório. Sua metodologia de marketing desde o começo foi investigar o que as pessoas precisavam e, depois, criar ferramentas e idéias para satisfazer essas necessidades.

A SolutionPeople cria clientes evangelistas porque:

- Uma ferramenta singular e útil faz as pessoas comentarem.
- Haman se concentra na construção de redes de fãs.
- Os relacionamentos com os especialistas na mídia ajudam a alimentar o interesse e a crença na sua causa.
- A empresa como teatro – a SolutionPeople proporciona uma experiência memorável.

Vamos examinar em detalhes cada um desses meios pelos quais a SolutionPeople cria clientes evangelistas.

COMO UMA FERRAMENTA SINGULAR E ÚTIL FAZ AS PESSOAS COMENTAREM

Gerald Haman sempre esteve no lado criativo dos negócios. No início dos anos 80, era promotor de shows do Air Supply e do Cheap Trick. Cansado da estrada, conseguiu um emprego na Procter & Gamble em 1982 para vender Crest e Scope.

Em 1987, migrou para uma das empresas de consultoria entre as Big Five – a Arthur Andersen –, onde era pesquisador da Divisão de Educação Profissional. Foi na Andersen que começaram a se formar as idéias de Haman para criar sua própria empresa.

Frustrado com o fato de que poucas pessoas na Andersen pareciam se importar com os pesados manuais de treinamento que a empresa publicava em fichários enormes, Haman decidiu testar uma hipótese: alguém usava essas coisas?

"A empresa gastava milhões de dólares por ano em material de treinamento", diz ele. "As únicas pessoas que pareciam apreciá-los eram as que os elaboravam. Elas entravam para fazer suas avaliações de desempenho e diziam: 'Sim, eu desenvolvi este seminário de um dia, e aqui está meu fichário enorme e pesado. Veja o que consegui realizar'."[5]

Sendo o profissional de consultoria de uma das Big Five que era na época, Haman lançou um estudo formal. Provou que seu palpite de que o volume dos fichários de treinamento eliminava sua praticidade de uso estava correto. Um dia, enquanto fazia compras em uma loja de azulejos, Haman pegou um mostruário de amostra de azulejos coloridos, e a lâmpada proverbial – ícone da marca de Haman – se acendeu. Que tal uma ferramenta de treinamento que coubesse no bolso da pessoa e, ainda assim, fornecesse estrutura para o processo criativo? Com isso, nascia a ferramenta chamada Inovador de Bolso – que acabou se tornando a ferramenta KnowBrainer (veja Figura 10.1).

Assim como as tiras das amostras de cores na Figura 10.1, a ferramenta KnowBrainer atua no mesmo tipo de teatro. Imagine 96 tiras presas por um pino, com informações nos dois lados. Acrescente muitas frases descritivas e questões provocativas como: "O que é necessário, almejado ou desejado?" ou "O que as pessoas deveriam SABER?". Organize-as de acordo com quatro categorias estratégicas de "Investigar, Criar, Avaliar e Ativar" (o que Haman chama de Diamond Solution Process – Processo de Solução Diamante) e você tem a ferramenta KnowBrainer.

Figura 10.1 | **O KnowBrainer**

O que faz essa ferramenta ser um elemento estratégico e viral da habilidade de marketing de Haman? Para iniciantes, ele é portátil, cabe facilmente em uma bolsa, em um bolso ou na palma da mão. É diferente da maioria das ferramentas de treinamento, embora o KnowBrainer pareça familiar – é como segurar aqueles mostruários de cores da loja de azulejos ou de tinta.

Em termos de marketing de evangelismo, o KnowBrainer é uma versão "napsterizada" do conhecimento de Haman. Seu uso diário não requer um consultor de 150 dólares por hora (embora isso ajude).

"Minha atitude tem sido distribuir o máximo deles para que as pessoas comentem a respeito", diz Haman. "'Napsterizado' é uma boa maneira de se pensar sobre eles. Se você pensar na facilidade de partilhá-los, isso é fundamental, embora seja difícil copiá-los, e eu não acho que as pessoas se dariam a esse trabalho, o que é um dos aspectos interessantes."[6]

Além disso, o KnowBrainer funciona muito bem como uma ferramenta de vendas para conquistar novos clientes. Haman envia o KnowBrainer para os clientes potenciais antes da reunião e o usa para descobrir os principais problemas e questões das empresas. "Ele sempre abre caminho para discussões envolventes", diz Haman.[7]

Com o nome SolutionPeople claramente rotulado em cada KnowBrainer, a ferramenta lembra seus usuários – tenham eles conhecido ou não Haman – da sua origem. Diferentemente da maioria das ferramentas tradicionais de marketing, esta proporciona um verdadeiro valor.

"O que faz com que esta ferramenta seja viral é que ela se encaixa muito bem na palma de sua mão. É confortável tê-la por perto para brincar. Mas se as pessoas puderem gerar algumas idéias úteis, contarão às outras pessoas e dirão: 'Ele me ajudou e poderá ajudá-lo'. Então, acho que o potencial viral é realmente bom."[8]

Doze anos depois de sua criação, Haman estima que já tenha vendido cerca de 150 mil cópias da sua ferramenta de bolso.

Lições aprendidas:

- Entenda e estude o que não funciona no seu setor industrial.
- Seu produto ou serviço precisa ser singular e proporcionar um valor imediato.
- O tamanho importa; neste caso, menor é melhor.

FOCO DE HAMAN NA CONSTRUÇÃO DE REDES DE FÃS

Haman lançou a SolutionPeople sem um catálogo ou site (afinal, era 1989) e sem muita garantia de marketing: apenas um serviço bem definido, uma descrição rápida, precisa e bem planejada da empresa e uma ferramenta contagiante que criou um "buxixo". "Nós nem tínhamos papel timbrado até cerca de dois anos depois de começarmos", diz Haman.[9]

Para aqueles que trabalham sob a suposição de que o crescimento surge das estratégias de marketing dedicadas à "criação de percepção da marca e construção da marca", o sucesso de Haman é uma evidência de que uma abordagem popular pode construir uma empresa sustentável e de longo prazo. Funciona até para uma empresa que deseja permanecer pequena, que é o objetivo de Haman.

"Se eu consigo imaginar ter construído minha empresa por meio de propagandas?", Haman pergunta, e depois ri. "É divertido pensar isso, creio. Mas não; não consigo imaginar."[10]

Treze anos depois de a SolutionPeople ter conquistado seu primeiro cliente, ainda não tem um catálogo. Além de seu site – www.solutionpeople.com –, a empresa não produziu nenhum outro apoio de vendas. Haman fez sua empresa crescer por meio de três tipos de conexões de marketing (sem ordem específica de importância).

1. Associação em organizações.
2. Aparições em conferências e eventos de criação de redes de contato.
3. Recomendações de amigos e associados.

Para entender seu sucesso com o marketing de base, vamos começar com o evangelismo pessoal, baseado em pessoas, de que a SolutionPeople tem desfrutado. Gastamos algumas horas com Haman no "Thinkubator", o nome que Haman dá a seu escritório, para traçar as rotas que levaram ao engajamento de seus clientes.

Como Haman mantém um banco de dados de quase todas as pessoas que conheceu, conseguimos construir diagramas das conexões. Criamos um mapa detalhado das conexões entre pessoas, participações em associações e em palestras. Três horas depois, tínhamos rabiscado nomes, empresas, datas e eventos em cinco folhas de *flip-chart*. Saímos do Thinkubator convencidos de que até mesmo uma única pessoa consegue criar uma confluência de conexões e uma lista de clientes pagantes.

Pegue, por exemplo, Dan Pink, autor do livro *Free Agent Nation*, sobre o crescimento da quantidade de profissionais independentes nos Estados Unidos. Em certa época de sua carreira, Pink era o principal escritor dos discursos do vice-presidente Al Gore.

Também é um editor contribuinte para a revista *Fast Company*, como o que o autor Emanuel Rosen chama de "*hub* de rede": uma pessoa influente, na qual as pessoas confiam para obter informações. Haman chama Pink de "mestre na construção de redes de contato".

Em 1998, Pink colocou um aviso nas comunidades on-line da *Fast Company*, conhecidas como células da Company of Friends (veja Capítulo 6). Naquela época, Pink estava conduzindo a pesquisa para o livro *Free Agent Nation* e visitando as células da Company of Friends em todo o país para conhecer os profissionais independentes.

Entra em cena Neil Kane, amigo de Haman desde o início dos anos 90. Kane contou a Haman sobre o aviso on-line e o encorajou a contatar Pink. Haman o fez, e eles tiveram uma boa conversa. Como resultado, Pink disse a seus colegas na *Fast Company* que a SolutionPeople daria uma história interessante para a revista.

Os editores da *Fast Company* ficaram intrigados. Alguns meses depois, em abril de 1999, a revista publicou um artigo de três páginas sobre a vida no Thinkubator. O artigo de 769 palavras na *Fast Company*, que incluía uma foto colorida de Haman vestido como seu *alter ego*, o super-herói "Solutionman" (homem de soluções), foi diretamente responsável por nove clientes novos, sendo que oito deles eram empresas da *Fortune 500*.

Vamos traçar a rede de conexões a partir daquela resposta simples e evangelista que Neil Kane postou à pergunta de Dan Pink, como mostra a Figura 10.2 e as doze etapas descritas na figura.

1. Dan Pink posta uma pergunta em uma lista da Company of Friends.
2. Neil Kane lê a pergunta e a encaminha para Haman.
3. Um artigo sobre Haman é escrito para a revista.
4. Um funcionário da Adidas lê o artigo na *Fast Company* e telefona para Haman em busca de mais informações. A Adidas torna-se cliente.
5. Um funcionário da Adidas adora o trabalho e evangeliza a SolutionPeople para seus contatos na Universidade de Harvard. Vários de seu colegas de MBA acabam se tornando clientes da SolutionPeople.
6. Um representante de uma empresa chamada Momentum Marketing lê o artigo e decide que a SolutionPeople é justamente o que seu cliente, a General Motors, precisa. Várias semanas depois, a divisão Buick da GM entra para a lista de clientes da SolutionPeople.
7. A *Fast Company* convida Haman para uma palestra em sua conferência RealTime de 1999, em Nápoles, Flórida.
8. Na conferência, a *Fast Company* distribui 500 ferramentas KnowBrainer para os participantes. A distribuição da ferramenta é fundamental para a aquisição de novos clientes como a General Electric, a American Express e o Grupo Tom Peters.
9. Na convenção RealTime, Haman conhece Andy Hines, que na época trabalhava na Kellogg's. Várias semanas depois, uma equipe da Kellogg's viaja de sua matriz em Battle Creek, Michigan, para uma sessão no Thinkubator. O *brainstorming* que fizeram gerou novos produtos de cereais.
10. Hines deixa a Kellogg's e entra para a Dow Chemical. Pouco depois, a Dow se torna cliente da SolutionPeople.

11. Hines evangelliza a empresa de Haman para seus colegas na indústria química e, oito meses depois, Haman faz uma palestra na Conferência de Especialidades Químicas em Chicago.

Figura 10.2 | **Rede de Conexões a Partir de um Evangelista**

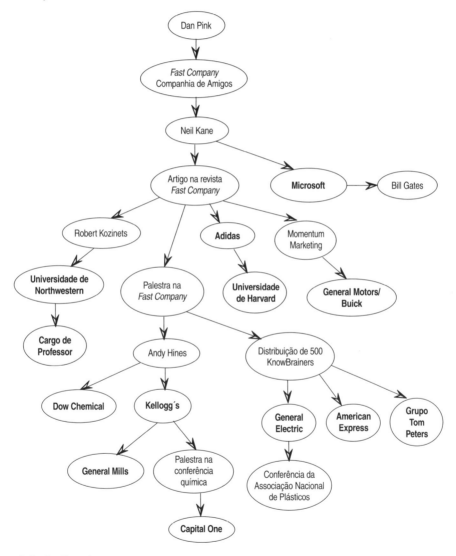

Fonte: SolutionPeople

12. Sentado na primeira fila na conferência estava um executivo da Capital One, empresa de serviços financeiros. O executivo gostou do que ouviu e, pouco depois, uma equipe da Capital One estava con-

gestionando o Thinkubator, fazendo um *brainstorming* para novos produtos e idéias.

No geral, um evangelista – Neil Kane – foi indiretamente responsável por pelo menos 2 milhões de dólares em receita para a SolutionPeople.

Como Dois Davis se Juntaram para Ajudar o Golias

Kevin Olsen é o sócio-fundador da One Smooth Stone, uma empresa de marketing e comunicações estratégicas que trabalha principalmente na indústria de reuniões e eventos. Em 1995, Olsen assumiu o mesmo risco calculado que Haman havia assumido três anos antes ao investir vários milhares de dólares em um evento como uma estratégia de marketing em que se aposta a empresa. Mas o evento – a Chicago Society of Association Executives – foi um fracasso. "Não pegamos nem um resfriado lá", diz ele. "Conhecemos apenas uma pessoa. Foi o Gerald."

"Estávamos prontos para o Gerald."

O que aconteceu foi que Olsen e sua jovem empresa precisavam da abordagem sistemática para a criatividade e a inovação que Haman oferecia. Os dois ficaram amigos rapidamente. Olsen envolveu Haman em vários projetos da sua empresa e, à medida que trabalhavam juntos, indicavam clientes um para o outro. Fizeram isso com a Xerox, a A.T. Kearney, a Navistar, a Motorola.

Olsen rapidamente entendeu a idéia do marketing de evangelismo – acontece que ele era filho de um pastor.

"O evangelismo é uma das mais elevadas vocações que há", diz ele. "Sou um evangelista daquilo em que acredito: construir relacionamentos vencedores. Gerald é um exemplo clássico de um relacionamento que se sustentará por um bom tempo."[12]

Lições aprendidas:

- Cultive relacionamentos de qualidade, não quantidade.
- Mantenha um bom registro das pessoas que conhece.
- Ajude seus amigos o máximo possível.
- Envolva-se com as organizações em que acredita.

RELACIONAMENTOS COM OS ESPECIALISTAS NA MÍDIA AJUDAM A ALIMENTAR O INTERESSE E A CRENÇA NA CAUSA DE HAMAN

O poder da mídia pode ser exponencial, e Haman criou uma estratégia sólida para ajudar os jornalistas a rapidamente conquistarem o que muitos deles procuram: uma boa história sobre uma personalidade pitoresca.

Ele envia o KnowBrainer aos repórteres antes de uma entrevista e o usa durante a entrevista como uma demonstração ao vivo da eficácia da ferramenta, assim como para fornecer aos repórteres um novo caminho para as perguntas.

O primeiro artigo sobre a SolutionPeople, em 1989, criou ondas de artigos subseqüentes que continuaram durante anos. Haman conheceu Linda Stockman-Vines, uma jornalista que escreve sobre treinamento, recursos humanos e questões sobre a criatividade, em 1989, na conferência da ASTD em Dallas. Intrigada, Stockman-Vines escreveu um artigo sobre a ferramenta KnowBrainer para a revista *Human Resource Executive*. Podemos traçar o efeito que Stockman-Vines teve na empresa de Haman e o início da SolutionPeople na convenção da ASTD em 1989 ao examinarmos a Figura 10.3 e uma cronologia das 12 etapas nela representadas.

1. Haman aluga um estande na conferência da ASTD em Dallas.
2. Quinhentas pessoas compram a ferramenta KnowBrainer (conhecida, na época, como Inovador de Bolso).
3. A Hewlett Packard e a Digital Equipment Corporation tornam-se clientes.
4. Haman conhece a escritora Linda Stockman-Vines.
5. Ela escreve um artigo sobre Haman para a revista *Human Resource Executive*.
6. Os executivos da Dupont e do U.S. Forestry Service lêem o artigo e viram clientes da SolutionPeople.
7. Em 2001, Stockman-Vines escreve um outro artigo sobre Haman, desta vez para o *Investor's Business Daily*.
8. Um oficial do governo de Cingapura lê o segundo artigo e convida Haman para ajudar a fazer *brainstormings* sobre as estratégias de melhoria do governo, o que o leva aos recordes mundiais no Guiness.
9. A conferência em Cingapura leva a um acordo de licenciamento do KnowBrainer (um dos principais objetivos estratégicos de Haman) com uma empresa de Cingapura.

Figura 10.3 | **Raízes Iniciais da SolutionPeople**

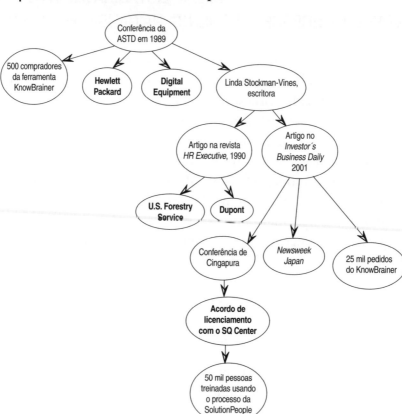

Fonte: SolutionPeople

10. O acordo de licenciamento treina 50 mil pessoas na Ásia usando a abordagem da SolutionPeople.
11. A *Newsweek Japan* publica um artigo sobre a empresa de Haman, uma empresa de consultoria da Indonésia lê o artigo e licencia a ferramenta KnowBrainer.
12. Haman vende milhares de ferramentas KnowBrainer por causa do artigo no *Investor's Business Daily*.

Lições aprendidas:

- Fale com a mídia em todas as oportunidades.
- Ajude a mídia a contar uma boa história – não espere que eles o promovam às cegas.

A EMPRESA COMO TEATRO: PROPORCIONE UMA EXPERIÊNCIA MEMORÁVEL

Gerald Haman não tem medo de ir à luta. De vestir uma fantasia; de se sobressair no mundo comercial abarrotado; de introduzir o teatro nas empresas.

Conheça o Solutionman – Homem de Soluções.

O Solutionman usa uma capa vermelha, meia-calça e tem um queixo firme, bastante parecido com o super-herói da sua infância, o Super-Homem. O Solutionman nasceu quando Lari Washburn, um dos clientes de Haman na Lucent, disse, sem querer: "Você é um homem de soluções". Uma outra lâmpada se acendeu naquele momento, e logo o Solutionman estava sendo fotografado para a revista *Fast Company*, fazendo aparições em escolas e percorrendo todas as conferências.

Uma aparição na escola primária Francis Xavier Ward em Chicago, em 1997, criou muito "buxixo". O Solutionman ensina as crianças em várias escolas de Chicago, várias vezes por ano, sobre o valor do trabalho em equipe e da criatividade. Também tira fotos com as crianças, entregues com um decalque do Solutionman no verso. Uma fotografia chamou a atenção de um pai que não tinha entendido qual era o negócio de Haman e ligou para ele em busca de mais informações. O pai, advogado em uma grande empresa advocatícia sediada em Chicago, gostou da idéia e achou que a American Bar Association (ABA) poderia usar a ajuda do Solutionman. A ABA logo se tornou um cliente e, mais tarde, a própria empresa daquele pai.

A criação do Solutionman é parte de uma rede de conexões ainda maior na história da empresa de Haman que começou anos atrás com sua associação ao Museu de Arte Contemporânea de Chicago, como retratado na Figura 10.4 e explicado nas 11 etapas a seguir.

1. Haman entra para o Museu de Arte Contemporânea de Chicago.
2. Torna-se ativo no grupo de evangelistas de arte do museu.
3. Seu envolvimento com o grupo o apresenta a vários clientes futuros: R.R. Donnelly, grande empresa de impressão, e duas agências de publicidade: J. Walter Thompson e DDB.

Figura 10.4 | Mapa do "Buxixo" da SolutionPeople

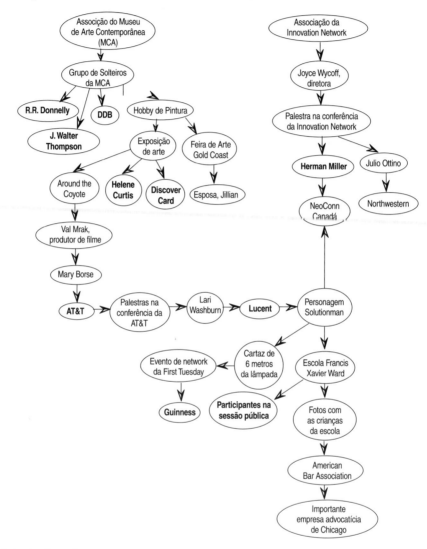

Fonte: SolutionPeople

4. Seu envolvimento com o museu o inspira a seguir seu hobby de pintura em tela.
5. Seu hobby resulta em duas exposições de arte.
6. Em uma das exposições, Haman conhece dois futuros clientes: Helene Curtis e Discover Card. Também é convidado a participar de uma outra exposição de arte chamada Around the Coyote.
7. Na outra exposição, conhece sua futura esposa: Jillian.

8. Na exposição Around the Coyote, Haman conhece Val Mrak, um produtor de cinema que o apresenta a Mary Borse, na época funcionária da AT&T, que, mais tarde, torna-se cliente.
9. A AT&T o convida a dar uma palestra em uma conferência, onde conhece Lari Washburn, da Lucent, que logo se torna cliente. Seu trabalho com Lari o leva à criação do Solutionman.
10. Em uma aparição em uma escola de Chicago, a foto do Solutionman chama a atenção de um pai, que eventualmente ajuda Haman a conquistar novos clientes: a American Bar Association e uma importante empresa advocatícia de Chicago.
11. O Solutionman inspira a criação de um enorme cartaz com uma lâmpada, que chama a atenção de um grupo de redes de contato de Chicago (First Tuesday), e acaba levando a outro cliente: a Guinness UDV, empresa de bebidas.

Depois de cada grande evento, a SolutionPeople coloca um documento em PowerPoint com cem páginas de fotos em seu site. As fotos mostram as pessoas e as realizações do evento. Um evento com 20 pessoas, realizado em um castelo inglês em março de 2002, gerou cinco mil visitantes do documento on-line, diz Haman.

A Vida no Teatro do Thinkubator

Um elemento comum entre as sete empresas dos nossos estudos de casos é uma ênfase inabalável em uma experiência agradável. Uma experiência utilitária não é memorável, mas uma experiência agradável e divertida cria o "buxixo". Um dia no Thinkubator, nome que Haman deu ao escritório onde as pessoas fazem *brainstorming* para suas empresas, faz as pessoas falarem. A co-autora Jackie Huba se inscreveu para um seminário de Inovação Acelerada realizado em outubro de 2001.

Uma semana antes de partir para o seminário no Thinkubator em Chicago, recebi, por e-mail, um "Planejador KnowBrainer Pré-Seminário". Eram nove perguntas sobre o meu entendimento a respeito de criatividade e inovação e como eu poderia usar o que aprendi. Pediram que eu enviasse as respostas antes do seminário.

Dia do treinamento: quando entro pela porta da frente do Thinkubator, fico hipnotizada. Um sapo de brinquedo na entrada coaxa as boas-vindas. A sala é uma amostra colorida de vida. Tudo, a começar pelos móveis – poltronas grandes e vermelhas e sofás confortáveis – até as dezenas de esculturas em forma de lâmpadas de idéias e um banheiro cuja banheira serve de tanque para os peixes Solutionfish, cria faíscas de *brainstorming*. É como entrar na Casa de Brinquedos do Pee Wee Herman, sem a cadeira falante. Não vejo a hora de falar sobre como tudo na sala é absurdamente fora do comum.

São 8 horas da manhã e os outros participantes do workshop já estão animados; há uma música tocando ao fundo. Acomodamos-nos nos sofás confortáveis e nos pufes. Haman se apresenta a nosso grupo de 25 pessoas. Somos especialistas em marketing, consultores de desenvolvimento organizacional, executivos de associações e gerentes de várias empresas dentro e fora de Chicago. Aprendemos que o seminário será apenas um pequeno pedaço de algo pelo qual os clientes de Haman, das empresas da *Fortune 500*, pagam até 100 mil dólares para desfrutar por alguns dias.

Haman explica que, certo dia, durante o segundo ano na Universidade de Dakota do Norte, ele chegou atrasado para a aula de filosofia. Seu professor, Dr. Benjamin Ring, não ficou muito feliz e pediu que ele pensasse na seguinte pergunta: o que motiva as pessoas? No final da aula, Haman havia escrito a pergunta várias vezes, até gastar 25 páginas de seu caderno. (Interessantemente, o Dr. Benjamin Ring havia feito a mesma pergunta a um outro aluno, ex-estrela da NBA e renomado técnico de basquete – Phil Jackson). Em 1981, a pergunta sobre o que motiva as pessoas ficou queimando na mente de Haman, levando-o a lançar, afinal, a SolutionPeople. A resposta para a pergunta: ser criativo.

Graças ao estudo feito por um aluno da Universidade de Northwestern, Haman descobriu que as pessoas são 13% mais produtivas quando não estão usando sapatos, e 20% das pessoas pensam mais rapidamente quando estão em pé. Ele nos pede para retirarmos nossos sapatos e colocarmos meias brancas, que são alegremente distribuídas. Todos estão muito impressionados.

Hora de trabalhar. Começamos com o jogo "Conheça Sua Mente". Seguimos em fila para uma sala repleta de cartões separados por cor – azul, vermelho, verde, amarelo – e cada um deles tem uma palavra escrita. Pedem-nos para pegar três cartões que melhor nos descrevem. Seleciono dois vermelhos (Entusiástico, Apaixonado) e um verde (Planejador). Em fila, voltamos para a sala principal e nos apresentamos, mostramos nossas cores e por que as escolhemos. Enquanto circulo pela sala, faço conexões com meus amigos vermelhos, ciente de que pertencemos a uma comunidade de apaixonados.

Haman mantém a mágica da motivação acesa anunciando que distribuirá tíquetes para aqueles que participarem ativamente na sessão de hoje fazendo perguntas ou se oferecendo como voluntários. (Parece que o Dr. Ring o ensinou muito bem.) No final do dia, faremos um sorteio de prêmios para as pessoas que tiverem mais tíquetes. Imediatamente, ficamos intrigados. Ganhar prêmios? Isso será divertido.

Haman nos diz que, certa vez, perguntaram a Einstein: Se você tivesse uma hora para salvar o mundo, como passaria o tempo? Einstein respondeu que passaria 55 minutos pensando nos problemas e 5 minutos gerando idéias.

Haman diz: "Julgue a inteligência pelas respostas dadas às perguntas. Julgue a criatividade pelas perguntas feitas".[13]

É uma transição para o jogo "Perguntas". Temos de nos reunir em pares e praticarmos usando a técnica da "Palavra Rápida", como Haman faz com os verdadeiros repórteres. Meu par é John, cuja empresa ajuda outras empresas a melhorarem o valor para o acionista. Um de nós faz o papel de "repórter" e o outro de "especialista". Usando a ferramenta, John faz o papel de repórter primeiro, fazendo perguntas aleatórias das quatro etapas do processo. Fico perplexa com as diversas perguntas. O KnowBrainer traz à tona questões que eu nunca teria imaginado, especialmente na minha profissão.

O desafio aumenta porque John fica muito satisfeito em fazer o papel de repórter malvado. Descubro que algumas perguntas no KnowBrainer, como "O que você quer que as pessoas sintam?" e "O que você quer que as pessoas pensem?", são interessantes porque não são comuns. John faz suas próprias perguntas com certo escárnio: "Por que alguém se importaria com o que você faz?". Creio que minhas respostas não criam valor imediato para o acionista. Decido que John pode ter uma nova carreira na Fox News.

Agora é hora de formar as "equipes coloridas de pensadores desvirtuados". Organizamo-nos em grupos de quatro ou cinco pessoas. Nossa missão é aplicar o Processo de Solução Diamante de Haman a um problema. Engalfinhamo-nos e chegamos a "como escolher uma fantasia para o Halloween". Nosso grupo vai bem nas etapas investigativas e criativas, mas deixa a desejar na etapa avaliativa, e não temos certeza por quê, embora nosso problema pareça direto.

A metáfora de como isso acontece todos os dias nas empresas no mundo todo – acomode-se em uma idéia e siga em frente – nos serve muito bem.

Agora é hora do almoço, que é servido na "discoteca" do Thinkubator, que é metade pista de dança e metade parque de diversões. Liberados do nosso estado natural de adultos, brincamos com alguns dos brinquedos, como a máquina de basquete. A música, é claro, continua tocando. Sentamo-nos ao redor de três grandes mesas redondas com toalhas de mesa brancas e talheres pesados. A refeição é no estilo gourmet, assim como a conversa. Quando pergunto às oito pessoas à minha mesa como ficaram sabendo do Haman e da SolutionPeople, elas me dizem que ouviram de uma outra pessoa.

A maioria está aqui para vivenciar os exercícios de *brainstorming* e criatividade do Solutionman na fonte original, como uma cuidadosa missão de reconhecimento para avaliar a SolutionPeople para uma sessão completa de três dias, ou para contratar Haman para dar uma palestra em uma de suas conferências. Todos pagaram para estar aqui. A idéia dos pequenos pedaços funciona maravilhosamente com o Thinkubator.

Depois do almoço, é hora do karaokê. Dividimo-nos em equipes e nos revezamos cantando ou fazendo coro em músicas conhecidas por todos. Não há nada como cantar com toda energia "Takin' Care of Business" logo depois do almoço para afugentar os efeitos do triptofano do sanduíche de peru. Voltamos para o Thinkubator para trabalhar no Processo de Solução Diamante em nossos projetos individuais.

Quando acabamos, Haman apresenta uma questão que vai direto ao ponto: quantos de nós pensamos em idéias que farão 5 mil dólares? 10 mil dólares? 50 mil dólares? Um participante diz que sua idéia pode gerar 1 milhão de dólares. Isso chama a atenção de todos. Ao posicionar nosso trabalho em termos de retorno financeiro, Haman habilmente ilustra a relação entre a criatividade e fazer com que ela dê resultados. O marketing é a mesma coisa; deve ter retornos bem definidos para cada idéia investida.

"Estamos prontos para o 'Thinkathon'?", pergunta Haman. Ele distribui folhas cheias de lâmpadas que representam idéias para um problema colocado no topo da folha. Cada lâmpada representa uma idéia sobre como atacar o problema. Haman nos fala sobre seu cliente na Abbot Labs, uma grande empresa farmacêutica: o cliente prega a folha de lâmpadas de Haman na porta de seu escritório com um problema/desafio no topo. Todos os visitantes precisam acrescentar uma idéia à folha antes de entrar no escritório.

Haman distribui papéis cheios de desenhos de lâmpadas. Nosso desafio é pensar em meios de introduzir mais criatividade em nosso local de trabalho. Temos três minutos para fazer um *brainstorming*. Quando o tempo acaba, passamos a folha para a pessoa à esquerda e acrescentamos idéias ao problema que nos foi entregue pela pessoa à nossa direita.

É o final do dia e hora do sorteio de prêmios. Isso é bom, porque nossas mentes já estão mortas. Os prêmios são barras para pensar, brinquedos de lâmpadas, cérebros de borracha e parafernália de Einstein. Haman dá a todos uns chapéus que parecem um cérebro e denomina todos de "maníacos por pensar".

Profissional de marketing experiente, Haman nos lembra sobre o valor que recebemos durante este dia de criatividade.

- Um fichário com modelos sobre como a criatividade e inovação funcionam.
- Nossa própria ferramenta KnowBrainer.
- Folhas de gabaritos do "Thinkathon" (páginas com lâmpadas).
- Uma caderneta para captar idéias (com um pacote extra de papéis).
- Idéias dos nossos projetos individuais que devem render valor real.

Ele também nos diz que receberemos um e-mail de pesquisa nos pedindo para dar uma nota para a sessão. Apesar de estarmos exaustos, parece difícil sair de lá. Estamos em um lugar agradável e criativo, onde nos divertimos, liderados por um líder carismático e inteligente, e conhecemos pessoas excelentes. Alguns ficam para trás para perguntar como o Haman poderia ajudá-los em suas empresas.

Para muitos dos participantes reunidos, ir embora significa voltar ao trabalho e às políticas do escritório e a uma total falta de criatividade. Armados com as ferramentas e os conhecimentos da sessão, esperam mudar tudo isso. Todos contarão a outrem sobre os exercícios que seus cérebros receberam.

Lições aprendidas:

- Reunir *feedback* antes e depois da experiência é valioso.
- Dar aos clientes a oportunidade de se conhecerem.
- O conforto vale mais que o estilo.
- A diversão é importante.
- Proporcionar oportunidades de amostra durante cada etapa de seu processo de vendas.

PLACAR DO EVANGELISMO: SOLUTIONPEOPLE

Plus-Delta dos Clientes

- Todo cliente tem a oportunidade de dar uma nota para sua experiência.

- Dados quantitativos e qualitativos são coletados, confrontados e analisados.

"Napsterize" o Conhecimento

- A ferramenta KnowBrainer é a metodologia encapsulada e portátil de Haman.
- Ao criar uma experiência interativa, Haman proporcionou os meios e as ferramentas para que os clientes conduzam sessões melhores de *brainstorming* em suas próprias empresas.

Estabeleça o "Buxixo"

- Um produto singular espalha o "buxixo" rapidamente.
- Uma experiência positiva e divertida espalha o "buxixo" com rapidez, especialmente na mídia.

Crie Comunidades

- Os participantes no Thinkubator se juntam a uma comunidade por um dia.
- Mostrar os talentos dentro de uma comunidade cria conexões.

Pequenos Pedaços

- Para aqueles que não estão muito certos sobre o investimento de 100 mil dólares em uma sessão dedicada somente a sua empresa, um representante da empresa poderá inicialmente participar de uma sessão de um dia por algumas centenas de dólares.

Crie uma Causa

- Haman lançou sua empresa para ajudar as pessoas a descobrirem seu potencial criativo.

Coordenadas

Empresa:	SolutionPeople
Matriz:	Chicago, Illinois
Presidente:	Gerald Haman
Diretor de marketing:	Scott Buchanan (que começou depois do término deste livro)
Descrição:	Uma empresa de criatividade, inovação, treinamento e consultoria.
Indústria:	Treinamento e desenvolvimento
Funcionários:	10
Propriedade:	Empresa privada
Site:	www.solutionpeople.com

CAPÍTULO | 11

AS LIÇÕES DE HISTÓRIA DAS GUERRAS DA O'REILLY
o'reilly & associates

"As pessoas mudarão o mundo e acelerarão as mudanças ao espalharem seus conhecimentos." [1]

TIM O'REILLY, fundador e presidente da editora O'Reilly & Associates

Sebastopol, Califórnia, recebeu esse nome em homenagem a uma briga de socos.

A lenda diz que, em 1855, uma discussão entre dois colonizadores no Norte da Califórnia – Jeff Stevens e um homem conhecido apenas como Hibbs – acabou em socos. Foi uma briga longa, sendo que Hibbs recebeu a maioria dos socos. Abatido e ensangüentado, Hibbs cambaleou até a venda para se abrigar e se escondeu lá dentro pelo resto do dia. Frustrado, depois de várias horas esperando, Stevens finalmente foi para casa vitorioso, mas vencido pelo recuo de Hibbs.[2]

O espetáculo da briga fez com que os espectadores entretidos se lembrassem da Guerra da Criméia, que estava devastando meio mundo. Naquela época, os franceses e os russos discordavam sobre quem deveria ter acesso às rotas comerciais no Oriente Médio. O Tsar Nicholas da Rússia queria proteger seus santuários religiosos ao longo das rotas a qualquer custo. Assim como normalmente acontece com as disputas que envolvem religião, a discórdia acabou em guerra. A Grã Bretanha e a França se uniram para lutar contra os russos.

Florence Nightingale, da Grã Bretanha, se juntou às tropas como enfermeira e acabou mudando a natureza da enfermagem.[3]

Os franceses e os britânicos empurraram os russos de volta para a base naval russa de Sevastopol e poderiam ter considerado sua missão cumprida e voltado para casa. Mas não foi isso que fizeram. Em Sevastopol (onde o *v* é favorecido sobre o *b*), os russos abateram os britânicos e franceses um a um, como patos em uma barraca de tiro ao alvo. A barricada deles era impenetrável, e Nightingale teve muito trabalho. Dois anos depois, os britânicos e os franceses desistiram e voltaram para casa abatidos. A principal lição da Guerra da Criméia: não seja ganancioso.

Foi uma grande ironia, quando 144 anos depois, alguns residentes da calma Sebastopol, Califórnia, tiveram sua própria Guerra da Criméia. Dessa vez, a batalha foi com uma gigante da Internet ao Norte, a Amazon.com, com sede em Seattle, e seu fundador, o "Tsar" Jeff Bezos.

A Amazon recebeu a patente para seu processo de compra chamado de "One Click" (Um Clique), que pode reduzir significativamente o tempo para as compras on-line. A Amazon queria impor sua patente e fazer com que seu maior concorrente, a Barnes & Nobles, parasse de usar um processo similar. O temor de que a Amazon impusesse sua patente contra outros sites que também usam um programa de um clique espalhou-se pela Internet. Era como o Tsar Nicholas querendo proteger suas rotas comerciais a qualquer custo.

Entra em cena Tim O'Reilly.

Ele é o fundador e CEO da O'Reilly & Associates, uma editora com sede em Sebastopol, Califórnia. Desde seu começo como empresa de consultoria em textos técnicos, a O'Reilly & Associates – muitas vezes chamada simplesmente de ORA pelas pessoas dentro e fora da empresa – floresceu e se tornou a editora técnica mais respeitada hoje em dia. Seu crescimento alimentou uma expansão para títulos de medicina, viagem e bioinformática; conferências; e uma breve incursão na área de software. Com seus 300 funcionários, a O'Reilly & Associates, uma empresa de 65 milhões de dólares em 2000, é a maior empresa na bucólica Sebastopol.

Tim O'Reilly descreve sua vocação como a de um idealista que recruta especialistas em tecnologia para se empenharem em causas que melhoram a tecnologia e sua comunidade de entusiastas. Quando a Amazon.com recebeu sua patente para o "One Click", O'Reilly começou a receber telefonemas de pessoas pedindo que ele organizasse um boicote à Amazon. Em vez disso, O'Reilly enviou um e-mail para Bezos que continha a seguinte parte:

"A tecnologia que você usou para lançar seu sucesso surpreendente não teria se espalhado se os precursores da web, de Tim Berners-Lee em diante, tivessem agido como você agiu ao pedir e impor sua patente. É claro que você não é o único que sabe jogar esse jogo de patentes. E quando a web estiver encurralada por patentes competitivas e outras tentativas de transformar esse glorioso campo aberto em um deserto proprietário, as fontes de inovações secarão. Resumindo, acho que você está cuspindo no prato que comeu."[4]

O'Reilly diz que Bezos respondeu com um e-mail curto e objetivo, como um "passa-fora corporativo", que manteve firme a posição da Amazon. Destemido, O'Reilly elaborou uma petição para protestar a patente da Amazon.com, que enviou por e-mail a vários líderes tecnológicos influentes com sólidos seguidores, encorajando-os a assiná-la e encaminhá-la.

"Eu sabia que, se mandasse esse e-mail para algumas pessoas, elas refletiriam e eu conseguiria (...) uma massa crítica de uma só vez, na qual todas essas pessoas ouvem a mesma mensagem ao mesmo tempo", diz O'Reilly. "É um refinamento do princípio de que, se conseguir fazer com que essa massa crítica de reconhecimento surja de várias direções de uma só vez, você está no caminho certo."[5]

Dois dias depois, o evangelismo de O'Reilly pela causa havia resultado na coleta de mais de dez mil assinaturas. Milhares de comentários acompanhavam as assinaturas, como: "Prezado Sr. Bezos: Acho que seus esforços para manter e impor a patente do One Click são um equívoco e me fazem questionar se quero ou não continuar trabalhando com a Amazon.com".[6]

Bezos prestou atenção. Depois de uma conversa telefônica com Bezos, que O'Reilly descreveu como cordial e informativa, Bezos concordou em desistir da imposição da patente do One Click da Amazon. Assim como Florence Nightingale, 150 anos antes, Tim O'Reilly havia salvo a Amazon de si mesma, enquanto evangelizava uma característica conveniente do comércio na Internet que hoje passa até despercebida.

Foi essa liderança baseada em uma causa, em uma arena pública, repleta de atitude e de gritos de lutadores (em que a maioria dos participantes não tem tônus muscular e usa óculos), que fez da O'Reilly & Associates a líder em seu campo. Também tem sido um forte componente da estratégia de marketing da empresa.

A O'Reilly & Associates cria clientes evangelistas porque:

- Sua estratégia de marketing é amplamente construída na defesa de uma causa.
- As comunidades de clientes são fundamentais para seu sucesso.
- Grandes quantidades de seu conhecimento estão disponíveis fora de seus produtos principais.
- O *feedback* do cliente impulsiona a melhoria e a inovação do produto.

CONSTRUINDO UMA ESTRATÉGIA DE MARKETING AMPLAMENTE BASEADA NA DEFESA DE UMA CAUSA

A defesa de causas tecnológicas de Tim O'Reilly começou em julho de 1996, quando a Microsoft pisou no calo dele.

Naquela época, a Microsoft tinha disponível duas versões do seu sistema operacional de alto nível: NT Workstation e NT Server. Embora o NT Server fosse mais completo em termos de características, ambos poderiam funcionar como servidores Web. No último minuto, a Microsoft mudou o código TCP-IP do NT Workstation para que não fosse possível conectar mais de dez computadores a ele, basicamente tornando-o inútil como servidor Web. A questão é que a Microsoft não é dona do código TCP-IP; ninguém é. Ele é mantido por um grupo voluntário de programadores que ajuda a criar e escrever os padrões de computação para toda a indústria.

A tática da Microsoft efetivamente bloqueava qualquer software baseado na Web, incluindo o de O'Reilly, evitando que fosse hospedado na plataforma mais barata, porém popular, da Microsoft. Sua manobra era forçar os proprietários a fazerem um *upgrade* para o NT Server, que era mais caro, mas não tinha limites de conexão.

Para Tim O'Reilly, a atitude da Microsoft era uma manobra para obter o controle da Internet.

"Fiquei furioso", diz O'Reilly. Ele canalizou sua ira para uma campanha de protesto que o mostrava proeminentemente em várias dezenas de noticiários, incluindo uma aparição na CNN que ele acredita que "muitas pessoas não entenderam".

"Mandei uma carta aberta para todos os nossos clientes. Pedi às pessoas que deixassem a Microsoft saber que isso não cheirava bem. A Microsoft recebeu toneladas de e-mails. Recebi muitos e-mails de dentro da Microsoft dizendo: 'Obrigado por ajudar a fazer isso. Tem havido muito debate interno aqui'."[7]

Uma semana depois, a Microsoft cedeu à campanha de protesto e retirou a limitação técnica. No final, disse O'Reilly, a única diferença entre os dois produtos era de "cerca de três linhas de código no registro".

Um mês depois, em agosto de 1996, o Departamento de Justiça dos EUA recebeu uma reclamação formal de um consórcio *ad hoc* de empresas de tecnologia sobre as ações da Microsoft; a história mostra que o protesto de O'Reilly sobre o NT Server foi o ato de abertura de uma odisséia que culminou em 2001 quando um juiz federal declarou que a Microsoft era, de fato, um monopólio.

Da experiência, O'Reilly percebeu que o fato de cortejar os consumidores para que sejam participantes ativos em uma causa de benefício mútuo para a empresa e para o cliente é um princípio fundamental de sua filosofia comercial.

Ele diz: "Isso foi comprovado alguns anos depois, com todo o protesto sobre a patente da Amazon – a idéia de mobilizar uma base de clientes. Há um ponto em que é possível ter clientes ativistas, pessoas que se importam com a questão. Muito do que faz isso funcionar é o fato de buscarmos nossos autores no mesmo grupo de clientes. Uma declaração clássica sobre um mercado é (...) que ele é um grupo de clientes que fazem recomendações uns aos outros na hora de tomar decisões de compra".[8]

Na realidade, a filosofia de marketing de sua empresa estava se cristalizando ao redor dessa idéia. Em uma conferência de editores, na qual lhe foi solicitado que descrevesse os produtos da próxima geração, como os *e-books*, O'Reilly partilhou seu momento epífano: "Eu disse que o que está além do livro é 'a vida e causar um impacto'. Ficamos cada vez mais empolgados com a idéia de que nossa missão fundamental não era editar livros. Era capturar conhecimento e evangelizar tecnologias. Era capturar o conhecimento de inovadores. As pessoas mudarão o mundo e acelerarão a mudança ao espalharem seu conhecimento."[9]

Sara Winge, vice-presidente de comunicações corporativas da O'Reilly, diz sobre seu chefe: "O Tim é verdadeiro. Acredita piamente em fazer aquilo que é certo".[10]

O'Reilly explica seu interesse em motivar sua empresa ao redor de uma causa de uma outra maneira: quando se encontrou pela primeira vez com os distribuidores para vender os livros de sua empresa no exterior, participou de uma conferência do executivo de um parceiro potencial; a maior parte da conversa era sobre dinheiro.

"Fiquei pasmo", diz ele. "Eu disse que o motivo de eles sempre estarem em segundo lugar era porque a única linguagem que têm em comum é o dinheiro. Tudo que vocês falaram nessa conferência foi sobre quanto dinheiro estão ganhando ou não ganhando. Não havia visão. Se você seguir uma visão, chega no dinheiro."[11]

A defesa de O'Reilly à comunidade do código aberto fez com que merecesse o Prêmio de Realização na Indústria da *Infoworld* em 1998. Quando lhe pedem que explique as raízes de seu ativismo, ele fala sobre sua vida. Ele nasceu em Cork, na Irlanda, em 1954. Seu pai era um neurologista irlandês, mas a única maneira de ele obter uma licenciatura em pesquisa era se alguém morresse e o cargo ficasse vago. A família mudou-se para os Estados Unidos quando O'Reilly tinha seis semanas. Na adolescência, era um "nerd total", tremendamente tímido e a "única criança que não conseguia chutar uma bola de futebol". A puberdade e as aulas de teatro ajudaram a mudar isso.

"Eu me lembro da primeira vez que pisei em um palco: meus olhos fechavam como se fossem a cortina no final de um desenho da Warner Brothers", diz ele. "Parecia que eu ia desmaiar. Acabei me treinando para ser extrovertido."[12] Depois do colegial, foi direto para Harvard para estudar os clássicos. Sua tese de mestrado explorava a tensão entre o misticismo e a lógica nos diálogos de Platão. O'Reilly diz que sua esposa, Christina, tem sido uma "grande influência"; os valores dela são os valores da empresa. "Toda essa idéia de que a empresa é um ponto de encontro de tarefas que precisam ser realizadas para satisfazer as necessidades de um grupo de pessoas realmente veio dela", diz ele.[13] Com uma onda de autodescoberta tendo chegado à costa, O'Reilly faz uma pausa. "No final, os negócios dizem respeito a gerar valor. Procuro os locais ideais onde o idealismo encontra o dinheiro."[14]

Como ele se treinou para ser extrovertido, dar as caras e subir no palco pelo que acredita que seja certo, as lentes do evangelismo de clientes automaticamente são mais fortes e mais focadas.

Lições aprendidas:

- Trabalhe em benefício da comunidade de clientes que você serve.
- Fazer campanhas em defesa dos padrões na indústria posiciona-o como um líder na indústria.
- Quando em dúvida, faça a coisa certa.

AS COMUNIDADES DE CLIENTES SÃO FUNDAMENTAIS PARA O SUCESSO

Os 7.700 moradores de Sebastopol vivem no coração da rica e ampla área de vinícolas da Califórnia, 90 minutos ao norte dos parques de prédios de escritórios de vidro e metal ao longo da Rodovia 101 que compõem o conhecido Vale do Silício.

Os 15 mil metros quadrados que se espalham entre os três prédios que compõem a matriz da O'Reilly & Associates poderiam facilmente sentir-se em casa entre os chalés da estação de esqui em Aspen. Construída em 2001, a matriz da empresa é muito nova; o rico aroma de móveis novos enche o ar. Não há nada no design e no layout da empresa que faça lembrar um prédio de escritórios, embora haja bastante espaço para a empresa crescer.

O hall de entrada é uma vitrine da biblioteca de títulos da O'Reilly, um local de sonhos para um programador. Está repleto das lombadas coloridas dos livros de tecnologia da O'Reilly e da iconografia de figuras do animal que identifica a maioria dos livros de tecnologia. Esses manuais "feijão com arroz" abrangem uma diversidade de assuntos: de *Programming Perl* a *SQL In a Nutshell* e de *P2P Networking Overview* à série líder de vendas: *Missing Manual*.

A estratégia da empresa é cortejar as comunidades de tecnólogos cujo sustento depende dos conceitos de tecnologia e da análise dos códigos nesses livros e manuais.

Uma tática de cortejo é publicar 35 boletins informativos semanais variados e especializados, por e-mail, que cobrem tópicos como Linux, Java e Perl; e também existem boletins informativos especiais para bibliotecários, professores e revendedores de livros. Cada boletim informativo tem sua própria voz, emprestada de um editor que tem a liberdade de mostrar sua personalidade no conteúdo. Os boletins também evitam aqueles papos para empurrar as vendas. Dicas também são tópicos populares nos boletins da O'Reilly, como "Dicas para Construir Aplicativos de Bancos de Dados na Web".

A empresa também corteja ativamente as extensas comunidades on-line de tecnólogos, como os 2,5 milhões de pessoas que visitam o slashdot.org todos os meses, um site comunitário e de notícias que publica links para artigos de interesse dos programadores e se engaja em discussões na Web sobre questões tecnológicas.

Jeff "Hemos" Bates, editor executivo do slashdot.org, diz que a defesa de Tim O'Reilly de causas tecnológicas é reconhecida pela comunidade do slashdot.org. "Acho que o fato de o Tim assumir uma posição sobre as questões realmente os ajudou", diz Bate. "Isso fez com que a [O'Reilly & Associates] se estabelecesse como uma empresa na qual a gerência ainda 'entende' e se importa com as preocupações de seus leitores. Mas, francamente, é a acessibilidade e inteligência das pessoas que escrevem seus livros que realmente os tem ajudado. Essas pessoas, embora tenham outros empregos, lustram o nome da ORA porque a empresa é inteligente e conectada com a comunidade."[15]

A O'Reilly & Associates aprendeu a se conectar com as comunidades em níveis mais profundos por causa de Brian Erwin, que havia passado vários anos na Harper Collins, em San Francisco, e na William Morrow, em Nova York, comercializando livros como *A Terceira Onda*, de Alvin Tofler, e *Mommie Dearest*, de Christina Crawford. Aí veio um telefonema do Sierra Club, uma organização ativista com 700 mil membros, cuja missão é "explorar, desfrutar e proteger o planeta", e Erwin lançou sua operação de mídia nacional. Era uma causa que servia muito bem ao Erwin. Seus pais idealistas estavam "sempre trazendo para casa crianças abandonadas ou refugiados peruanos – era esse o ambiente em que fui criado", diz ele. "Cada um de nós tem a obrigação de ajudar aqueles que não têm a mesma sorte que temos."[16]

Enquanto estava no Sierra Club, Erwin treinou indivíduos e grupos para lutar com empresas e mudar as políticas governamentais que desnecessariamente prejudicam o ecossistema do planeta. Estar cercado pela "maior coleção de pessoas inteligentes, externamente motivadas e de altíssimo nível com as quais já estive" foi uma "experiência incrível", diz Erwin.[17]

Erwin entrou para a O'Reilly como diretor de relações públicas em 1992, pouco antes de a empresa publicar *The Whole Internet: User's Guide and Catalog*. Foi um envolvimento fortuito. Erwin usou as táticas que havia aprendido no Sierra Club para comercializar os produtos da O'Reilly além de seus canais óbvios.

"Antes do [Brian], teríamos apenas mandado os livros para nossas revistas comerciais normais", diz Tim O'Reilly.[18]

O'Reilly diz que Erwin percebeu a importância que o livro *The Whole Internet* teria para os leitores no entendimento da função, das capacidades e do potencial de uma Internet global com implicações futuras para as comunicações, o comércio e a comunidade. Erwin buscou cobertura na mídia nacional, como a revista *Time* e o jornal *New York Times*, e enviou cópias para cada membro do Congresso. De acordo com O'Reilly:

> O Brian realmente cristalizou tudo para nós porque sempre fomos parte de uma comunidade técnica. Se você já surfou, consegue perce-

ber as ondas se aproximando. A idéia é que a essência de surfar é pegar uma onda no momento exato e deixar que ela leve você. Muito do marketing centralizado no cliente é como pegar ondas. Primeiro, você precisa observar as ondas e ficar em contato com seu mercado.

Um problema é que o marketing é visto como um adicional, em oposição a algo que seja intrínseco ao modo como você desenvolve seus produtos. Quando Brian nos fez pensar sobre ativismo, estávamos em terreno muito fértil porque já nos víamos como uma voz para a comunidade. Estávamos escrevendo livros para uma classe de pessoas que conhecíamos muito bem porque éramos eles.[19]

The Whole Internet foi um dos dois primeiros livros sobre um fenômeno tecnológico que acabou gerando milhares de livros, centenas de revistas e milhões de sites. Mas o original estava atrasado, diz Erwin, e assim, no verão de 1992, ele decidiu imprimir mil cópias do original para lançar uma campanha de base. Enviou 500 para vários membros da mídia e 500 para os moderadores dos *newsgroups* mencionados no livro com um bilhete personalizado anexado que "dizia: 'Esperamos que vocês gostem deste livro e que falem bem dele para aqueles que visitam seu *newsgroup* ou lista de e-mails'. Logo pudemos ver as pessoas dizendo na Internet: 'Ei, fomos mencionados aqui'. Isso se espalhou exponencialmente".[20]

A estratégia de Erwin para identificar e almejar os principais formadores de opinião funcionou.

"Foi daí que realmente veio a primeira onda de demanda – daqueles que já usavam a Internet",[21] diz ele. A segunda onda veio dos esforços da diretora de vendas, Jill Tomich, cujo ativismo de base com a rede de vendedores varejistas dos livros da empresa transformou as pequenas livrarias em *hubs* para disseminar as informações sobre a Internet. Ela criou campanhas que levou as livrarias a dedicarem e nomearem espaço nas prateleiras para as crescentes listas de livros sobre a Internet, desenvolvendo, assim, o que veio a se tornar um programa editorial de vários milhões de dólares.

A combinação dos esforços evangelistas de Erwin com a mídia global e os mercados financeiros com as campanhas de base locais de Tomich convergiu em uma perfeita tempestade de demanda do produto. O livro vendia mais de 25 mil cópias por mês, diz Erwin, e acabou vendendo mais de um milhão de cópias. A biblioteca pública de Nova York chamou-o de "um dos mais importantes livros do século XX". O livro mudou totalmente a natureza da O'Reilly & Associates. "Ele elevou toda a empresa em termos financeiros e proporcionou um foco para a sua próxima área de ênfase, a qual não incluía os sistemas operacionais e era mais direcionada para a comunicação em massa", diz Erwin.[22]

Para Tim O'Reilly, foi uma abordagem de marketing que delineou o desenvolvimento de programas futuros. A busca pelos principais formadores de opinião deu início ao processo que "formalizamos como um programa evangelista", diz O'Reilly.[23] O programa evangelista da O'Reilly foi lançado em setembro de 2000, e Simone Paddock foi nomeada sua primeira diretora.

"Vimos que havia a possibilidade de aproveitarmos parte do poder de marketing na comunidade; precisávamos de alguém que criasse uma comunidade ao redor da O'Reilly",[24] diz ela. O programa, cuja filiação é apenas com convite, recompensa os evangelistas mais visíveis com livros, camisetas e descontos nas conferências da O'Reilly.

Um evangelista O'Reilly é assim ordenado por ter dito em público, em uma área de discussão on-line ou em uma sala de bate-papo ou em uma crítica de livros na Amazon, que ele ama um título da O'Reilly.

Embora a empresa não consiga medir especificamente os efeitos de seu programa evangelista, existem certas evidências que servem como base. Desde o lançamento do programa, as visitas ao site da empresa dobraram para 1,1 milhão de visitantes por mês. Durante o primeiro ano do programa evangelista, os sites da O'Reilly apareceram mais de 70 vezes no slashdot.org; 20 desses avisos eram resultado direto de um evangelista ordenado da O'Reilly. Considerando que uma única menção no slashdot.org pode instigar de 10 mil a 20 mil visitantes únicos a visitarem o oreilly.com, o programa evangelista está espalhando a palavra.

Em 2002, a empresa lançou o programa "O'Reilly Irregulars". Para a maioria dos editores, saber quanto há em estoque nas livrarias é um desafio considerável, se não impossível. O programa "Irregulars" conta com os clientes para reportarem mensalmente quantos livros estão nas prateleiras das livrarias nas cidades médias e grandes. Setenta e duas horas depois do anúncio do programa, a empresa tinha quase 300 voluntários, de acordo com Sara Winge, diretora de comunicações corporativas da empresa.

"Achamos que uma das coisas que faz com que a empresa se sobressaia em relação aos concorrentes é que nós escutamos melhor e conversamos mais com os clientes", diz O'Reilly. "Sabemos que as pessoas que lêem nossos livros, visitam nosso site e participam de nossas conferências também são as pessoas que buscam os limites da tecnologia. São aquelas que lideram, modelam e contribuem para as comunidades técnicas. Nossa missão é colocar combustível no fogo que elas estão acendendo."[25]

Lições aprendidas:

- Crie comunidades dentro de comunidades que atendam aos conhecimentos especializados.
- Quando se trata do seu produto, pense como um ativista: como ele pode mudar o mundo?
- Localize e acolha os melhores *hubs* de rede; ordene-os como evangelistas oficiais.

GRANDES QUANTIDADES DE SEU CONHECIMENTO ESTÃO DISPONÍVEIS FORA DE SEUS PRODUTOS PRINCIPAIS

A O'Reilly "napsteriza" quantidades significativas do conhecimento da empresa fora de um livro técnico padrão de 39 dólares. A empresa mantém uma rede de 17 sites gratuitos com ferramentas, conhecimentos e informações para programadores e executivos de tecnologia da informação sobre uma diversidade de tópicos tecnológicos.

Por exemplo, há o perl.com para pessoas interessadas na linguagem de programação Perl, muito usada para o *e-commerce* e para a movimentação de dados entre um *browser* e um banco de dados. Há o xml.com, um site de pesquisa para aprender e se atualizar a respeito do *xml – extensive markup language*, geralmente chamado de linguagem da próxima geração para dar mais potência à Internet.

Todos os anos, a O'Reilly & Associates realiza várias conferências, sendo que a maior delas é a convenção O'Reilly Open Source, onde duas mil pessoas discutem acirradamente sobre a direção e o futuro do software escrito por uma comunidade global de desenvolvedores.

As outras conferências da empresa, sobre tecnologia emergente e bioinformática, atraem de 400 a 500 participantes. Reunir essas comunidades de clientes é uma parte fundamental da estratégia de marketing da O'Reilly e proporciona os seguintes benefícios:

- A chance de os clientes da O'Reilly se reunirem sob a bandeira da O'Reilly.
- Um fórum para a empresa entender quais questões são importantes para seus clientes.

- Uma chance de coletar *feedback* e informações sobre os produtos e serviços existentes.

"As idéias aumentam de valor se você espalhá-las com freqüência", diz O'Reilly. "As pessoas temem ser totalmente roubadas, (...) [mas] você pode dizer às pessoas praticamente qualquer coisa e saber que está seguro. Se alguém faz algo melhor que você, é um ótimo incentivo."[26]

Muito tem sido feito a respeito do futuro dos *e-books* e de outros livros armazenados no computador, cujos promotores disseram que poderiam provocar grandes mudanças nas publicações impressas. Embora os principais programas de *e-book* até hoje não tenham conseguido chamar a atenção, a O'Reilly fez uma parceria com outros seis editores técnicos para lançar o programa de livros on-line chamado "Safári". Elaborado como um serviço de assinaturas que coloca o conteúdo de suas obras populares on-line, um original inteiro pode ser pesquisado; as ferramentas on-line permitem que as obras sejam comentadas e as páginas marcadas. Como o Napster, a propriedade intelectual digitalizada da empresa tem um canal de distribuição eficiente e mais rápido.

A O'Reilly está preocupada com o fato de a propriedade intelectual de sua empresa ser movimentada pelo ciberespaço sem nenhuma estrutura de controle tradicional?

"Isso certamente acontece quando distribuímos idéias e alguém as pega e consegue usá-las melhor, mas eu lhe digo: 'Ei, faz parte do jogo'. Certa vez, dei uma palestra em uma conferência e o comprador da Border disse: 'Bem, você acabou de dar a todos os seus concorrentes a programação do ano'. Eu apenas digo o que acho que é interessante, não fico escondendo o jogo. Alguém, certa vez, me disse: 'Eu gosto da O'Reilly porque vocês não têm um monte de MBAs que descobriram que você está fazendo tudo errado'."[27]

Lições aprendidas:

- Quando o grosso de uma vantagem competitiva é a propriedade intelectual, torne-a mais valiosa oferecendo resmas de material de apoio gratuito.
- A marcha da "napsterização" continua; os modelos de assinatura da propriedade intelectual são possíveis, principalmente se puderem ser pesquisados, comentados e marcados.
- "As idéias aumentam de valor quando você as espalha."

O *FEEDBACK* DO CLIENTE IMPULSIONA A MELHORIA E A INOVAÇÃO DO PRODUTO

A empresa coleta *feedback* por meio de três canais principais: e-mail, feiras comerciais e seu *call center* para clientes. O'Reilly diz que coletar *feedback* nas feiras comerciais "é um círculo virtuoso porque você está visível. As pessoas vêm até você. Se não estiver visível, você tem de realmente sair e pedir informações".[28]

Em 1986, antes do nascimento da World Wide Web, O'Reilly percebeu o potencial do e-mail como ponto de contato para o *feedback* de clientes. Ele incluiu seu endereço de e-mail na época – DECVAX!adelie!ora!tim – nos livros e encorajou os leitores a enviarem *feedback* a ele.

> Você tem de ter um produto que faz com que as pessoas se sintam conectadas. O ciclo virtuoso continua se as pessoas recebem o que esperam. Construa expectativas. Você tem um ótimo mercado comunitário. As pessoas se sentem traídas quando você as decepciona. Faz parte do diálogo do cliente. Os projetos de *open source* mais bem-sucedidos são aqueles que efetivamente construíram (...) um mercado e um status eficientes, em que as pessoas são bastante reconhecidas – elas recebem um ciclo positivo de *feedback*. Temos feito muito isso ao fazermos com que nossos clientes se envolvam, nos dêem idéias, estejam envolvidos na contribuição para nossos livros e escrevam os livros. Quando os produtos estão disponíveis, já temos um grupo de pessoas que já estão investidas.[29]

O'Reilly define a necessidade de envolvimento dos clientes como um componente fundamental da experiência humana em geral. "Se você der às pessoas a idéia de que elas contribuem, é como se fosse um presente", diz ele. "Elas querem isso. Existe sentido em dizer que o marketing centralizado no cliente está permitindo que as pessoas sejam parte de algo maior. A vontade de dizer 'Sou parte de algo maior, sou parte de algo bem-sucedido, sou parte de um movimento' é um impulso humano bastante natural. Ao envolver nossos clientes, fazer com que nos dêem idéias, contribuam para nossos livros, escrevam os livros, acabamos ficando com um grupo de pessoas que já estão investidas quando os produtos são disponibilizados."[30]

Um dos heróis de O'Reilly é Harold, o último dos reis saxões da Inglaterra em 1066. Harold havia jurado a William da Normandia – talvez sob coerção – que não desejava a coroa. Apesar disso, Harold foi ordenado rei da Inglaterra. William, raivoso, saiu em busca de vingança e atacou a parte sul do reino de

Harold. "Basicamente, todos os conselheiros de Harold diziam 'vá com calma', quando William estava estuprando e saqueando (...) no sul da Inglaterra. Reagrupe-se. Reúna suas tropas", explica O'Reilly. "Harold gritava: 'Não é esse o problema. Esse é o meu povo'."[31]

Assim, Harold liderou rapidamente suas tropas exaustas para o sul e encontrou-se com William em Yorkshire para a famosa Batalha de Hastings. Harold e suas tropas lutaram galantemente, sabendo que suas vidas – e, possivelmente, o futuro da Inglaterra – estavam em jogo. A história nos ensina que, se Harold tivesse deixado a parte sul de seu reino morrer para que ele e suas tropas pudessem se reagrupar, talvez tivessem vencido William.

O'Reilly diz que a história de Harold, o rei saxão, motivou sua abordagem aos clientes. "Eu sinto como se devêssemos algo aos clientes", diz ele. "Não é apenas o que estamos vendendo. Se quiser que seus clientes sejam leais a você, precisa ser leal a eles."[32]

Lições aprendidas:

- Coletar *feedback* dos clientes em todos os pontos de contato com clientes.
- Permitir que as pessoas forneçam *feedback* para sua empresa faz com que elas se sintam parte de algo maior que elas mesmas.

PLACAR DO EVANGELISMO: O'REILLY & ASSOCIATES

Plus-Delta dos Clientes

- Tim O'Reilly encoraja os leitores a enviarem e-mails diretamente para ele com idéias e sugestões no letters.oreilly.com.

"Napsterize" o Conhecimento

- O site da empresa – www.oreilly.com – é uma grande fonte de informações e conhecimento que se estende bem além de seus livros publicados.
- O programa on-line Safari Tech Books reuniu muitos editores de livros técnicos para colocar o conteúdo de livros on-line como um serviço de assinaturas – www.safari.oreilly.com.

Estabeleça o "Buxixo"

- A empresa tem gravuras de animais que não têm a ver com tecnologia em suas capas.

- Tim O'Reilly usa a Web extensivamente para comunicar questões à comunidade.
- Um forte foco nos relacionamentos com as livrarias resultou na criação de "santuários" da O'Reilly nas livrarias.

Crie Comunidades

- A empresa convida os evangelistas a participarem de uma comunidade exclusiva de evangelismo.
- As conferências anuais da O'Reilly reúnem os clientes sob o guarda-chuva da empresa.
- Os 35 diferentes boletins informativos da O'Reilly mantêm várias comunidades atualizadas sobre questões internas e externas ao grupo.

Pequenos Pedaços

- Seus sites abrangentes mostram trechos de livros, assim como informações atualizadas.

Crie uma Causa

- Tim O'Reilly faz campanha em defesa dos padrões de software livre e encoraja o desenvolvimento do movimento *open source*.

Coordenadas

Empresa:	O'Reilly & Associates
Matriz:	Sebastopol, Califórnia
Fundada em:	1978
Presidente:	Tim O'Reilly
Diretor de marketing:	Mark Brokering
Descrição:	Livros/conferências/publicações on-line sobre computação.
Indústria:	Editorial
Funcionários:	300
Propriedade:	Empresa privada
Site:	www.oreilly.com

CAPÍTULO | 12

OS NOVOS NÃO-CONFORMISTAS DO MARKETING

o dallas mavericks

"Trate todos os clientes como deuses. Os deuses o apresentarão a outros deuses."[1]

MARK CUBAN, dono do Dallas Mavericks

Mark Cuban é um rebelde com uma causa. Está disposto a melhorar a vida sofrida dos torcedores do Dallas Mavericks. Ele quer derrubar o igualitarismo da NBA, introduzir novos níveis de sofisticação de marketing no esporte e trazer os torcedores para mais perto de um jogo cuja popularidade está em declínio desde 1997.

Desde que comprou os Mavericks, em 2000, por 285 milhões de dólares (200 milhões de dólares pelo time e 85 milhões de dólares para parte da propriedade da arena), Cuban ajudou a ressuscitar uma franquia dormente, tornando-a uma equipe vencedora – tanto nas quadras quanto no escritório. Os torcedores radicais se transformaram em um grupo estridente que encorajou o time a chegar à segunda fase dos *playoffs* da NBA em 2001, sob o comando do técnico Don Nelson. A última vez que o time havia chegado aos *playoffs* foi em 1990. Em 2002, a equipe se classificou bem, com um recorde de 57 vitórias e 25 derrotas, e chegou até a segunda fase dos *playoffs*.

Cuban é certamente o dono mais visível e mais acessível de um time de esporte profissional nos últimos 20 anos. Vai a todos os jogos do Mavericks e se senta na primeira fila, torcendo pelo time e gritando com os juízes. Durante os jogos em casa, no Centro da American Airlines em Dallas, o placar fica mostrando seu e-mail: mark.cuban@dallasmavs.com. Ele tem seu próprio programa de TV: *The Mark Cuban Show*. Depois dos jogos, muitas vezes é visto no bar de dois andares do ginásio, fazendo uma social com os torcedores e tomando dezenas de Coca-Colas Light.

Cuban tem uma aptidão para converter deslizes em proezas de marketing. Como o "Cara da Dairy Queen", foi o bilionário que meteu os pés pelas mãos; suas reclamações contínuas contra a falta de consistência na maneira como os juízes apitam os jogos da NBA culminaram em um comentário descuidado de que ele não contrataria o chefe dos árbitros para "administrar uma Dairy Queen". Como mencionamos em um capítulo anterior, o que poderia ter sido um desastre de RP acabou virando o acontecimento sensacional em que Cuban "gerenciou" uma Dairy Queen na área de Dallas.[2]

A ubiqüidade de Cuban, alimentada pela mídia, é repleta de críticas. Os jornalistas esportivos fazem uma grande oposição a Cuban pelo fato de ter invadido o que ele chama de "clube de campo da NBA". O colunista Kevin B. Blackistone, do *Dallas Morning News*, resume o relacionamento de amor e ódio com a mídia deste modo: "Ele tem brincado com alguns de nós da mídia tão habilmente quanto tem brincado com a comissão da NBA. Fez com que o transformássemos, sem dúvida alguma, no mais famoso dono de time esportivo no país, deixando no mesmo nível de George Steinbrenner e Jerry Jones, mas pelos motivos errados. Steinbrenner e Jones tornaram-se celebridades principalmente vencendo. Cuban está ficando famoso por causa de suas reclamações."[3]

O sucesso do time na quadra desde que Cuban assumiu, em 2000, certamente tem sido muito responsável pelo fanatismo renovado e pela melhora nas perspectivas. O time terminou a temporada de 2000-2001 com 53 vitórias e 29 derrotas e chegou às semifinais da conferência com os ingressos de 20 de seus 41 jogos em casa, durante a temporada regular, totalmente esgotados. Na temporada de 2001-2002, os ingressos de 34 de seus 41 jogos em casa durante a temporada regular ficaram esgotados.

Apesar do sucesso do Mavericks na quadra, seria difícil argumentar que a propriedade cinética e a visibilidade de Cuban prejudicaram o resultado final. As vendas de ingressos para a temporada 2001-2002 subiram 50% sobre o ano anterior, e as vendas de produtos aumentaram mais que dez vezes. A receita com os patrocínios aumentou 30% durante o mesmo período.

A revista *Forbes* relata que a valorização do Mavericks como uma franquia para a temporada 2000-2001 aumentou 26% em relação à temporada anterior. Para a temporada 2001-2002, esse aumento subiu para 35%. Em fevereiro de 2002, a revista de negócios classificou a franquia como a 15ª mais valiosa das 29 na NBA, estabilizando seu valor total em 211 milhões de dólares, com receitas anuais de 68 milhões de dólares. Como disse um comentarista da NBC-TV durante um jogo dos *playoffs* do Mavericks televisionado em maio de 2001: "Graças ao Mavericks e a Mark Cuban, Dallas tornou-se uma cidade ligada ao basquetebol". Isso foi uma proeza, considerando que o Dallas Cowboys dominava a maioria da atenção dos torcedores esportivos em Dallas por décadas.

Uma das marcas do evangelista de marketing é a habilidade de conquistar mais crentes para o rebanho. Isso é verdadeiro se a pessoa tiver ou não capacidade e coragem de ser dono de um time esportivo profissional; as lições aqui são para empresas de porte médio com grande talento e visibilidade, especialmente na indústria de entretenimento, onde Cuban diz que compete.

A evidência mostra que o valor do entretenimento que Cuban traz para as quadras está lotando as arquibancadas com multidões de crentes.

O Dallas Mavericks criou clientes evangelistas porque:

- O dono, Mark Cuban, se conecta com os clientes.
- O time se concentra nas "experiências" do cliente.
- A causa é maior que o troféu de campeão.
- Sua estratégia de marketing é responsiva e flexível.

O DONO DO TIME, MARK CUBAN, SE CONECTA COM OS CLIENTES

Mark Cuban tem uma história que vai da pobreza à riqueza. Suas raízes estão plantadas em Pittsburgh, na Pensilvânia. Neto de imigrantes russos, Cuban demonstrou uma aptidão empresarial desde cedo. Aos 12 anos, quando Cuban pediu tênis novos ao pai, foi desafiado a ganhá-los. Os colegas de pôquer de seu pai sugeriram que ele vendesse sacos de lixo de porta em porta na vizinhança de South Hills, no bairro de Squirrel Hills.

"Quem consegue dizer não para um menino vendendo sacos de lixo?", perguntou Cuban, contando-nos sobre seu primeiro trabalho remunerado aos 12 anos. "Ninguém disse não. Os sacos de lixo eram bem vagabundos e custavam 6 dólares por caixa, e eu voltava a cada duas semanas para trazer mais. Eu tinha minha pequena rota de sacos de lixo."

Outros trabalhos incluíam a venda de assinaturas de revistas e cartões comemorativos de porta em porta e um trabalhinho como empacotador em uma farmácia. "Já fiz tudo que você possa imaginar."[4]

Ele abandonou a Mont Lebanon High School em Pittsburgh, o que, por estranho que pareça, não o impediu de se matricular na Universidade de Indiana e, mais tarde, se formar em administração. Na Universidade de Indiana, sua ambição empresarial continuou; ele deu aulas de discoteca e começou uma corrente por carta que pagou a anuidade de seu terceiro ano na Universidade. Juntou seu empréstimo estudantil com o dinheiro de amigos e abriu o Motley's Pub em Bloomington, Indiana.

A inclinação de Cuban para desafiar o sistema começou na Universidade de Indiana. No primeiro ano, ele se matriculou nos cursos de pós-graduação da escola de administração porque achava que pareciam interessantes. Hoje, os sistemas de matrícula por computador mais sofisticados nas faculdades teriam impedido esse fato, mas, nos anos 70, Cuban fez os cursos de pós-graduação em empresariado, contabilidade, finanças e estatística. Wayne Winston dava aulas de estatística, e Cuban depois o recrutou para ser seu estatístico secreto para avaliar o desempenho dos árbitros da NBA.

"Quando terminei o segundo ano, já tinha feito um ano e meio do meu MBA", diz Cuban. Foi quando o reitor da faculdade de administração descobriu.

"Nunca vou me esquecer; ele colocou o dedo no meu peito e disse: 'Não sei que diabos você fez nem como conseguiu se safar, mas você vai voltar para o curso de graduação. Isso é um absurdo; você não pode ridicularizar a escola'", Cuban se lembra do reitor gritando com ele.[5]

Sem dinheiro e com um futuro incerto, ele se mudou para um apartamento de três quartos em Dallas com outros seis rapazes. Criou uma consultoria em computadores, MicroSolutions, sem nenhum apoio. Seu charme com as vendas o ajudou a conquistar clientes, embora não soubesse muito sobre computadores e programação. "Ah, você quer que isso seja feito em dBase? Sem problemas", diz ele, explicando como fechava a venda e depois quebrava a cabeça a noite toda para aprender como programar em dBase.

Sete anos depois, a MicroSolutions tinha um lucro bruto de 30 milhões de dólares ao ano. Ele vendeu a empresa para a CompuServe por 5 milhões de dólares e brincou na bolsa de valores por cerca de um ano. Certo dia, em 1995, seu amigo Todd Wagner pensou em voz alta: "Não seria maravilhoso escutar os jogos de basquete da Universidade de Indiana pela Internet aqui em Dallas?".[6]

Assim nasceu a AudioNet – mais tarde chamada de broadcast.com –, plantando as sementes da associação de Cuban no clube dos bilionários; ele e Wagner venderam a empresa para a Yahoo! por 5,7 bilhões de dólares. A parte de Cuban: 2 bilhões de dólares. Foi um dos poucos pioneiros na Internet a vender a empresa antes de a bolha tecnológica explodir. Se sorte e oportunidade fossem os nomes das ruas de um cruzamento, Cuban seria o dono de toda a propriedade ao seu redor.

Agora que havia dado um salto com vara para a lista dos americanos mais ricos, Cuban pensou em suas opções. Ele tentou comprar o Napster, mas Bertelsmann chegou primeiro, antes que ele pudesse finalizar uma oferta. Havia a sua paixão por basquete – afinal, ele estava em Indiana durante os dias de glória do técnico de basquete universitário Bobby Knight. Cuban se reuniu com o então dono do Mavericks, Ross Perot Jr. e, depois de uma série de reuniões, Cuban, o especialista em vendas, vendeu a Perot a idéia de vender o Mavericks. Eles anunciaram o negócio no dia 4 de janeiro de 2000. Cuban diz que a compra não foi tanto um investimento comercial, mas uma "decisão apaixonada".

Rick Alm é um repórter do *Dallas Morning Star* que cobre o rico mundo de propriedades de times esportivos desde 1994. Alm diz que a fórmula de Cuban para uma propriedade bem-sucedida tem dois ingredientes: "paixão e impaciência".

"Ele se concentra muito em saber quem é o seu público", diz Alm. "Quando você anda pela cidade, percebe casualmente seu envolvimento pessoal. Isso se traduz muito bem na opinião que os torcedores têm sobre ele. E o fato de ele ter melhorado muito o time também ajuda."[7]

Depois de um jogo em Dallas, em uma noite fresca de janeiro de 2002, depois que o Mavericks havia perdido para o Los Angeles Clippers, abordamos um grupo de torcedores. Alguns eram o que o Mavericks chama de "Pessoas Pintadas", aqueles que pintam os rostos e corpos com o emblema do time. Pedimos a opinião deles sobre o trabalho de Cuban (veja Figura 12.1).

"Ele é 'o cara'!", diz Todd Walley, enfaticamente. Walley pintou todo o seu rosto com o azul do Mavericks. Uma boa reprodução do logo com a bola de basquete e o pônei cobre sua barriga descoberta. "Ele é o único dono de time de basquete que vem para os jogos de jeans e camiseta. Ele não é metido. É um de nós, sabe?"

Chris Bontrager pintou seu peito para parecer o uniforme do Mavericks. Ele é fã "desde que se lembra". Era difícil ser fã durante os anos 90, diz Bontrager. Agora é diferente. "Cuban trouxe de volta a empolgação por basquete em Dallas", diz ele. "Foi uma mudança de 180 graus. Estão todos empolgados com o time de novo."[9]

148 | BUZZMARKETING Criando Clientes Evangelistas

Figura 12.1 | "Pessoas Pintadas" – Torcedores do Dallas Mavericks

O Dallas Mavericks encoraja seus torcedores mais barulhentos a se tornarem "Pessoas Pintadas", que geralmente fazem de tudo para usar as cores do time. Os torcedores "Pessoas Pintadas" geralmente conseguem bons assentos por cortesia do time.

Além da sua inclinação para a pintura de corpo, que ele chama de válvula de escape divertida para "sair e arrebentar", Bontrager diz que se reúne sempre com amigos para assistir aos jogos e gerar entusiasmo para o time. "Ah, sim, eu tento persuadi-los o tempo todo", diz ele.

George Killebrew é vice-presidente de patrocínio corporativo e veterano no escritório desde 1991. Ele relata que os torcedores competem pela atenção de Cuban com cartazes feitos em casa tanto quanto competem pela atenção dos jogadores.

"Costumávamos ter uma regra no ginásio antigo de que não era permitido trazer cartazes porque poderiam obstruir a visão de outra pessoa", diz Killebrew. "É isso que você realmente quer quando está vendendo entretenimento e esportes?"[10]

O envolvimento pessoal de Cuban significa muitas coisas. A primeira delas: não se comporte como um verdadeiro proprietário, escondido em um camarote com o resto dos ricaços. Embora ele sempre se sente perto do time na primeira fila durante os jogos em casa, Cuban se junta aos torcedores nos assentos de 8 dólares acima da quadra de cinco a dez vezes por temporada. Ele conversa com todos que se aproximam dele, sem guarda-costas, atendendo a todos os pedidos de autógrafo ou foto. Dessa maneira, Cuban descobre o que seus clientes gostam e adoram, detestam e odeiam.

Quando comprou o time, o Mavericks estava no o último lugar na divisão. Durante a temporada de 1992-1993, quando Don Carter era dono do time, o Mavericks ganhou 11 jogos e perdeu 71, a apenas dois jogos de empatar com o pior recorde na história da NBA. Em seu primeiro dia como novo dono, ligou para todos aqueles que tinham cadeira cativa e pediu que agüentassem um pouco mais, prometendo que as melhorias logo aconteceriam.

Para criar o que chama de "uma nova aparência para um novo começo", Cuban atualizou o logotipo e os uniformes do time, que nunca tinham sido atualizados em 21 anos. O processo de mudança normalmente leva um ano inteiro, mas Cuban e sua equipe administrativa mudaram o logotipo, todos os materiais de marketing e os uniformes no período entre as temporadas.

"Isso é um bom exemplo de sua impaciência e de seu desejo de fazer as coisas", diz Alm. "Nenhum dos outros donos teria feito isso dessa maneira."[11]

Nenhum dos outros donos tampouco teria apresentado os novos uniformes usando um desfile de moda completo, com direito a passarela. Cuban fez isso usando dois dos jogadores como modelos.

Nenhum dos outros donos de times comercializa pessoalmente os produtos de seus outros clientes – os patrocinadores do time. Cuban sim. Ele defende e aparece em anúncios para a Body Solutions, um produto de emagrecimento, e a Planet Tan, uma empresa de bronzeamento artificial.

"Ele sempre faz um pouco mais pelo patrocinador", diz Alm.[12]

Durante os *playoffs* de 2000-2001, o time ofereceu entradas gratuitas para os torcedores que pintassem seus rostos com as cores do time. Na temporada seguinte, o Mavericks lançou sua seção de Pessoas Pintadas como um programa em grande escala, para a temporada toda, apoiado por um patrocinador corporativo. As Pessoas Pintadas se concentram em uma seção 30 fileiras acima da quadra, onde os assentos tipicamente custam 51 dólares.

Há também o *The Mark Cuban Show*. A televisão local, parceira do time, lançou a idéia e "aumentou a oferta para o pacote de TV do Mavericks se eu aceitasse o desafio",[13] diz Cuban. Uma vez por semana, Cuban é o anfitrião de um show... como podemos descrevê-lo... de variedades de 30 minutos. Ele promove os jogadores, os técnicos, os pacotes de ingressos, ele mesmo e as dançarinas dos Mavericks. As gravações são feitas em um bar local e são abertas ao público. Em uma gravação em janeiro de 2002, Cuban estuda o local antes, durante e depois do show. Ele tem um sorriso, um aceno, um dedo apontado para qualquer um que chame sua atenção. O técnico Don Nelson é o convidado da noite. No ar, Cuban pede a ele que reconte o primeiro encontro que tiveram.

– Eu achei que você provavelmente fosse me despedir – diz Nelson.
– Você estava se divertindo naquela época? – pergunta Cuban.
– Nelson ri.
– Não.
– Você está se divertindo agora? – pergunta Cuban.
– Nelson sorri.
– E muito! – responde.
– Lições aprendidas:

- Seja acessível a seus clientes, especialmente aos torcedores que o procuram.
- Ajude seus clientes a terem sucesso com seus negócios.
- Ofereça aos seus torcedores mais dedicados – seus evangelistas – incentivos para se conectarem com você em um nível muito mais profundo.

O FOCO DO TIME NA EXPERIÊNCIA DO CLIENTE

Cuban quer que os torcedores saibam seu endereço de e-mail – caso você não tenha percebido antes, é mark.cuban@dallasmavs.com. Todos os dias, aproximadamente mil e-mails enchem a tela do computador de Cuban, e ele diz que responde a cada um deles, a menos que peça dinheiro ou emprego. A tela é um pesadelo ou um sonho? Cuban a adora. É um poço de idéias.

Um e-mail, por exemplo, chegou, certo dia de 2001, de um fã que tinha ido assistir a um jogo, mas não conseguia ver o relógio de 24 segundos posicionado acima da tabela de vidro da cesta de basquete. O relógio foi elaborado para que os jogadores vissem, e não necessariamente os torcedores. Que tal um relógio com três lados, para que todos na arena possam vê-lo, sugeriu o fã. Várias semanas e 24 mil dólares depois, novos relógios de 24 segundos, com três lados, eram instalados acima das tabelas de cada cesta. A maioria dos times da NBA adotou a idéia desde então.

Os torcedores disseram a Cuban que estavam tendo problemas para chegar à bilheteria do ginásio. O labirinto complicado de ruas que saem da Stemmons Expressway, ao sudeste do centro de Dallas, levando à bilheteria do ginásio pode ser confuso até mesmo para quem mora na cidade. O time respondeu abrindo uma bilheteria satélite no centro da cidade, com estacionamento fácil.

"A regra número um de qualquer empresa é ouvir seus clientes", diz Cuban.[14] Outras idéias de torcedores que passaram a ser itens de ação para Cuban: consertar os assentos quebrados; melhorar a sinalização no estacionamento do ginásio; garantir cachorro-quente mais quente e cerveja mais gelada; e impedir os torcedores de subirem e descerem as escadas enquanto a bola está em jogo.

Mais evidências de que o basquete é mais um entretenimento que um evento esportivo é o modo como Cuban treina sua equipe de vendas para vender uma experiência e um entretenimento, não um registro de vitórias e derrotas. Ele diz que as pessoas que participam de um evento esportivo "não se lembram quantos passes foram feitos. Você pode se lembrar de algo que foi extremamente artístico – uma enterrada, uma corrida excelente, um *home-run* ou uma jogada –, mas você se lembra como você se sentiu". "As coisas que você lembra são o que sentiu por dentro, e é isso que vendemos. É nisso que gasto mais tempo: tentar trabalhar a experiência que a pessoa tem no ginásio. É nisso que mais me concentro porque é onde controlo meu próprio destino.

O que importa é a experiência do jogo porque é como fazer uma festa todas as noites. Você não pode ficar sem cerveja em uma festa."[15]

Por ter tido um bar durante seus anos de faculdade, Cuban deve saber disso. Durante os jogos em casa, ele geralmente sai de seu assento e vai até a mesa do placar. Diz que é para manter os técnicos de vídeo e áudio do ginásio, que misturam música, efeitos sonoros, trechos de vídeos e gritos pré-gravados, alertas para cada evento associado ao jogo. Na realidade, ele geralmente recomenda seleções específicas de música e vídeo.

"Você pode me ver irritado com os árbitros, mas me verá mais irritado se for uma parte crítica do jogo e eles não estiverem tocando 'Let's go Mavs' ou 'Defense'", diz Cuban. "Você vai me ver levantar, correr até essas pessoas e gritar 'Mexam se!'"[16]

Ao dedicar recursos e energia para a experiência em geral, não apenas para os jogadores na quadra, ele e sua sólida equipe administrativa dizem que conseguem fazer seu trabalho melhor.

"Não importa quem seja seu oponente ou qual é a nossa classificação, seja contra o [Los Angeles] Clippers em uma terça-feira à noite ou contra o [Los Angeles] Lakers em um sábado à noite", diz George Prokos, o diretor de novas receitas do time. "O fundamental é: não há desculpas para não lotarmos a casa todas as noites."[17]

A experiência dos clientes no American Airlines Center geralmente vai além do jogo de basquete. A equipe contratou música ao vivo para logo depois de alguns dos jogos. Em 2001, um show do cantor country Pat Green após o jogo ajudou a ocupar seis mil assentos que não haviam sido vendidos. A estratégia de shows funcionou bem durante a temporada de 2000-2001, quando seis shows renderam de 50 mil dólares a 80 mil dólares cada um. Embora o time não tenha tido lucro com o esforço, a estratégia maior foi trazer mais pessoas para vivenciar o espetáculo de uma extravagância de basquete/entretenimento dos dias de hoje.

O time cria pequenos pedaços do seu programa de ingressos para a temporada, permitindo que os torcedores comprem pacotes de cinco ou dez jogos. Durante a temporada 2000-2001, o time vendeu sete mil "miniplanos", como são chamados. Trinta por cento dos compradores do plano acabaram comprando, fazendo um *upgrade* para ingressos para meia temporada e 25% para a temporada toda.

Lições aprendidas:

- Quando os clientes reclamam que algo está quebrado, conserte-o!

- Sua melhor oportunidade para criar evangelistas é uma experiência positiva e memorável.
- Faça com que seja fácil e barato os clientes terem uma amostra da sua oferta mais cara.

POR QUE A CAUSA É MAIOR QUE O TROFÉU DE CAMPEÃO

Logo após comprar o time, Cuban deu dois anos à equipe para chegar aos *playoffs*. Deu certo. Eles chegaram a um dos *playoffs*. Também acrescentou 30 vendedores a um quadro que tinha apenas cinco. Quando comprou o time, havia 4.800 pessoas com cadeiras cativas; dois anos depois, esse número havia quadruplicado para 16 mil. Assim como qualquer líder bem-sucedido, ele executou sua estratégia todos os dias usando incentivos e entusiasmo, não medo e intimidação.

Cuban capitalizou no status de pobre-coitados do time. Representou seu papel de "dono de time que é fã", aquele cara que é apenas um fã de coração. Parece que os jogadores do time também se conectam com o patrão. Com 2,28 metros de altura, o pivô Shawn Bradley é o jogador mais alto do time e também um de seus veteranos. Ele está com o Mavericks desde 1997, três anos antes de Cuban comprar o time. O que é diferente agora?

"O time está mais confiante", disse Bradley em abril de 2002, pouco antes do time se preparar para os *playoffs* pela segunda vez em dois anos. "Os Perots eram donos excelentes e pessoas maravilhosas e acho que todos no time gostavam deles, mas tinham uma abordagem totalmente comercial para a equipe."

"Cuban também é assim, mas acrescenta um elemento de confiança e apoio aos jogadores que é singular em qualquer time que freqüentei."[18]

Greg Buckner, companheiro de time que também estava com a equipe antes de Cuban, diz: "Vendo as coisas pelo lado do basquete, ele deu uma reviravolta total".[19]

Cuban define sua causa como excelência e diversão. "Eu quero me divertir, quero ser o melhor e quero fazer muito dinheiro com isso. É simples assim."[20] Na realidade, é um pouco mais profundo que isso. Continuando sua tradição de desafiar O Sistema, Cuban diz que seu papel não é satisfazer o comissário da NBA, David Stern, que o multou em 1 milhão de dólares por falar demais. (Mais de 2 milhões de dólares, se contabilizarmos o fato de que Cuban dobra o valor de cada multa com doações para caridade.) A causa maior para Cuban é fazer com que a NBA volte a ser empolgante e divertida. A média de presença nos jogos da NBA está em declínio desde 1997, quando

17.135 torcedores iam a cada jogo. Durante a temporada de 2002-2001, esse número chegou a 16.778. Na mesma temporada, Dallas pulou de 11º para 8º em presença, com uma média de presença de 16.589.

A crise de Cuban com os oficiais da NBA é uma parte menor da sua causa. Ainda mais profundo, Cuban considera que a cultura corporativa é a raiz do problema que perturba a liga.

"Você precisa estabelecer a cultura porque é assim que as pessoas tomam decisões", diz ele. "Se você não souber qual é a sua causa, se não souber qual é a sua cultura, para o que está sendo recompensado e o que é respeitado e esperado, cometerá equívocos quando deixar as pessoas fazerem julgamentos. E ficará com todo o tipo de ambiente autocrático que não prospera."[21]

O time cava suas raízes o mais profundamente possível na comunidade. No verão, o "acampamento de aros de basquete" do time atrai 2.500 crianças. A Fundação Dallas Mavericks, sem fins lucrativos, sustenta causas beneficentes na área de Dallas/Fort Worth. Em 2001, doou 1 milhão de dólares em presentes e doações em espécie.

Para os torcedores mais apaixonados do time, há o Clube VIP de Torcedores do Mavs para a Vida Toda, chamado de MFFL (Mavs Fans For Life) (Cuban diz que esta é uma outra idéia emprestada do e-mail de um fã). A taxa de 35 dólares para se tornar membro desse programa de lealdade vale produtos do time, a foto autografada de um jogador e, talvez o que mais atrai, a chance de conhecer os jogadores e técnicos pessoalmente depois de um jogo. O time lançou o programa MFFL durante a temporada de 2001-2002; alguns meses depois, 500 membros já participavam do programa.

Lições aprendidas:

- Quando as vendas estão em declínio, melhore o produto ou serviço rapidamente.
- Crie incentivos baseado em recompensas para seu time, não castigo baseado no medo.
- Para seus maiores torcedores e evangelistas, proporcione uma oportunidade de se juntarem à sua causa – as pessoas querem pertencer a algo que seja maior que elas mesmas.

UMA ESTRATÉGIA DE MARKETING RESPONSIVA E FLEXÍVEL

Matt Fitzgerald é responsável por todo o marketing e comunicações do Mavs. Ex-gerente sênior de marketing da Coca-Cola, Fitzgerald se encontrou com Cuban pela primeira vez em 1999 jogando basquete em um ginásio esportivo em Dallas. Durante um de seus jogos semanais de basquete, perguntou a Cuban se deveria aceitar uma promoção que a Coca-Cola estava lhe oferecendo. Cuban disse que, em vez disso, pensasse em trabalhar com o Mavericks. Durante uma reunião na qual Fitzgerald apresentou um plano formal chamado "Resgatando os Mavericks", Cuban ofereceu a essa pessoa de fora da indústria esportiva o emprego de diretor de marketing do Mavericks.

"Em vez de selecionar uma pessoa de marketing da NBA ou da indústria esportiva, Mark conscientemente tomou a decisão de contratar alguém de fora da indústria", diz Fitzgerald. "Ele acreditava que a comunidade de marketing da NBA era muito inata, portanto [Cuban] estava procurando uma pessoa de marketing com novas idéias e perspectivas."[22]

Assim como seu patrão bilionário, Fitzgerald se concentra nas comunicações com os clientes para construir e manter a reputação. "Respondemos a todos os e-mails que recebemos. Toda a organização responde aos e-mails."[23]

Em um e-mail para Cuban em janeiro de 2002, um fã sugeriu uma promoção para capitalizar o ala "all-star" Dirk Nowitzki quando de seu recente e improvisado corte de cabelo (ele tinha raspado a cabeça). Durante o aquecimento antes de um jogo, Nowitzki deu uma escapada para os vestiários para raspar completamente seus amplos cachos dourados. Cuban enviou a idéia do fã para Fitzgerald, que ficou feliz em reportar que já estavam trabalhando em um plano.

Algumas semanas depois, o time lançou uma promoção para que seus torcedores raspassem a cabeça em nome de uma caridade – neste caso, para a pesquisa e o tratamento do câncer de mama. O evento aconteceu na noite que o Mavs jogava contra o Los Angeles Clippers, e 75 torcedores formaram fila para raspar seus cabelos em troca de um ingresso gratuito. A idéia acabou transformando a ProCuts em patrocinador corporativo para se juntar à lista existente de cem outros patrocinadores do time. A consciência do time sobre a postura de marketing é tão meticulosa que um funcionário do time recolheu cuidadosamente todos os cachos de Nowitzki do chão e os leiloou para caridade, diz Fitzgerald.

Essa mentalidade de se movimentar rapidamente está baseada no que Fitzgerald chama de "*feedback* em tempo real". "Nós não nos encaixamos em muitos tipos tradicionais de pesquisa – *focus group* – porque vemos esse ginásio como um grupo de foco gigantesco todas as noites", diz ele. "Não temos medo de experimentar coisas. Para ser franco, muitas das coisas que fazemos não dão certo, mas fica tudo bem porque simplesmente seguimos em frente. O jeito é fazer muitas coisas pequenas."[24]

Depois que o Mavs perdeu dois jogos importantes contra o Utah Jazz nos *playoffs* de 2001, Cuban disse à sua equipe administrativa que compraria dois mil ingressos para que os torcedores fossem assistir ao próximo jogo em Salt Lake City. A jogada: os torcedores tinham de encontrar um meio de chegar até Utah e pintar seus rostos com as cores do Mavs. Na manhã seguinte, Fitzgerald e sua equipe congestionaram as linhas telefônicas do Ticketmaster, conseguindo comprar 680 ingressos. O time anunciou a promoção no site e, em 45 minutos, 1.500 torcedores estavam prontos para a viagem. Em Salt Lake City, Fitzgerald reuniu os torcedores em um hotel do outro lado do ginásio, deu uma festa e os liderou para rodearem o ônibus do time quando chegasse, torcendo e saudando os jogadores até entrarem no ginásio.

Deu certo? O Mavs estava 17 pontos atrás no terceiro quarto, alcançou e passou o Jazz e ganhou o jogo para avançar para a segunda etapa dos *playoffs*.

"É apenas fogo rápido", diz Fitzgerald sobre sua abordagem de marketing. "Para um time esportivo, é um verdadeiro 'buxixo' de marketing que funciona bem. É o estilo de [Cuban] e funciona muito bem para nós."[25] É assim que funciona: todos os dias Cuban filtra seus e-mails em busca de idéias. Encaminha as idéias que gosta ou as reclamações que devem ser ouvidas para o chefe do departamento apropriado, geralmente com um breve comentário de ação.

"Você sabe como muitas organizações se comportam quando alguém faz essa filtragem para enviar coisas para o pessoal que fica lá em cima?", pergunta Fitzgerald. "Aqui, é o inverso. Tudo passa por ele, que filtra tudo para a organização. O impulso é criado rapidamente. Você tem de ser flexível e estar pronto para pular nas coisas quando são disponibilizadas."

Fitzgerald diz que a flexibilidade vem do fato de não terem um orçamento e um plano de marketing rígidos.

"Somos uma organização completamente guiada por idéias", diz ele. "Se há uma idéia de fazer uma festa divertida para atrair as pessoas, é isso que faremos. Não estou dizendo que o Mark financia todas as idéias."

"No mundo de onde venho, havia muito vacilo em todos os sentidos – será que devemos fazer isso, será que não devemos fazer aquilo. Com o Mark, basta um e-mail. Ele pode dizer: 'Isso é estúpido, é uma droga, de maneira alguma'. Ou pode dizer: 'Adorei. Vá em frente e faça isso'. E a gente se mexe. Se mexe. Se mexe. Se mexe."[26]

Cuban mantém as coisas em movimento ao exigir um relatório semanal por e-mail de sua equipe administrativa.

"E as notícias ruins precisam vir primeiro", diz Cuban. "Para um vendedor, se ele estiver perdendo um cliente, *boom*! Quero ver o cliente que perdemos porque este é o item de gatilho. Estou sempre procurando pelo item de gatilho: o que está acontecendo que preciso entender."[27]

Para manter seus esforços de marketing e de vendas responsivos, Cuban diz: "Você nunca me verá falando em construir a marca; nunca. Eu realmente acredito no chamado para a ação e, se você estiver proporcionando valor e fazendo com que as pessoas conheçam o valor, seu marketing cuida de si mesmo". Isso também significa não fazer reuniões.

"Sou o Sr. Anti-Reuniões", diz ele. "Eu odeio reuniões. Por causa da postura de todos. Você cria um relatório e simplesmente o lê para mim. Envie-o para mim e posso lê-lo sentado na privada pela manhã."[28]

Os 30 vendedores de Cuban também confiam muito nos torcedores para obter recomendações e ajuda. "É melhor pedir recomendações sobre tudo que você faz", diz Cuban. "A base é tratar todos os clientes como deuses. Os deuses o apresentarão a outros deuses."

"Ser uma boa empresa é como ser um bom amante: primeiro, você pergunta ao seu parceiro(a) o que ele(ela) quer, aí dá a eles o que querem. Depois, pergunta se gostaram. Se disserem que sim, repita a dose! Isto é atendimento ao cliente: ser bom para as pessoas. Se alguém gostar da experiência, contará à outra. Se você se concentrar em uma pessoa, ela o levará a uma outra."[29]

Perguntado se havia transferido a idéia de marketing para o "tempo na Internet" – uma referência à abordagem de comunicações instantâneas prevalecente na World Wide Web – para o Mavericks, Cuban responde: "O importante é o tempo dos clientes. Vivemos em um mundo onde tudo acontece em tempo real. Você tem de se movimentar na velocidade de seus concorrentes. Há sempre um filme novo, um restaurante novo, uma oportunidade nova. Essa é minha concorrência. Se eu não me mexer, então vou perder."[30]

A concorrência pelos dólares do entretenimento – onde Cuban diz que compete – é feroz. Para ter sucesso, ele deve se concentrar continuamente em aumentar a média do valor vitalício para um fã que tem ingresso para a temporada toda do Mavs. Em 2002, esse número era de 300 mil dólares, de acordo com Cuban. "Com o [Chicago] Cubs, você tem de ficar na fila para conseguir seus ingressos para a temporada toda", diz ele. "Essa é a meta... aí não terei de gastar muito dinheiro com vendedores e todos os tipos de esforço de apoio – apenas tenho de manter [os clientes] felizes. É muito mais fácil mantê-los felizes do que ter de sair e conquistar novos clientes para substituí-los."[31]

O marketing do Mavericks não é apenas para os torcedores e patrocinadores corporativos; o time também se promove para os jogadores de outros times. Afinal, com as realidades das negociações de meio de temporada e o passe livre, o mais ultrajante oponente de hoje pode ser a estrela de amanhã. No vestiário dos visitantes no American Airlines Center, as acomodações são espaçosas e confortáveis. Por um tempo, os jogadores visitantes recebiam toalhas e robes grátis, para serem levados para casa. Mas a NBA colocou um ponto final nisso durante a temporada 2001-2002.

O vestiário do Mavericks parece um spa caro: madeira maravilhosa, carpete, mesa de sinuca, sofás de couro. Vídeos de jogos são vistos em grandes televisores de alta definição. A sala de levantamento de pesos faz inveja às enormes academias no centro da cidade. O vestiário de cada jogador vem equipado com uma TV de tela plana, um tocador de CD/DVD, um aparelho de som e um Playstation 2 da Sony.

Surpreso com o fato de o time estar vendo filmes de jogos usando um projetor, Cuban comissionou um sistema para digitalizar os filmes e torná-los visíveis em PCs. Isso permite que técnicos e jogadores estudem os jogos dos oponentes em seus laptops quando estiverem em casa, viajando, na hidromassagem, em qualquer lugar.

Todo mundo sabe disso.

"Outro dia escutei alguns dos jogadores da NBA falando sobre como este é o lugar para onde outros jogadores querem vir e jogar", diz Shawn Bradley. "Alguns jogadores querem ser do Dallas Mavericks por causa do ambiente e da situação que Cuban criou aqui."[32]

Greg Buckner, do Mavericks, diz que o trabalho de Cuban tem "estabelecido o padrão para outros donos de equipes esportivas na NBA. Outros times estão tentando fazer o mesmo que ele fez e continua fazendo para poderem competir no mercado pelos jogadores com passe livre".[33]

O investimento da equipe em tecnologia se estende também para os ingressos. Um problema comum para muitas equipes esportivas são as vendas totais de ingresso que não são realmente vendas totais. A realidade dos assentos vazios não corresponde aos números de presença anunciados. Em cada jogo em casa, os ingressos usados são escaneados por meio de um código de barras que diz à equipe administrativa quem estava presente e quem não estava. No dia seguinte, a equipe liga para o dono do ingresso e diz: "Ei, sentimos sua falta ontem à noite", diz George Prokos. "Há algo que possamos fazer para melhorar a experiência e ajudá-lo a garantir o uso desses ingressos?"[34] Embora se neguem a divulgar os números específicos do que eles chamam de "contagem do declínio", Prokos diz que os esforços têm uma "diferença marcante" para melhorar a presença.

Por último, há o incidente de 2002 com a Dairy Queen. Ambas as organizações habilmente transformaram uma comoção verbal em uma perfeita jogada de marketing. Atualmente, quando um jogador ou técnico do time oposto é expulso do jogo, ele é "DQ'd", para deleite do novo patrocinador, a Dairy Queen. "Parte do que eu estava tentando fazer com a NBA é que você tem de entender seus clientes e aprender a melhorar como empresa", diz Cuban. Isso ajudou a NBA? Talvez.

Isso ajudou o Mavericks e a Dairy Queen a venderem mais? Certamente!

Lições aprendidas:

- O *feedback* do cliente, vindo de cima para baixo, e não de baixo para cima, resulta em uma organização mais responsiva aos clientes.
- O único "tempo" que importa é o "tempo do cliente" – responda no tempo requerido pelo cliente ou mais rapidamente.
- Promover a si mesmo para seus concorrentes pode torná-lo mais atraente para futuros funcionários.
- Entenda quantos clientes não comparecem e pergunte-lhes por quê.

PLACAR DO EVANGELISMO: DALLAS MAVERICKS

Plus-Delta dos Clientes

- Cuban encoraja os torcedores a lhe enviarem e-mails. Muitos contêm sugestões para melhorias.
- O site do Mavericks tem um quadro de avisos com milhares de comentários.

"Napsterize" o Conhecimento

- "Quanto mais você tenta esconder informações, mais deixa claro que tem coisas a esconder", diz Cuban.
- Cuban publica um e-mail de cliente por dia como fonte crescente de FAQ (perguntas feitas com freqüência).

Estabeleça o "Buxixo"

- Cuban discute publicamente assuntos da NBA para gerar discussão.
- O grupo de marketing do time capitaliza as oportunidades rapidamente – o incidente com a Dairy Queen e quando Dirk Nowitzki raspou a cabeça, por exemplo.

Crie Comunidades

- A equipe encoraja os torcedores a falarem sobre o time e a conversarem entre si no www.dallasmavericks.com.
- Ao encorajar e recompensar os torcedores por se pintarem com as cores e o logotipo do time, ele gera uma ligação mais profunda com os torcedores.
- O serviço da Dallas Mavericks Foundation Community (o programa "Hoops for Hearts" da American Hospital Association).

Pequenos Pedaços

- O time oferece pacotes de ingressos para cinco ou dez jogos como uma introdução à compra de ingressos para a temporada toda.

Crie uma Causa

- Cuban faz lobby publicamente para mudanças nas estratégias e táticas da NBA.
- A equipe criou um programa de lealdade chamado Clube VIP de Torcedores Para a Vida Toda do Mavericks (MFFL) disponível para qualquer fã.

Coordenadas

Empresa:	Dallas Mavericks
Matriz:	Dallas, Texas
Proprietário:	Mark Cuban
Diretor de marketing:	Matt Fitzgerald
Descrição:	Franquia da NBA/equipe esportiva profissional
Indústria:	Esportes
Funcionários:	110
Propriedade:	Empresa privada
Site:	www.dallasmavericks.com

CAPÍTULO | 13

UM MERCADO "URSO" PARA O VAREJO

build-a-bear workshop

"Cada um de nossos clientes está envolvido no processo de fazer com que a Build-A-Bear Workshop seja mais famosa, contando a sua experiência para alguém." [1]

MAXINE CLARK, fundadora e "ursa" executiva da Build-A-Bear Workshop

    A indústria varejista tem estado "perdida na floresta" nos últimos anos.

    A Montgomery Ward, pioneira na venda por catálogo, visionária do varejo e inventora da frase "satisfação garantida ou seu dinheiro de volta", pediu falência e fechou as portas. Nasceu em 1872 e morreu em 2000.

    A Kmart, pioneira no varejo com desconto, que começou a vida como Kresge's, pediu falência em 2002 e anunciou que estava fechando 284 de suas 2.114 lojas. Mais de 22 mil funcionários foram despedidos. Nascida em 1899, a Kmart foi para a UTI em 2002.

    Os estudiosos dizem que os motivos para a queda no varejo variam de um péssimo atendimento ao cliente até estratégias de crescimento mal calculadas ou muita oferta e pouca demanda. Verdade, há muito mais espaço no varejo em 2002 do que havia em 1997.[2] Uma pesquisa feita por Piper Jaffray, da U.S. Bancorp, afirma que, de 1998 até o final de 2000, os varejistas adicionaram quase 300 bilhões de metros quadrados de espaço em lojas no cenário varejista americano. Apesar disso, a média das margens de lucro no setor varejista estavam caindo de 4% em 1996 para -0,01% no final de 2000.

A satisfação entre os clientes varejistas não tem sido um recorde mundial. O Índice de Satisfação do Cliente Americano, compilado pela Universidade de Michigan, mostra que a indústria varejista nunca ultrapassou a satisfação mínima, estabelecida em 1994.

Com essa avaliação desanimadora, o que o varejista pode fazer?

Maxine Clark teve uma boa idéia. Em 1997, fundou a Build-A-Bear Workshop, um varejista de bichinhos de pelúcia com base em St. Louis. A receita nos primeiros anos foi de 377.600 dólares. Quatro anos depois, a Build-A-Bear cresceu para 75 lojas e mais de 100 milhões de dólares em receitas. Uma loja da Build-A-Bear fatura cerca de 70 dólares por metro quadrado; a média americana nos shopping centers é de 350 dólares.[3]

Mas Clark, uma mulher de um metro e meio, não é nenhuma iniciante atrevida na indústria. Como presidente e diretora comercial da Payless Shoe Source de 1992 até 1996, fez com que aquele varejista se erguesse: aumentou as receitas anuais de 1,5 bilhão de dólares em 1992 para 2,3 bilhões de dólares em 1996 e supervisionou uma rede de 4.500 lojas com 24.000 funcionários. A Payless tornou-se a líder em vendas de calçados para crianças no mundo. Durante sua presidência, um de cada seis pares de sapatos vendidos nos Estados Unidos era da Payless.[4] Como executiva por décadas na empresa da The May Department Stores Company (empresa controladora da Payless, da Foley's e da Lord & Taylor, entre outras), Clark entendia o varejo tanto quanto qualquer outro. Mas algo estava faltando.

Teatro. Emoção. Conexão.

"Com a Build-A-Bear Workshop, estou tentando voltar ao modo como os negócios costumavam ser quando realmente se concentravam nos clientes do ponto de vista pessoal", diz Clark.[5]

As memórias das compras na infância têm forte ressonância para ela, que completou 54 anos em 2002. Sua mãe, Anne, levava Maxine e sua irmã Sharon em uma viagem de uma hora para fazer compras no centro de Miami. Do início até meados dos anos 50, ir às compras era um evento, diz Clark 50 anos depois.

"Nossa diversão era olhar as vitrines", diz Clark. "Nos arrumávamos – às vezes até usávamos chapéus e luvas. Almoçávamos no centro, e isso era uma ocasião especial. Sempre havia alguma coisa acontecendo nas lojas."[6]

Uma loja que ficou para sempre na imaginação de Clark foi a Burdines. William Burdine abriu sua loja em Miami em 1898; 104 anos e 52 lojas depois, é chamada de "a loja da Flórida" porque nunca saiu de seu estado natal. Nos anos 50, uma lona de circo era a grande atração na Burdines. Uma loja de presentes anexa, chamada Little Shop, era para que as crianças comprassem presentinhos para seus irmãos. "Tudo era muito baixo – a gente conseguia alcançar – era feita como se fosse a terra de brinquedos do Papai Noel", diz Clark. "Nunca me esquecerei disso em toda a minha vida, e é por esse padrão que meço tudo que faço."[7]

Sua abordagem de volta-ao-passado está impulsionando-a para frente. Clark ganhou o prêmio de Varejista Inovador do Ano em 2001 do Centro para Estudos Varejistas na Universidade do Texas A&M. Em 1999, foi agraciada com o prêmio de Empresário Emergente do Ano da Ernst & Young. Seu impulso para frente está ajudando a transformar a Build-A-Bear Workshop, uma empresa privada, em uma empresa global; sua primeira loja fora dos Estados Unidos foi aberta na Grã Bretanha, em 2002.

A Build-A-Bear Workshop cria clientes evangelistas porque:

- A empresa se concentra em uma experiência memorável.
- O *feedback* do cliente impulsiona os negócios.
- Comprar um produto significa juntar-se a uma comunidade.
- Seu marketing direcionado para o evento é rápido e responsivo.

A EMPRESA SE CONCENTRA EM UMA EXPERIÊNCIA MEMORÁVEL

O que há de errado com a indústria varejista de hoje?

Clark diz que as lojas varejistas são muito entediantes, muito previsíveis e, pior de tudo, muito esquecíveis.

Depois de se formar em jornalismo na Universidade da Geórgia, Clark optou pelo programa de treinamento executivo na May em vez de ser aprendiz em um jornal. Começando com as lojas de departamentos da Hecht, Clark subiu as posições como uma comerciante especializada. Uma das suas tarefas mais memoráveis foi criar um departamento para crianças. Ela criou uma loja para crianças chamada de The Land of Ahhs (A Terra dos Ahhs), exatamente do jeito como se lembrava da Little Shop, de quando era criança, sob o teto da Burdines. "Ela foi muito bem recebida, e eu me diverti muito, mas, na maioria das vezes, não há espaço suficiente em uma loja de departamentos para criar esse tipo de ambiente", diz Clark.

Vinte e cinco anos depois, Clark diz que estava "entediada com as compras". As palavras de seu finado mentor Stanley Goodman, *chairman* da May, soavam em sua cabeça: "Quando os clientes se divertem, eles gastam mais".[8]

Financeiramente segura com o resultado de seu sucesso, Clark pediu demissão sem um plano claro. Embora a Payless tenha aberto seu capital um ano depois e, com isso, havia a chance de construir uma fortuna adicional, Clark diz que "não se arrepende". Além disso, tinha sido picada pelo inseto empresarial e queria bastante tempo e espaço para planejar seu próximo passo. Ela investigou a compra de uma franquia da Krispy Kreme (veja Capítulo 9) em St. Louis, mas essa idéia não deu resultados.

Sua pesquisa a levou a uma fábrica de brinquedos na China em 1996. Embora ela não se lembre do nome "porque era chinês", a fábrica oferecia visitas para escolas e, assim, Clark se juntou a uma delas. "Quando estava fazendo a visita, vi um olhar especial nos olhos das crianças que me dizia que aquela idéia tinha mais potencial", diz ela.[9]

O potencial era reinventar o conceito da fabricação de brinquedos dentro de uma loja em um shopping center. Com 750 mil dólares de suas economias, abriu a primeira Build-A-Bear Workshop na Galeria St. Louis em outubro de 1997. Capitalistas de risco forneceram mais 12 milhões de dólares.

Uma visita a uma loja da Build-A-Bear Workshop é diferente de uma visita à maioria das lojas de varejo, menos ainda em uma loja que atende principalmente crianças e pré-adolescentes (entre 9 e 12 anos).

Figura 13.1 | **Build-A-Bear Workshop**

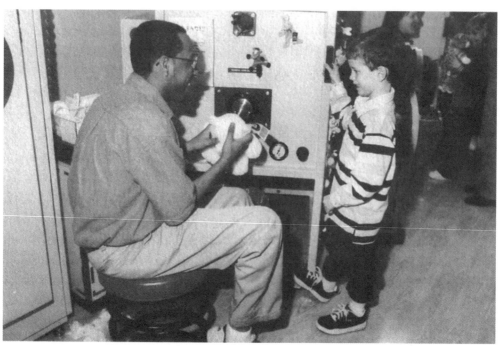

Ela não é uma Toy 'R' Us. Uma loja Build-A-Bear Workshop tem uma média de 300 metros quadrados, aproximadamente o tamanho de uma loja GAP. Não há robôs falantes, armas de brinquedo ou Barbies – apenas dezenas e dezenas de bichinhos de pelúcia sem o enchimento (10-25 dólares), enfeitando as paredes coloridas com centenas de roupas (3-15 dólares) que mais parecem roupas de bebês prontas para serem usadas. Quando o cliente decide a "pele" favorita – como os funcionários da loja a chamam –, é hora de começar o processo de 30 minutos de "dar vida" à nova criação do cliente.

Trabalhando com um funcionário da loja, cujo título oficial é Mestre Construtor de Ursos, os clientes enchem as peles dos bichinhos usando uma máquina de enchimento turbulenta que mais parece uma máquina de fazer pipoca. Os clientes selecionam um coraçãozinho macio e vermelho, o personalizam com um pedido e um beijo e o colocam junto com o enchimento.

Essa experiência, além de contato pessoal envolve também alta tecnologia. Os clientes podem selecionar uma voz pré-gravada para ser colocada em um chip dentro de cada brinquedo ou podem gravar suas próprias vozes. (Os clientes que criam um brinquedo no site da empresa podem gravar suas próprias vozes pelo telefone.) Um código de barra singular dentro de cada brinquedo identifica seu proprietário caso o brinquedo e a criança sejam separados. As pessoas que encontrarem um ursinho perdido são encorajadas a enviá-lo à Build-A-Bear Workshop, que o envia a seu proprietário registrado. Desde que a empresa começou esse programa de achados e perdidos, mais de mil brinquedos perdidos foram devolvidos a seus donos originais. Ursinhos perdidos foram encontrados em rodovias, estádios, hotéis e, é claro, em lojas do shopping center.

Os clientes dão uma escovada e um "banho", em uma área parecida a uma banheira, em seus novos amiguinhos peludos. Em vez de água, jatos de ar saem das torneiras.

O "nascimento" de um ursinho não é uma experiência anônima na "floresta" do varejo; os clientes são direcionados para um banco de computadores para criar uma certidão de nascimento personalizada assinada por Clark. A empresa pega o nome, o gênero, a data de nascimento e o endereço residencial e e-mail de cada cliente; cerca de 90% dos clientes fazem o registro. Essa etapa na experiência na loja é inteligentemente afastada das caixas registradoras, onde os clientes geralmente já estão de saída. É impresso um "registro de nascimento" comemorando a compra, e todos os dados são enviados para o banco de dados central da Build-A-Bear Workshop, que se lembra de enviar aos clientes cartões de aniversário todo ano, pesquisas e boletins informativos.

Com suas informações armazenadas nos computadores da empresa, os clientes partem para a parada final: roupas de brinquedo. Parte da experiência no Build-A-Bear Workshop é a atenção dada aos detalhes dos produtos, especialmente acessórios; os tênis, por exemplo, têm cadarços de verdade. Os "binóculos para ursos" realmente aumentam os objetos distantes; e os bolsos e bolsas são costurados para guardar os acessórios adicionais.

Em vez de uma sacola tradicional de compras, os clientes carregam suas compras em um "condomínio para ursos", uma caixa com formato de casa, inspirada nas embalagens de *bagels* da Einstein's Bagels. Cada item e cada processo têm um nome, geralmente derivados da palavra *urso*. A empresa é um universo de trocadilhos.

Depois de cinco anos de funcionamento, a Build-A-Bear Workshop havia registrado quatro milhões de clientes e vendido um total de dez milhões de brinquedos, relatou Clark. Dos dados que coleta, a empresa sabe com que freqüência seus melhores clientes compram brinquedos e quantos eles compram.

Ainda mais importante, o resultado da estratégia de Clark, de envolver os clientes na criação de suas compras, é a lembrança viva da experiência e o desejo de contar a outrem. "Cada um de nossos clientes é engajado no processo de tornar a Build-A-Bear Workshop mais famosa, contando a outrem sobre a experiência", diz Clark, acrescentando que a "maioria" dos clientes novos ouviu falar da loja por meio de um amigo ou membro da família. "O alvo do nosso negócio são as meninas de 11 anos de idade", diz Clark. "Juntamente com as meninas de 11 anos, vêm os irmãos de 8 anos e suas mães e suas irmãs de 13 anos. Eles são nossos evangelistas porque estão trazendo muitas pessoas com eles."[10]

Os clientes evangelistas trazem novos clientes para as lojas da Build-A-Bear Workshop por causa dos muitos detalhes que criam uma experiência memorável na loja, diz Clark. Essa é sua vantagem estratégica – algo que muitos varejistas ignoram. Os detalhes que parecem pequenos e inconseqüentes geralmente despertam experiências memoráveis. Pergunte a Clark o que quer dizer e ela mostra "suas garras" com toda a sua característica franqueza.

Primeiro, há sempre o problema preocupante dos "banheiros horríveis". Ela é uma inspetora de banheiros e diz que as lojas desrespeitam os clientes quando não os mantêm limpos e arrumados. Depois há os provadores, que geralmente são apertados e não recebem manutenção, geralmente repletos de alfinetes e sujeira no chão. Muitos clientes, especialmente mulheres com crianças, evitam esses provadores bagunçados e perigosos, acrescenta Clark. Preferem comprar as roupas, levá-las para casa para experimentar e trazer de volta em caso de troca ou retorno em vez de usar os provadores.

"Se uma empresa parasse para ver quantas pessoas levam coisas para casa e depois trazem de volta... [descobririam] que é muito mais caro lidar com essas transações do que [garantir que os clientes] se sintam confortáveis indo até um provador e experimentando-as porque os provadores têm espelhos e espaço apropriados", afirma Clark.[11]

Um outro problema é o excesso de liquidações. Os varejistas de hoje se tornaram viciados em liquidações, o que ensina os clientes a visitarem a loja apenas nessas épocas, e isso geralmente desvaloriza os produtos e todas as outras coisas ao redor.

"Não sei de nenhuma loja de departamentos na minha área que não faça uma liquidação toda semana", diz ela, zombando da prática que muitos varejistas usam para cumprir as metas de receita.[12]

Como a Build-A-Bear Workshop não tem liquidações, depende das experiências memoráveis para criar clientes leais, que visitam a loja uma média de cinco vezes por ano. A remuneração dos gerentes da loja é ligada às classificações de satisfação dos clientes. A cada semana, os gerentes são notificados das pontuações de satisfação dos clientes, que são postadas para que todos os funcionários vejam. As lojas precisam cumprir o mínimo das metas de satisfação para se qualificarem para bônus.

"Esses resultados são tão importantes quanto nossas vendas semanais", diz Clark.[13]

Ao se concentrar nas experiências memoráveis como sua estratégia de evangelismo de clientes, e não em preços baixos ou liquidações, a Build-A-Bear Workshop aumenta seu valor de longo prazo, uma idéia defendida pelo Centro Nacional de Pesquisa da Qualidade da Faculdade de Administração da Universidade de Michigan.

"A satisfação dos clientes baseada em preços baixos geralmente é frágil e altamente dependente da estrutura de custos da empresa e das concessões de preços dos fornecedores", de acordo com Claes Fornell, diretor do centro.[14]

Quando perguntaram a Clark o que os grandes e práticos varejistas poderiam aprender com o sucesso de crescimento rápido da Build-A-Bear Workshop, ela disse: "Não me importa se você fabrica ou vende parafusos ou vende roupa... não há nada que uma loja não possa fazer para melhorar seus negócios. [As lojas] podem usar mais técnicas de entretenimento, que estão bem ali na frente delas. Elas simplesmente não as usam".

Lições aprendidas:

- "As pessoas compram mais quando estão se divertindo."
- A experiência é parte da venda; uma experiência memorável cria o "buxixo".
- As liquidações simplesmente desvalorizam os produtos vendidos e diminuem o valor dos produtos ao redor.

O *FEEDBACK* DOS CLIENTES IMPULSIONA OS NEGÓCIOS

Como o público principal da Build-A-Bear Workshop é "entendido" em e-mails, a empresa depende muito das comunicações eletrônicas. Assim, a caixa de entrada de e-mails de Clark recebe mais de quatro mil mensagens por mês, a maioria de clientes.

Um livro encadernado com 175 páginas impressas de e-mails de clientes recebidos durante um período de vários meses em 2001 conta muitas histórias.

- A maioria dos clientes que haviam dirigido horas de suas casas apenas para visitar uma loja Build-A-Bear Workshop pede uma loja mais perto de suas casas – alguns até sugerem locais específicos.
- Os clientes descrevem seus esforços pessoais de evangelismo para a Build-A-Bear Workshop, freqüentemente incluindo nomes de amigos e familiares, assim como uma descrição do que disseram.
- Os clientes relatam um alto nível de satisfação com os funcionários da loja – pelo menos 75% dos e-mails mencionam o nome de um funcionário específico que tornou memorável a experiência do cliente.

Clark diz que todos que escrevem um e-mail recebem uma resposta pessoal dela ou de alguém da equipe executiva da empresa. Responder aos e-mails dos clientes não é um "peso". De fato, ela recomenda que todas as equipes executivas no mundo façam o mesmo.

"Eu recomendo isso 100%", diz Clark. "Já ouvi pessoas me dizerem que acham que isso é trabalho para os escalões mais baixos, que pagam uma pessoa para fazer isso. Esse é o meu monstro. Eu passo a vida falando isso para as pessoas porque sei que elas não me ouvem. Acho que as empresas têm o hábito muito ruim de fazer uma secretária ler as cartas e lidar com os problemas dos clientes."[15]

A empresa não tem assistentes administrativos, portanto, a equipe administrativa de Clark é responsável por todas as comunicações. Isso foi um choque cultural e tanto para Teresa Kroll, a "ursa diretora de marketing" da empresa, que saiu da May para se juntar à Build-A-Bear Workshop em 2001. "Obviamente, você deve estar pensando que nós temos condições de ter secretárias", diz Kroll, rindo. "Mas com a exposição eletrônica que temos hoje, conseguimos fazer tantas coisas tão mais rapidamente [nós mesmos]."[16]

Várias dezenas de crianças mantêm Clark a par de suas atividades escolares, da saúde de seus ursinhos e de suas vidas de crianças, com atualizações diárias ou semanais por e-mail. Para Clark, é como ter seu próprio laboratório de pesquisa. "Elas são o que eu chamo de fanáticas da Build-A-Bear Workshop", diz ela. "Estão muito envolvidas com a Build-A-Bear. Curtem muito o fato de que podem me escrever, e eu respondo de volta porque me importo. Isso é de meu interesse. As vozes delas são importantes."[17]

Essas vozes criaram 99% dos novos produtos da empresa, de acordo com Clark. A sugestão de um cliente foi adicionar um Labrador preto como produto. A empresa fez isso e, nos primeiros seis meses, vendeu cem mil unidades. A empresa já oferece sapatos a cada animalzinho. Por que não adicionar meias?, sugeriu um cliente; pouco depois, a empresa fez isso. Outro cliente sugeriu salões de festas para aniversários e festas, o que a empresa começou a oferecer em lojas selecionadas em 2002.

A empresa reforça seu programa de *feedback* com estudos semanais enviados aos clientes, pedindo que classifiquem sua experiência na loja. Pedir que seus clientes classifiquem seu desempenho uma vez por semana ou por mês parece ser uma premissa simples. Por que mais varejistas não fazem isso?

"Acho que todos acreditam que sabem quem são seus clientes", diz Clark. "Estão fazendo isso do mesmo jeito há tanto tempo. Eu fiz parte de uma empresa de lojas de departamentos muito bem-sucedida por quase 28 anos da minha vida de varejo, e não sabíamos metade do que sei sobre meus clientes na Build-A-Bear Workshop."

"Essas coisas me levam a pensar de maneira diferente sobre meus consumidores."[18]

Clark se denomina uma compradora quintessencial. Diz que é comum encontrá-la passeando pelos corredores de várias lojas depois do trabalho e nos finais de semana, comprando e pesquisando as tendências das mercadorias. O.k., mais comprando que qualquer outra coisa. "Meu marido me diz que tenho um porão cheio de roupas das quais nem tirei as etiquetas."[19]

Como resultado, ela preenche de seis a sete pesquisas de clientes por ano, sempre incluindo seu nome e número de telefone e depois... nada.

"Nunca ninguém me ligou e disse: 'Obrigado por ter respondido à nossa pesquisa, e estamos ouvindo o que você tem a dizer; gostaria de saber mais detalhes'", diz Clark, imaginando o que um executivo deveria dizer. "Essa pequena diferença pode fazer uma enorme diferença para o valor de entretenimento da loja, e não entretenimento porque alguém colocou um pianista no departamento de calçados."[20]

Quando era criança, Clark participou do quadro consultivo de uma loja de departamentos. Sua abordagem de volta-ao-passado a levou a lançar o Quadro Consultivo de "Ursinhos" da Build-A-Bear Workshop, um grupo de 20 meninos e meninas, de 8 a 17 anos, que avaliam e sugerem novos produtos. Eles se reúnem com Clark e sua equipe de três a quatro vezes por ano para se certificarem de que suas lojas estão satisfazendo as necessidades de seus clientes jovens e influentes.

"A franqueza deles tem direcionado várias decisões e idéias para produtos", diz Clark. "Eles são destemidos e honestos. Também são compradores bem mais experientes [que as gerações anteriores] e são seletivos sobre como gastarão seu dinheiro."

"Se aprovam algo, temos certeza de que será um sucesso."[21]

Lições aprendidas:

- As sugestões dos clientes podem acelerar os ciclos de desenvolvimento dos produtos e reduzir os custos de pesquisa.
- Formalize as opiniões dos clientes formando um quadro consultivo de clientes.
- Associe a remuneração e/ou o bônus dos funcionários às pontuações freqüentes de satisfação dos clientes.

COMPRAR UM PRODUTO SIGNIFICA JUNTAR-SE A UMA COMUNIDADE

Clark diz que se aposentou da vida corporativa porque esta se tornou "mais sobre reuniões e liquidações" e menos sobre clientes e criatividade. Decidiu que qualquer novo empreendimento "teria de ter mais a ver com meus interesses pessoais de inclusão, em vez de exclusão". Para ela, isso significa uma comunidade baseada no coração.

"Ter um coração é mais do que uma estratégia da empresa", diz Clark. "É um meio de fazer negócios. Significa a maneira como as pessoas são tratadas em todos os aspectos do negócio. É o que as empresas excelentes sabem que é fundamental para o sucesso: tratar os fornecedores como parceiros, os clientes como convidados e os funcionários como amigos e familiares."

"Essas características e valores são mais difíceis de encontrar no mundo comercial de hoje, que é muito mais rápido e mais puxado. Não estamos inventando nada novo; estamos apenas tentando resgatar [esses valores]."[22]

O que permeia muitas empresas repletas de clientes evangelistas: funcionários evangelistas. O tom dentro da matriz da empresa em St. Louis foi feito para refletir os valores com os quais Clark se casou. Alguém poderia dizer que é uma perfeita ponto.com. Cachorros e crianças são bem-vindos nos corredores e mesas coloridos. Há uma escala de trabalho flexível, teletrabalho e quinze "dias de mel" de férias ao ano. Todos os banheiros são equipados com fraldários. Há uma área de brinquedos para crianças. Os títulos são decididamente "sem recheio". Clark é a UDE: ursa diretora executiva. A maioria dos cartões de visitas inclui a palavra *urso* no título.

Cada funcionário passa três semanas em St. Louis, na Universidade do Urso. As aulas transmitem "o Jeito do Urso", uma destilação da cultura da empresa, seus valores e suas expectativas em relação ao atendimento ao cliente. A ursa diretora de marketing diz que há um motivo perfeitamente bom para dedicar três semanas de treinamento para cada funcionário.

"Tem tudo a ver com a construção de relacionamentos", diz a ursa diretora de marketing, Kroll. "E isso inclui os relacionamentos entre nossos parceiros comerciais, nossos visitantes e nossos funcionários. Na construção desses relacionamentos, as pessoas saem de lá sorrindo, se sentindo bem, se sentindo recompensadas e sentindo todas as coisas que você e eu queremos sentir todos os dias."[23]

Clark diz que os gerentes de lojas geralmente já trabalharam em outras bem-sucedidas empresas de varejo para crianças, parques temáticos ou restaurantes. A experiência de seus mestres construtores de ursos é mais variada, "mas um amor por crianças e uma personalidade extrovertida são necessárias!" Em 2001, uma revista nomeou a Build-A-Bear Workshop como "O Melhor Lugar para se Trabalhar".[24]

Envolver-se com causas é uma outra grande parte da estratégia da empresa. Sua lista de causas caritativas é extensa e é um reflexo das preocupações de Clark. Há a parceria da empresa com o World Wildlife Fund (WWF), cuja missão é proteger os animais e terras selvagens. A Build-A-Bear Workshop criou um tigre de Bengala e um panda gigante cujas vendas beneficiam o WWF. Depois de três anos, a empresa já vendeu mais de 150 mil animais que beneficiaram o WWF.

- Há também a parceria da empresa com a Humane Society (sociedade protetora dos animais). Um dólar é doado para a sociedade para cada Labrador preto de brinquedo vendido. Um programa popular com os compradores, pois a empresa vendeu 100 mil Labradores nos primeiros seis meses do programa.

Em 2001, durante o mês de conscientização sobre o câncer de mama, a empresa fez uma parceria com a Fundação para a Cura do Câncer Susan G. Komen e o Centro Siteman para o Câncer para apresentar um urso de Desejos Esperançosos. As vendas dos ursos beneficiam a pesquisa, o tratamento e o apoio em relação ao câncer de mama.

Em maio de 2001, a empresa lançou o dia "Recheado de Abraços", em que encoraja as crianças a participarem em causas sociais convidando-as para dentro das lojas da empresa para criar um ursinho que será doado para a Fundação Ursinho de Pelúcia, uma organização sem fins lucrativos que ajuda crianças em crise. Kroll disse que 15 mil ursos criados por crianças, foram enviados a crianças que vivem em abrigos como resultado de negligência ou abuso.

A empresa criou o teachme.buildabear.com em parceria com a Scholastic, Inc. Cartões multimídia fazem perguntas sobre matemática e geografia usando a iconografia, a tipologia e as paletas de cores da Build-A-Bear Workshop. Uma seção separada ajuda os educadores com os planos de aulas sobre "amizade e consciência cultural".

"Acho que o posicionamento relacionado às causas que assumimos mostra que a empresa se importa – e muito – com seus visitantes, seus parceiros comerciais e as questões sociais; e isso é algo que as outras empresas deveriam avaliar", diz Kroll. "Onde você obtém os melhores benefícios: no preço ou na construção de relacionamentos? A Build-A-Bear Workshop é ligada à construção de relacionamentos."[25]

Lições aprendidas:

- Envolva-se com causas que reflitam os valores da empresa.
- Crie uma atmosfera para que funcionários e clientes se sintam como se estivessem participando de um clube.

CRIANDO UM MARKETING RÁPIDO E RESPONSIVO DIRECIONADO PARA O EVENTO

Certa noite, em fevereiro de 2002, enquanto voltava para casa em St. Louis, Clark estava tentando interpretar o que há de errado com o varejo hoje em dia. Ela se concentrou em uma loja de departamentos nacional que havia anunciado que deixaria de aceitar devoluções 30 dias após a compra. Como resultado, "Eu não compro mais lá", diz ela. "Isso mudou minha atitude sobre a loja. Eles estão dizendo: 'Não valorizamos sua compra; você não é importante para nós...' e eu gasto milhares de dólares por ano lá."

A política de devoluções da Build-A-Bear Workshop: sem limite de tempo. Devolução total. Responsiva. Se os clientes precisam usar o telefone, sem problemas. "E também pode ter certeza de que os banheiros estarão limpos", diz Clark.[26]

Parte da estratégia da empresa é manter um estoque relativamente pequeno de itens de produtos, o que geralmente gira em torno de 300. Um estoque limitado mantém os custos baixos e o produto fresco. Como a empresa lida com o estoque que não está sendo vendido? "Paramos de comprá-lo!", diz Clark, enfaticamente. "Temos procedimentos de testes bastante precisos, e isso raramente acontece – até agora."[27] Se um varejista não for impulsionado por preços baixos ou liquidações, será impulsionado pela originalidade e pela novidade, afirma Clark. É isso que impulsiona os clientes.

Parte da estratégia de marketing da Build-A-Bear Workshop é a "loucura de eventos". Há ursinhos especiais para o dia de São Patrick e o Dia dos Namorados; um "desfile de moda peludo" perto da primavera; um festival do centenário do ursinho "teddy". (O aniversário de Teddy Roosevelt é feriado na empresa. O ursinho "teddy" tem este nome em homenagem ao ex-presidente americano. Diz a história que ele poupou a vida de um filhote de urso durante uma viagem de caça em 1902.) Durante todo o ano de 2002, a empresa comemorou o aniversário de cem anos da criação do ursinho "teddy". É uma loja de departamentos para os animais da floresta.

Os aniversários são uma parte muito importante da estratégia de marketing voltada aos eventos. Como a Build-A-Bear Workshop sabe das datas de aniversário de seus clientes (e o "aniversário" de todos os animais criados), ela envia lembretes para os pais das crianças com 90 dias de antecedência "dizendo a eles que está na hora de começar a planejar uma festa", diz Clark, acrescentando que esse tipo de tática está transformando a empresa em algo do tipo marketing direto.

"Sabemos o aniversário das pessoas que compraram um presente e das pessoas a quem enviaram o presente", diz ela. "Mas, em geral, as pessoas fazem as coisas para si mesmas."[28]

A empresa faz propaganda em revistas especiais, mas sua influência é reduzida, diz Kroll. "As lojas Wal-Mart e Target e todas essas outras têm seus jornais de ofertas que saem aos domingos, e elas gastam muito dinheiro com isso", diz Kroll. "São previsíveis e todos esperam por eles. Com a gente, não é assim."[29]

A empresa faz pesquisas semanais com os clientes perguntando como ouviram falar da loja pela primeira vez. De acordo com Clark, quase metade dos clientes responde que ouviu de clientes evangelistas. Algo que acrescenta ao fato de que o varejo ainda tem muito a ver com "localização, localização, localização" é o fato de que 40% dos clientes dizem que viram uma das lojas sem querer em um shopping center. Os outros 10% ouviram falar da loja na mídia ou em uma propaganda.

Para Kroll, cujo orçamento de marketing inclui relações públicas, o site da empresa e propaganda, o marketing boca a boca é a ferramenta mais eficaz, aquela que, por si, demonstra resultados e evolui por conta própria.

"Essa tem sido uma das situações mais assoberbantes e luxuosas em que já me encontrei", diz ela, rindo.[30]

Os dados fornecidos pela comScore Networks, que mede os padrões de uso on-line, mostra que o visitante médio gasta cerca de 16 minutos no site da Build-A-Bear Workshop, visualizando aproximadamente 17 páginas. No final de 2001, quando essas medições foram feitas, cerca de 137 mil pessoas visitavam o site a cada mês.

"Elas saem de nossas lojas em um estado eufórico, vão para casa e entram no site", diz Kroll.[31]

Depois dos eventos de 11 de setembro de 2001, a Build-A-Bear Workshop respondeu enviando milhares de ursinhos de pelúcia para crianças que haviam perdido pais ou parentes nos ataques. Era o segundo dia de Kroll na empresa. Ela havia acabado de se mudar de Nova York para St. Louis.

"Tudo que fizemos foi sentar no refeitório, com a TV ligada, tentando pensar no que podíamos fazer para ajudar", diz Kroll. "No dia seguinte, enviamos milhares e milhares de ursinhos de pelúcia para crianças cujas famílias suspeitávamos ou sabíamos que, de fato, haviam perdido um ente querido. Estávamos recebendo telefonemas do Nordeste a cada minuto, nos pedindo que por favor enviássemos algo para confortar essas crianças. Simplesmente faríamos o que fosse preciso. Não havia parâmetros."[32]

A empresa encorajou as crianças a visitarem suas lojas para ajudar a criar ursinhos de "emergência". Foram enviados cerca de onze mil ursinhos.

Para responder às perguntas freqüentes de clientes sobre as técnicas apropriadas para cuidar de seus brinquedos, a empresa lançou um programa anual de "Treinamento para Cuidar dos Ursinhos" em 1998. Promovido apenas para os clientes existentes, o programa é um popular check-up anual para os brinquedos da Build-A-Bear Workshop (incluindo aqueles que foram comprados em outros lugares) para consertar as costuras soltas ou frouxas ou para colocar mais enchimento.

"As pessoas começam a nos telefonar em janeiro para perguntar quando haverá o check-up", diz Clark. "É um grande final de semana."

Ao fornecer serviços gratuitos de costura, a loja também facilita a atualização do guarda-roupa dos ursinhos e a compra de animais adicionais.

"O que as pessoas compram durante o programa sempre excede as nossas expectativas", diz Clark.[33]

A Build-A-Bear Workshop pegou a idéia da customização em massa e fez dela uma estratégia de marketing responsiva e adaptável em todas as cem lojas da empresa. Por exemplo, os clientes disseram que queriam vestir seus ursinhos com as roupas de suas universidades ou escolas. Agora, cada loja tem acessórios das universidades e escolas da redondeza. A cidade de cada loja também é bem representada por produtos.

É como se Maxine Clark fosse criança outra vez, fazendo compras com sua mãe na Burdines, no centro de Miami e curtindo a lona de circo.

Lições aprendidas:

- Mantenha seus produtos novos.
- Seja relevante no mundo de eventos que são importantes para seus clientes.
- Desenvolva políticas empresariais flexíveis que estejam em sintonia com as prioridades dos clientes.

PLACAR DO EVANGELISMO: BUILD-A-BEAR WORKSHOP

Plus-Delta dos Clientes

- A empresa solicita o *feedback* contínuo dos clientes, associando-o à remuneração dos funcionários.

- Noventa e nove por cento das idéias da empresa para novos produtos vêm dos clientes.
- A empresa adora e-mails e encoraja os clientes a enviarem idéias, sugestões e reclamações – aproximadamente seis mil e-mails chegam a cada mês.

"Napsterize" o Conhecimento

- A empresa foi fundada sobre a idéia de que a fabricação é divertida e deveria fazer parte do processo do cliente.
- O programa de treinamento de funcionários na Universidade do Urso dura três semanas.
- Todo o *feedback* dos clientes é partilhado por toda a empresa.

Estabeleça o "Buxixo"

- Um processo singular e personalizado de criação de ursos de pelúcia cria o "buxixo" e o marketing boca a boca.
- Um Condomínio de Ursos substitui as tradicionais sacolas de compras que os clientes carregam pelo shopping center.
- Um amplo site é repleto de oportunidades para contar a um amigo.

Crie Comunidades

- Existem relacionamentos extensivos com organizações sem fins lucrativos que apóiam a pesquisa e o tratamento do câncer de mama, o World Wildlife Fund e a American Humane Society.
- A empresa faz apelos diretos às comunidades coletoras com produtos de edição limitada.

Pequenos Pedaços

- As lojas realizam festas e eventos para crianças, sendo que algumas delas são apresentadas à loja pela primeira vez.
- A empresa oferece seus produtos por meio de terceirizados e canais seletos, como a FTD.
- Um amplo site – Buildabear.com – tenta recriar a experiência na loja.

Crie uma Causa

- Clark lançou a empresa com o objetivo de mudar a experiência no varejo americano.
- O amplo envolvimento da empresa com instituições de caridade diz aos clientes que ela defende uma série de causas; os esforços também produzem uma grande publicidade favorável.

Coordenadas

Empresa:	Build-A-Bear Workshop, Inc.
Matriz:	St. Louis, Missouri
Fundada em:	1997
Diretora executiva:	Maxine Clark
Diretora de marketing:	Teresa Kroll
Descrição:	"Um experiência interativa no varejo"
Indústria:	Varejo
Funcionários:	2.400
Propriedade:	Empresa privada
Site:	www.buildabear.com
Número de lojas:	70 quando deste levantamento, 100 no final de 2002

CAPÍTULO | 14

UMA CAUSA, NÃO APENAS UMA EMPRESA AÉREA
southwest airlines

"Por que eu deveria gastar dinheiro com focus group? Eu leio cada carta que os clientes escrevem."[1]

COLLEEN BARRETT, presidente e COO da Southwest Airlines

A Southwest Airlines recebe aproximadamente 3.900 cartas de clientes todos os meses. Alguns reclamam sobre os atrasos nos vôos, bagagem perdida e outros males sistêmicos associados a viagens aéreas.

Mas a empresa estima que pelo menos três quartos de toda a correspondência agradece à empresa pelo bom serviço, recomenda um atendente de bordo ou pede que a Southwest estabeleça vôos para uma nova cidade.

Então, terroristas seqüestraram quatro aeronaves em 11 de setembro de 2001, colidindo nas delas contra o World Trade Center em Nova York, uma contra o Pentágono em Washington, D.C., e outra em um campo no estado da Pensilvânia. As estimativas são de que 3.054 pessoas morreram. Embora nenhum dos aviões da Southwest estivesse envolvido nos ataques e nenhum dos seus funcionários tenha morrido nos escombros dos prédios e vidas destruídos, a empresa foi significativamente afetada.

Entre as centenas de novos desafios que os Estados Unidos e o mundo estavam repentinamente enfrentando, um deles foi importante para a Soutwest, com sede em Dallas: a indústria de aviação americana se recuperaria?

A viagem aérea é a máquina motriz de centenas, talvez milhares, das economias locais. Como tal, uma indústria aérea danificada apresenta riscos enormes para as economias dos Estados Unidos e de outros países. Depois dos ataques de 11 de setembro, o espaço aéreo americano foi completamente fechado por 48 horas. Levou mais de uma semana para que as empresas aéreas conseguissem se recuperar depois que os vôos voltaram ao normal.

Um medo palpável acoitava os Estados Unidos, especialmente para os viajantes aéreos. O número de passageiros aéreos caiu drasticamente.

As cartas para a matriz da Southwest começaram a mudar. Os clientes começaram a escrever cartas emocionadas, expressando tristeza pelo que havia acontecido. Estavam preocupados que as famosas reservas de caixa da Southwest – mais de 1 bilhão de dólares – fossem rapidamente esgotadas por terem de voar com aviões quase vazios.

Notavelmente, muitas das cartas incluíam dinheiro. Havia cheques de 5 dólares, 10 dólares, até mesmo 500 dólares. Muitas pessoas devolveram seus *vouchers* de viagens ou vale-brindes.

"Depois que o choque inicial do ataque havia se acalmado, comecei a me preocupar com as pessoas sorridentes que trabalham para a Southwest", uma pessoa escreveu em uma carta que a empresa apresentou. "Com isso em mente, gostaria de devolver esses 100 dólares em vales-brindes da SWA que um dos seus agentes de atendimento ao cliente me enviou depois que lhe informei sobre a minha primeira e única experiência ruim com a Southwest Airlines. Gostaria de enviar mais de 100 dólares, mas isso é tudo que tenho."[2]

Os funcionários da empresa foram os maiores doadores. Pediram que fosse montado um fundo para aqueles que quisessem doar parte de seus salários para manter a empresa no ar e com lucro. As contribuições totais dos funcionários foram de 1,3 milhão de dólares para o que os funcionários chamaram de fundo LUV.

A reputação comercial que a Southwest havia cultivado dentro e fora da empresa desde seu lançamento, em 1973, estava rendendo frutos.

"Temos clientes que se reuniram a favor da causa da Southwest Airlines", diz o CEO, Jim Parker.[3]

A Southwest Airlines cria clientes evangelistas porque:

- Liberdade é a causa que faz com que as pessoas se reúnam.
- O evangelismo de clientes começa com o evangelismo dos funcionários.
- A empresa adora as opiniões dos clientes.
- Os melhores clientes são tratados como a realeza que são.
- Ela se confunde com as comunidades.

LIBERDADE COMO UMA CAUSA PARA SE REUNIR

O espírito da Southwest é uma incorporação da personalidade livre do co-fundador e *chairman* da empresa – Herb Kelleher –, um agitador de multidões e um não-conformista. Ele dirige uma Harley para o trabalho, fuma como uma chaminé e confessa um amor eterno pelo uísque Wild Turkey. Ele é um gozador que, seguramente podemos argumentar, tem um espírito livre.

Formado em advocacia, Kelleher certa vez desafiou o CEO de uma outra empresa para que, com uma queda de braço, disputassem o uso da frase de efeito *"just plane smart"*. O espetáculo resultante – tão inusitado que Vince McMahon, da World Wrestling Federation, teria enrubescido – foi uma mina de relações públicas.

O Dia das Bruxas é um dia sagrado para a empresa, graças ao amor de Kelleher por fantasias. Ele tem se fantasiado publicamente de lutador de luta livre, Elvis e líder de fanfarra. Os primeiros uniformes das atendentes de vôo da empresa eram shorts curtos e justos. Agora, apenas os manequins na matriz da empresa usam os uniformes no estilo Barbarella; em 2002, as atendentes de vôo usavam calças compridas ou shorts mais convencionais.

Trinta e três anos depois de sua inauguração, a Southwest Airlines, com sede em Dallas, é um exército responsivo de 33 mil funcionários apaixonados. Geralmente está em primeiro ou segundo lugar na lista da revista *Fortune* dos melhores empregadores dos Estados Unidos. Produz 5,7 bilhões de dólares por ano em negócios e sobreviveu a seus concorrentes grandes e pequenos, gerando um valor empresarial de 14 bilhões de dólares, maior que o de suas concorrentes United, American e Continental juntas. Tem tido lucro em todos os trimestres e todos os anos desde 1973.

Embora as receitas tenham diminuído significativamente no trimestre financeiro depois dos ataques de 11 de setembro de 2001, ela ainda obteve um lucro de 151 milhões de dólares. A American, a Delta, a United e outras deram férias coletivas para 115 mil funcionários e perderam, juntas, 4 bilhões de dólares. A Southwest manteve todos os seus funcionários depois de 11 de setembro e pagou os salários que os carregadores de malas perderam e que vêm, em grande parte, de gorjetas.

"Temos o dever de proteger os empregos de nosso pessoal", diz Parker sobre a decisão da empresa de não se juntar às outras empresas aéreas nas demissões em massa.

Depois de 35 notáveis anos em operação como pioneiro na indústria aérea, Kelleher renunciou à presidência e ao título de CEO em junho de 2001, nomeando Parker como CEO e a então diretora de pessoal, Colleen Barrett, como presidente.

"Quando estávamos decidindo sobre como dividir as responsabilidades de Kelleher, decidimos que Colleen cuidaria dos cigarros e eu, das bebidas", diz Parker de seu retiro no Texas.[4]

Barrett começou sua carreira como secretária de Kelleher e chegou ao topo em parte por enviar cartões de aniversário aos funcionários, responder pessoalmente às cartas de clientes e ser uma campeã incansável na empresa. Ela recebeu o crédito por moldar e manter a cultura da empresa. Sua análise para o sucesso da empresa: "A Southwest é uma causa, não uma carreira".[5]

A estratégia competitiva da empresa, listada abaixo, não tem complexidades.

- Voe apenas Boeing 737 – isso simplifica as habilidades operacionais necessárias para os mecânicos e pilotos.
- Voe apenas rotas diretas e evite o sistema tradicional de transporte de passageiros chamado de *hub-and-spoke*, fazendo com que a empresa seja menos suscetível a atrasos.
- Não pague milhões de dólares para fazer parte dos sistemas de reservas por computador de outras empresas aéreas.

Há uma abundância de provas sobre a clareza dessa estratégia. Na primeira metade de 2001, enquanto outras empresas aéreas batalhavam com enormes prejuízos, ameaças de greves e a crescente preocupação com a insatisfação dos clientes, a Southwest permaneceu rentável, livre de acidentes e perto do topo das medidas de desempenho emitidas pelo governo. Desde seu vôo inaugural em 1971, a Southwest teve apenas uma greve trabalhista.

A empresa cresceu de forma quase completamente orgânica. Evitou a compra de agências de aluguel de carros e sistemas de reservas, estratégias favorecidas por concorrentes como a UAL Corporation, empresa da United Airlines, e a AMR, empresa da American Airlines. No final de 2001, o CEO da UAL, James Goodwin, escreveu um e-mail para seus funcionários dizendo que a empresa estava "tendo uma hemorragia de dinheiro", que "tinha de ser estancada – e logo –, senão a United pereceria a qualquer momento no ano seguinte".[6]

Os atendentes de bordo da Southwest Airlines são conhecidos pelo senso de humor amalucado, o que gera um "buxixo" enorme; na realidade, uma busca na Internet por "atendentes de bordo da Southwest" e "humor" resulta em aproximadamente mil páginas na Web. Os clientes obviamente adoram captar o humor da Southwest e partilhá-lo. Os atendentes de bordo são citados:

- "Aqui na Southwest, nós, as atendentes de bordo, levantamos bem cedinho e vamos para o aeroporto para pegarmos vôos com os pilotos mais bonitos. Quando sair aeronave, olhe para a cabina e verá que hoje dormimos até tarde."
- "Deve haver umas 50 maneiras de deixar seu amante, mas existem apenas quatro maneiras de sair desta aeronave."
- "Hoje serviremos bolo de carne, que poderá ser usado como equipamento para flutuação."
- "O comandante desligará as luzes enquanto nos preparamos para a decolagem. Este procedimento não é uma necessidade técnica. É que hoje foi um dia longo e nossas atendentes não estão tão bonitas como estavam pela manhã."

A Southwest também deixou de servir refeições a bordo de seus vôos, evitando, assim, os custos associados a algo que os clientes odeiam.

Na competição feroz da indústria aérea, é fácil ir de pioneiro a tolo. Alguns pioneiros foram respeitados por sua esperteza, mas não foram bem vistos por suas personalidades abrasivas, como o líder de longa data da American Airlines, Robert Crandall. Muitas empresas aéreas pioneiras acabaram desaparecendo: a TWA, a Eastern e a Braniff são algumas empresas conhecidas que fecharam as portas. A Southwest iniciou seu negócio em 1967, e se empenhou em uma batalha legal que durou quatro anos para poder tirar seus aviões do chão.

Por se concentrar sempre nos baixos custos e na alta satisfação dos clientes, a Southwest tem liderado todos os outros concorrentes nas medidas que a FAA usa para avaliar o desempenho das empresas aéreas: atrasos nos vôos, bagagem perdida e/ou danificada, vendas excessivas de passagens e reclamações dos clientes.

"Eu estava dando uma palestra na Faculdade de Pós-Graduação em Administração de Yale alguns anos atrás", disse Kelleher, certa vez, a um entrevistador. "Na sessão de perguntas e respostas, um dos alunos se levantou e disse: 'Me parece que você está falando mais sobre uma religião do que sobre um negócio'. E eu disse: 'Se você se sente assim sobre sua empresa, eu acho bom. Acho ótimo'."[8]

Lições aprendidas:

- Os funcionários e clientes entendem perfeitamente o propósito da empresa.
- A cultura não-conformista da Southwest a ajuda a evitar o convencional e a duplicidade que resultariam de seguir a liderança de outrem.
- Sua estratégia empresarial segue sua causa, não o contrário.

EVANGELISMO DE FUNCIONÁRIOS: A ORIGEM DO EVANGELISMO DE CLIENTES

O que os clientes da Southwest experimentam começa nos bastidores. Uma reunião "geral" fornece algumas evidências de uma empresa muito unida, gregária e calorosa.

Em uma noite fria, em março de 2002, cerca de 700 funcionários da Southwest, de várias cidades diferentes, se reuniram em uma escola em Chicago, próxima ao Aeroporto Midway – debaixo do caminho de vôo dos jatos da Southwest que decolavam – para ouvir do CEO Jim Parker e da presidente Colleen Barrett uma atualização sobre o "estado da empresa". Antes de o evento começar, todos se abraçavam com alegria, até mesmo estranhos. Milhares de abraços foram distribuídos e quase a mesma quantidade de beijos – a maioria na face, alguns nos lábios – foram dados e recebidos, como doces em um desfile. Barrett adora abraços; naquela noite, com seu rabo de cavalo grisalho de meio metro, calças de listras cinza, camiseta cinza da Southwest Airlines e tênis vermelho vivo, os funcionários fizeram fila para receber seus abraços.

O CEO Jim Parker é um perfeito texano; é alto e corpulento. Com suas calças jeans, camisa de brim e um inconfundível sotaque texano, falado em um tom medido, sem expressão, ele parece mais um pecuarista. Mas é um advogado formado na Universidade do Texas e é conselheiro geral da Southwest desde 1986. Quando a reunião começou e Parker se apresentou, a multidão ficou de pé, ovacionando-o por um minuto. Depois de 11 de setembro, a empresa e a indústria haviam passado por desafios sem precedentes desde o início da aviação comercial; a platéia estava obviamente grata a Parker porque a Southwest conseguiu evitar as demissões e continuar rentável.

Ele e Barrett tiveram de superar um outro desafio naquela noite e nos anos seguintes: serem os líderes da empresa depois da aposentadoria de Kelleher. Parker cativou a platéia contando uma piada longa e engraçada sobre advogados (como muitas das piadas sobre advogados, esta culminou na destruição simultânea de centenas de advogados de uma só vez, deixando claro que ele não se leva muito a sério).

Seu relatório sobre o "estado da empresa" foi direto. A empresa havia, até aquele momento, resistido a uma das crises mais significativas de sua história. Emocionado, ele discutiu "o dever da empresa para com os funcionários para proteger seus empregos" e relatou que ninguém havia sido demitido depois dos ataques de 11 de setembro. Quando anunciou que 11% dos lucros da empresa haviam sido adicionados ao plano de participação nos lucros dos funcionários, a multidão começou a vibrar.

Entretanto, disse Parker, os níveis de passageiros continuam baixos. A empresa teria de passar por apertos para apresentar um primeiro trimestre lucrativo. (Mais tarde, a empresa anunciou uma queda de 82% na renda anual comparada ao ano anterior, mas conseguiu apresentar um lucro.) A situação da empresa continua séria, disse ele, e o corte nos custos ainda é a principal prioridade.

Barrett foi apresentada em seguida, também ovacionada de pé. No palco, Barrett é uma brincalhona lacônica, meio sulista impertinente, meio Roseanne (comediante americana). Assim como seu mentor e chefe de longa data, Herb Kelleher, Barrett fala o que pensa, a antítese do executivo estereotipado da *Fortune 500*. Ela até gosta de choramingar um pouco, o que parece ser parte do seu charme.

Ela geralmente recebe o crédito por ser a liga na cultura da empresa. Veterana, com 24 anos de empresa, começou como secretária de Kelleher e se tornou presidente. A natureza não-conformista de Barrett é uma continuação natural do legado de Kelleher. A abordagem dela é ler todas as cartas de clientes e geralmente respondê-las ela mesma.

Em uma sessão de perguntas e respostas com os funcionários, alguém perguntou à dupla sobre as contribuições monetárias que os clientes fizeram depois de 11 de setembro.

"Eu queria devolver tudo, mas o Jim quis guardá-las", gracejou Barrett.[9] A porta-voz da empresa, Linda Rutherford disse que a empresa não fez um registro exato das doações, mas que o total foi de "centenas e centenas" de dólares.[10]

Kevin Krone, vice-presidente de marketing interativo na Southwest, explica o evangelismo de funcionários desta maneira: "Creio que muitas empresas não entendem que é necessário cuidar dos funcionários. Eles não são um item de despesa em uma demonstração de resultados; não podemos vê-los dessa maneira. São um dos nossos principais ativos. Podem, literalmente, provocar o sucesso ou o fracasso. Cuidar deles é tão importante quanto cuidar de seus clientes pagantes".[11]

Os funcionários potenciais são questionados sobre como o bom humor os ajudou em uma situação difícil. Algumas vezes, pedem que os candidatos a pilotos usem shorts da Southwest; aqueles que acham o pedido divertido passam para o próximo nível de entrevistas. Aqueles que acreditam que essa atitude os rebaixaria, acabam trabalhando em algum outro lugar.

A cultura dentro da Southwest Airlines é dedicada à liberdade, algo que a empresa transferiu para seu marketing: a liberdade de ser um indivíduo (bastante encorajado) e de ter senso de humor (ainda mais encorajado).

"Nos nossos corações, sabemos que temos os melhores funcionários do mundo", diz Parker. "A Regra de Ouro é bastante importante aqui."[12]

A matriz da empresa tem milhares de fotos de funcionários nas paredes de seu prédio de dois andares. A presidente da Southwest Airlines, Colleen Barrett, não gosta de paredes vazias, assim sendo, cada metro quadrado das paredes da empresa mostra fotos emolduradas de funcionários trabalhando, fotos de seus filhos e familiares, fotos deles nos uniformes de escola. Como uma mãe orgulhosa, a empresa emoldura os trabalhos artísticos de seus funcionários e os pendura na parede.

Colleen Barrett preside um comitê de funcionários de todas as áreas da empresa. Conhecido como Comitê Cultural, seu propósito é desenvolver a personalidade efervescente da empresa em todas as classes de funcionários. Os resultados permitem que a Southwest mantenha uma atmosfera familiar em meio ao rápido crescimento.

"As pessoas que enfatizam muito o fato de serem profissionais geralmente não são muito boas no que fazem", diz Kelleher. "O que realmente acrescenta ao profissionalismo é ser muito bom no que você faz de maneira bastante modesta."[13]

Lições aprendidas:

- Contrate funcionários que acreditam na causa da sua empresa.
- Um local de trabalho divertido se traduz em um ambiente divertido para os clientes.
- Tome medidas explícitas para preservar a cultura da empresa.

ADORAR A OPINIÃO DOS CLIENTES

Kelleher é conhecido por voar nos aviões da Southwest para conversar com clientes e funcionários. Um dos viajantes freqüentes do Texas se sentou ao lado de Kelleher três vezes em dez anos. Em cada uma das vezes, Kelleher perguntou a ele e a outras pessoas que estavam por perto como avaliavam o desempenho da Southwest em várias áreas, procurando tendências e observando inconsistências.

Essa estratégia vem de uma crença voltada para o cliente. "Falamos para nosso pessoal: 'Não se preocupem com o lucro. Pensem no atendimento ao cliente'. O lucro é um subproduto do atendimento ao cliente. Não é um fim em si", diz Kelleher.[14]

Os gerentes administrativos são encorajados a passar o dia fazendo serviços de linha de frente, como trabalhar nos portões ou no balcão de passagens, ouvir as perguntas dos clientes diretamente e ajudar a resolver os problemas recorrentes.

Em um artigo que escreveu para a Fundação Peter F. Drucker, em 1997, Kelleher descreveu a estratégia de marketing da empresa: "Nosso marketing é baseado na nossa personalidade e no nosso espírito. Parece fácil, mas, na realidade, é uma posição extremamente perigosa de assumir porque, se você errar, os clientes farão com que você saiba – com uma vingança. Clientes são como uma força da natureza: não é possível enganá-los, e ignorá-los é um risco".[15]

Embora a empresa tenha criado clientes evangelistas em parte por causa de sua ênfase na criação de um diálogo com eles, ela não recebe e-mails. Uma página no site da empresa explica:

> Podem nos chamar de tradicionais, mas preferimos não participar do formato casual instantâneo, estilo bate-papo, de respostas rápidas, e nos concentrarmos nos diálogos significativos com os clientes. Não é porque não nos importamos. É porque esse estilo vai contra nossos mais de 30 anos de compromisso com o Atendimento ao cliente.
>
> Nossos clientes merecem respostas precisas, específicas, pessoais e profissionalmente escritas, e leva tempo pesquisar, investigar e redigir uma verdadeira carta comercial. Respondemos cada carta que recebemos de acordo com a chegada, e nos organizamos de modo a manter nossos custos baixos, nosso pessoal produtivo, nossa eficiência operacional alta e nossas respostas calorosas e pessoais.[16]

Todos os meses chegam pedidos de cidades para que a empresa estabeleça serviços em seus aeroportos. Em 2001, foram 165 pedidos, mas a Southwest se orgulha do crescimento lento e contínuo e da cultura de manter baixas expectativas. Como a empresa encoraja e recebe tanto *feedback* de clientes, a atitude prevalecente para com os *focus group* é bastante clara: "Por que eu deveria gastar dinheiro com *focus group*?", diz Barrett. "Eu leio cada carta que os clientes escrevem."[17]

A empresa evita a maioria das formas tradicionais de planejamento de longo prazo e, em vez disso, favorece um plano integrado, voltado para o cliente, que incorpora as tendências da sociedade e como a Southwest pretende se encaixar naquela tendência. Muitas pessoas de fora do círculo executivo da Southwest são envolvidas nesse processo.

Lições aprendidas:

- Os líderes da empresa podem receber opiniões diretamente dos clientes indo até onde os clientes estão.
- Responda a todas as opiniões de clientes de forma personalizada.

TRATAR SEUS MELHORES CLIENTES COMO A REALEZA QUE SÃO

Rich Marcotte é o prefeito da Southwest Airlines.

Durante nove anos, foi o viajante mais freqüente da Southwest saindo de Chicago, viajando pelo menos 200 vezes por ano, quando era diretor de marketing da USA Tax Help, nos anos 90.

Sua escala típica era tomar um vôo em um domingo e voar para uma das 20 cidades-cliente; voltar na terça à noite; voar novamente na quarta à noite para outra cidade-cliente, voltar na sexta. Até 2001, ele fez isso toda semana durante nove anos.

Depois de um tempo, Marcotte foi apelidado de "Prefeito da Southwest" pela esposa de outro viajante freqüente. Ela brincava porque Marcotte parecia um prefeito nos portões da Southwest. Embora não voe muito em seu novo emprego, Marcotte ainda passa em cada portão como um verdadeiro político, apertando as mãos das pessoas, conversando sobre negócios e professando um amor pela "sua" empresa aérea; ou se aproximando de viajantes nervosos ou frustrados e acalmando-os. Ele inscreve colegas de viagens no programa Recompensas Rápidas, o programa de fidelidade da empresa. É um embaixador voluntário e vendedor para uma empresa que ele descreve como "família".

"Minha agenda era uma loucura, mas eu gostava por causa da Southwest", diz Marcotte. "É fácil contar para os amigos e colegas de trabalho sobre algo quando você se sente apaixonado por isso. Eu nunca vi uma organização como esta."

"Eu era tratado como realeza."[18]

Como ele era o melhor cliente da empresa no Centro-Oeste e se dava tão bem com a equipe da Southwest de Chicago, a empresa o tratava muito bem fora do terminal. Eles lhe deram ingressos para as finais da NBA quando Michael Jordan era o Rei de Chicago e a oportunidade de dar a tacada inicial em um jogo do Chicago Cubs, como mostrado na Figura 14.1.

A diretora de marketing regional da Southwest, Patty Kryscha, fez com que Marcotte tivesse a chance de conhecer seu herói, Herb Kelleker.

Marcotte estima que, com as 200 viagens por ano durante nove anos e a evangelização sobre a Southwest que fazia para várias pessoas por viagem, provavelmente tenha influenciado diretamente pelo menos nove mil clientes para a empresa. Ele até se ofereceu como voluntário para falar em público e dar palestras por parte da empresa aérea, se necessário.

Parker, CEO da empresa, diz o seguinte sobre os clientes evangelistas: "O motivo de termos clientes leais é que eles foram emocionalmente afetados por um funcionário da Southwest".[19]

Lição aprendida:

- Dê atenção especial aos seus melhores evangelistas.

CONFUNDINDO-SE COM AS COMUNIDADES

Patty Kryscha não tem barba branca e longa, uma roupa vermelha ou um trenó com renas. Mas poderia facilmente ser confundida com a versão feminina do Papai Noel; até a risada dela é alegre.

Veterana, há 22 anos com a Southwest, Kryscha é a diretora de marketing regional da empresa no escritório de marketing em Chicago. Seu trabalho é ser embaixadora da empresa e desenvolver relacionamentos com as comunidades em Chicago, Indianápolis, Nashville e Columbus, distribuindo presentes por parte da Southwest Airlines. Com seu tesouro de passagens aéreas, vales-brindes e um orçamento modesto de marketing, Kryscha e sua equipe, composta de seis pessoas, decidem, dentre 550 pedidos anuais de organizações locais, quem é bonzinho e quem é malvado.

Figura 14.1 | **O Passageiro Marcotte Fazendo a Jogada Inicial em um Jogo do Chicago Cubs**

Rich Marcotte faz a jogada inicial em um jogo do Chicago Cubs no Wrigley Field. Esta jogada inicial, arranjada pela diretora de marketing regional da Southwest, foi um dos muitos benefícios de que Marcotte desfrutou por ser um dos melhores clientes e um dos evangelistas mais prolíficos da Southwest.

Em 2001, o escritório da área de Chicago doou 136 passagens para as entidades locais de 67 organizações diferentes como a Big Brothers/Big Sisters, a YMCA e a Associação Americana de Diabetes. O escritório de Kryscha também doou 280 vale-brindes com valor entre 25 e 400 dólares para grupos como a Escola de San Miguel, o Departamento de Polícia de Blue Island e a Liga Infantil de Beisebol de Mount Greenwood.

A United e a American Airlines têm a tendência de patrocinar sinfonias e eventos artísticos, enquanto a Southwest tipicamente apóia os bons e antigos esportes profissionais. A Southwest está envolvida com o Chicago Cubs desde que começou seus serviços na área, em 1985. Kryscha diz que a parceria faz muito sentido porque a "Southwest é divertida e os Cubs são divertidos".[20]

Os viajantes mais freqüentes da empresa geralmente são convidados para uma festa no Wrigley Field com Kryscha e sua equipe, algumas vezes oferecendo para outros clientes, além de Rich Marcotte, a oportunidade de fazer a jogada inicial nos jogos. "As pessoas aqui são apaixonadas pelos Cubs", diz Kryscha, "portanto, há uma certa transferência."

Mas não pense que é fácil representar o papel de Papai Noel. "Recebemos pedidos de muitas organizações sem fins lucrativos [de passagens ou de patrocínio]", diz Kryscha. "O desafio é tentar decidir quem precisa de mais ajuda."[21]

Mas isso não impede que alguns dos "fãs persistentes" sejam criativos com seus pedidos, como um grupo de uma fraternidade que ligou para Kryscha pedindo que fornecesse passagens de cortesia para que fizessem a festa anual da cerveja em New Orleans durante o Mardi Gras. Era por uma boa causa, disseram eles, e poderiam angariar um pouco de dinheiro. Receberam o carimbo de malvados.

Kryscha e sua equipe doam mais do que as cortesias da empresa. Muitas vezes, depois do trabalho ou durante os finais de semana, se oferecem como voluntários para muitas das causas locais nas quais acreditam. Também oferecem consultoria para as organizações sem fins lucrativos sobre os relacionamentos com os funcionários, participam dos quadros das agências de serviço social e são mentores de crianças por intermédio da YMCA. "A Southwest encoraja nosso envolvimento", diz ela. "É bom ter a liberdade e a flexibilidade para fazer isso."[22]

Lições aprendidas:

- Apoiar as causas locais com produtos e serviços mostra que sua empresa se importa.
- Dê aos funcionários a flexibilidade de trabalharem com organizações sem fins lucrativos locais e demonstrar suas habilidades e talentos.

PLACAR DO EVANGELISMO: SOUTHWEST AIRLINES

Plus-Delta dos Clientes
- Kelleher é o primeiro a incentivar os executivos a viajarem como passageiros para obter o *feedback* diretamente dos clientes.
- A empresa encoraja os clientes a escreverem e acusam o recebimento de cada carta com uma resposta escrita à mão.
- Os gerentes administrativos são encorajados a trabalhar nos serviços de linha de frente para ouvir diretamente os clientes.

Estabeleça o "Buxixo"
- Atendentes de bordo divertidas e engraçadas fazem os clientes falarem.
- Os funcionários são encorajados a demonstrar sua personalidade.
- Prestam atenção aos detalhes; sempre ligam de volta para as pessoas e distribuem sorrisos.

Crie Comunidades
- Os escritórios locais desenvolvem relacionamentos pessoais com os principais clientes da região.
- Os escritórios locais se envolvem no apoio às causas comunitárias.
- A Southwest apóia o envolvimento pessoal dos funcionários em causas comunitárias.

Pequenos Pedaços
- A Southwest iniciou a promoção "Amigos Viajam de Graça".
- Ela oferece promoções durante os feriados para estimular as pessoas a voar.

Crie uma Causa
- A causa da Southwest é a liberdade – a estratégia da empresa segue a sua causa, e não o contrário.
- Os funcionários e os clientes entendem o propósito da empresa.

Coordenadas

Empresa:	Southwest Airlines
Matriz:	Dallas, Texas
Fundada em:	1967
CEO:	Jim Parker
Diretora de marketing:	Joyce Rogge
Descrição:	Empresa aérea
Indústria:	Viagem
Funcionários:	33.000
Propriedade:	Capital aberto (Bolsa de Nova York: LUV)
Site:	www.southwest.com

CAPÍTULO | 15

A CAUSA DE 1 BILHÃO DE DÓLARES
IBM

"Para ser sincero, abriríamos o código de quase qualquer coisa que a comunidade [Linux] quisesse."[1]

IRVING WLADAWSKY-BERGER, vice-presidente de estratégia tecnológica, IBM

Uma onda chamada Linux está se dirigindo à costa da supremacia de sistemas operacionais de computadores, e a IBM está fazendo o possível para pegá-la.

Essa não é a IBM do seu pai.

A Big Blue investiu 1 bilhão de dólares para pegar a onda do Linux, o sistema operacional gratuito que não é controlado pela Microsoft, pela Apple ou por qualquer outra empresa de computadores. A vida do Linux é determinada por uma "comunidade controlada" de programadores que, embora trabalhem em várias empresas, também doam seu tempo para o desenvolvimento do sistema operacional; eles colaboram com a escrita do software para que possa rodar em qualquer computador. Empresas como a IBM usam o pacote Linux em seus vários computadores com os software que o acompanham.

O Linux começou como um projeto em 1991 para que o criador, Linus Torvalds, aprendesse mais sobre o processador 386 da Intel. Torvalds era aluno na Universidade de Helsinque, na Finlândia, e um aviso colocado em um quadro de avisos eletrônico em agosto daquele ano anunciou suas intenções.

"Estou fazendo um sistema operacional (gratuito) (apenas como passatempo, não será grande e profissional como o gnu) para os clones do AT 386 (486). Estou trabalhando nele desde abril e está começando a ficar pronto. Gostaria de obter *feedback* sobre as coisas que as pessoas gostam/não gostam no minix, pois meu SO, de certa maneira, se parece com ele (o mesmo layout físico do sistema de arquivos – devido a razões práticas, entre outras coisas)."[2]

O aviso de Torvalds chamou a atenção de outros programadores e, em alguns anos, havia um pequeno exército de voluntários fornecendo *feedback* e escrevendo componentes do que ele acabou chamando de Linux, uma brincadeira com o sistema operacional Unix.

O crescimento do Linux tem sido um fenômeno popular. Como não apresenta questões caras de licenciamento, como os sistemas operacionais proprietários, e o software continua a crescer e evoluir com base nas necessidades de seus usuários, era inevitável que se tornasse muito popular. O fato de a IBM ter investido 1 bilhão de dólares para fazer com que ele fosse parte de sua estratégia central adicionou um outro nível de legitimidade para o Linux e para a questão do software de código aberto.

Com seus bilhões de dólares, a IBM está investindo em centros de desenvolvimento do Linux em todo o mundo, treinamento de vendas, marketing e especialistas em serviços profissionais para evangelizar o Linux para clientes e desenvolvedores. Ela está dando 40 milhões de dólares em ferramentas Linux para estimular os desenvolvedores de software de código aberto a criarem aplicativos para o Linux. Aproximadamente dois mil programadores da IBM estão desenvolvendo versões Linux para todo o leque de produtos de software da empresa. Mas quando se trata do Linux, a comunidade do código aberto estabelece as regras e a programação, não a IBM.

A IBM configurou toda a sua ampla linha de servidores – os computadores que armazenam e servem arquivos, programas e dados – para rodar o Linux. Isso inclui tudo desde seus servidores de Internet de 1.500 dólares até seus mainframes de 3 milhões de dólares. Como na maioria das revoluções na história, um homem está liderando o ataque que está ocorrendo dentro da maior empresa de tecnologia do mundo.

Conheça Irving Wladawsky-Berger, evangelista da IBM.

Espere um nanosegundo. IBM? Evangelismo?

Wladawsky-Berger, nascido em Cuba, com Ph.D. em física, é a força que não se consegue conter por trás da aposta audaciosa da IBM. Sua estratégia com o Linux poderá fazer com que a empresa seja menos Dickens e mais Vale do Silício. Veterano na IBM, começou sua carreira nos laboratórios de pesquisa da empresa. Tem estado constantemente à frente dos esforços tecnológicos da empresa. Nos anos 80, foi responsável pelos esforços dos supercomputadores IBM; em meados dos anos 90, recebeu a tarefa de trazer a empresa para a era da Internet.

Contudo, a idéia de a IBM criar clientes evangelistas parece até meio exagerada, especialmente para uma empresa famosa por sua burocracia. O fato de a IBM ter sido declarada um monopólio pelo governo federal em 1969 também tem sido um desafio insuperável para a criação de clientes evangelistas.

A IBM dos anos 70 era como a Microsoft dos anos 90: exercia grandes quantidades de controle, poder e influência, mas não tinha uma rede extensa de clientes evangelistas. O antigo ditado de que "ninguém nunca foi despedido por ter contratado a IBM" era verdade, pois havia poucas alternativas.

Mas, em 2002, uma história de evangelismo estava sendo construída. A acolhida da IBM de um sistema operacional de código aberto é notável. O Linux é a concretização do que uma comunidade de indivíduos que pensam igual e são apaixonados consegue fazer quando se une.

Entre a comunidade de várias centenas de desenvolvedores que a IBM está cortejando existe um apoio cauteloso, porém crescente. A IBM tem o potencial para criar clientes evangelistas e está a caminho da criação desses evangelistas porque:

- Está acolhendo uma causa, assim como uma tecnologia.
- Está dando apoio e credibilidade a uma comunidade.
- Está disponibilizando grandes partes de sua propriedade intelectual.

ACOLHENDO UMA CAUSA, ASSIM COMO UMA TECNOLOGIA

Ao anunciar o investimento da empresa de 1 bilhão de dólares durante a eBusiness Conference and Expo em 2000, o então CEO, Lou Gerstner, disse que a IBM "estava convencida de que o Linux pode fazer pelos aplicativos comerciais o que a Internet fez pelas redes e pelas comunicações".[3]

Ao seguir os padrões e a colaboração abertos que abasteceram o desenvolvimento e o rápido crescimento da Internet, a IBM espera fazer o mesmo com o Linux e o software *open source*. Mas o que é um software de código aberto? Eric S. Raymond documenta sua breve – porém influente – história no livro *The Cathedral & The Bazaar*. Ele escreveu que o Linux foi o primeiro projeto "pelo qual foi feito um esforço consciente e bem-sucedido para usar o *mundo* todo como seu reservatório de talentos".[4] (Grifo de Raymond.)

O software de código aberto é parecido com um projeto de construção de casas da Habitat for Humanity: pessoas que pensam igual, que podem ou não se conhecer, se organizam sob a meta comum de construir algo que beneficiará um grupo de indivíduos e a comunidade em geral. A fonte do software – o código que lhe dá potência – é aberta e disponível para que qualquer pessoa na comunidade a analise. Por sua natureza, o software de código aberto geralmente é gratuito ou muito barato. É esse reservatório de talentos globais e seus principais formadores de opinião que a IBM está cortejando. Alguns são responsáveis pela compra de hardware e software, enquanto outros recomendam o que comprar.

Em 2002, a IBM estava evangelizando o futuro da computação centrada no Linux – e por um bom motivo. A International Data Corporation (IDC) previu que o Linux comandaria 38% do mercado de servidores até 2004, tornando-o o sistema operacional mais popular do mundo.

Qual o tamanho, então, da comunidade que a IBM está cortejando?

"Ninguém fez um censo sobre isso", diz Jeff "Hemos" Bates, editor executivo da comunidade de tecnologia on-line slashdot.org. Ele diz que as estimativas estão em torno de centenas de milhares. "Bem-vindos à glória da contagem."[5]

Como alguns líderes da comunidade de código aberto estão reagindo aos esforços da IBM? Em abril de 2002, eles apoiaram com um certo ceticismo. "A IBM tem realizado muito mais e fez um investimento maior no Linux que qualquer outro grande fornecedor", concluiu o analista da IDC, Dan Kusnetzky.[6]

A Microsoft controla a maioria dos sistemas operacionais com seu próprio software, gastando milhões de dólares para desenvolvê-lo e ganhando muito mais com sua venda. O Linux, que se encontra no centro do que é conhecido como o movimento de software de código aberto, faz com que a Microsoft fique muito nervosa.

Vinte anos atrás, antes de a Microsoft ser mais do que apenas um DOS piscando na tela do radar, a idéia de qualquer computador, em qualquer lugar, ser controlado por alguém que não fosse a IBM era uma idéia impensável, assim como imaginar Ross Perot como um hippie fumador de maconha.

A IBM lançou sua estratégia Linux com uma brilhante campanha de ícones (veja Figura 15.1). Os três símbolos, representando paz, amor e um pingüim, foram imediatamente reconhecidos. (O pingüim é o símbolo que representa o Linux; o desenho familiar do pingüim do Linux foi desenhado por Larry Ewing. O criador do Linux escolheu o ícone do pingüim porque as aves que não voam geralmente são consideradas "bonitinhas, fofinhas e agradáveis", mas também atacam um visitante desprevenido em uma velocidade que parece ser de "160km/h".)

Figura 15.1 | Campanha da IBM para o Lançamento do Apoio ao Linux

A campanha de marketing da IBM para lançar sua iniciativa Linux realçou os logotipos de Paz/Amor/Pingüim que foram pintados nas calçadas de cidades no país. Embora algumas cidades não tenham se divertido com a proeza e subseqüentemente multado a IBM e sua agência de marketing, a campanha acumulou muita publicidade e provavelmente ajudou a dar "credibilidade nas ruas" à empresa em geral.[7]

Para dar credibilidade nas ruas a sua causa a favor do Linux perante a multidão de programadores céticos, a IBM literalmente tomou as ruas. Em Chicago e San Francisco, a agência publicitária da IBM deveria ter desenhado os três ícones nos cruzamentos movimentados com giz biodegradável. Mas, de alguma maneira, a agência acabou usando uma tinta *spray* permanente. A IBM alegou ignorância no assunto e pagou as multas para limpar o grafite, mas a publicidade ao redor da proeza provou ser inestimável e ajudou a mostrar que a Big Blue não é mais excessivamente convencional.

Um comercial da IBM na televisão anunciou o lançamento. "Eles roubaram todos os nossos servidores!", anuncia um gerente operacional mal-informado à polícia, mas um *techie* esperto casualmente menciona que eles foram simplesmente consolidados em um único mainframe IBM rodando Linux. Depois do lançamento, estava evidente que a IBM apoiava o Linux de um jeito novo e excêntrico.

"Somos membros de uma indústria que está aí para mudar o mundo", disse Wladawsky-Berger à *Linux Magazine*.

DANDO APOIO E CREDIBILIDADE A UMA COMUNIDADE

Na LinuxWorld Conference and Expo, o então presidente da IBM, Sam Palmisano (mais tarde promovido a CEO), sublinhou o cortejo da empresa à comunidade Linux na esperança de criar evangelistas.

"Mudanças – alguns ficam empolgados, outros se sentem realmente ameaçados por elas", disse, fazendo referências não tão sutis à Microsoft e à Sun, que têm demonstrado muito desprezo público pelo Linux. "Vocês são a comunidade que fará com que isso se realize. Mas precisamos trabalhar juntos."[8]

Esse encorajamento significa o cortejo constante de uma comunidade organizada de maneira livre ao redor da crença nos ideais de uma cooperativa. Como explicado por Tim O'Reilly, fundador e presidente da O'Reilly & Associates e considerado por todos um dos líderes da comunidade do código aberto: "O *open source* é realmente uma cultura de doação, na qual você ganha status de acordo com o que dá."[9]

Embora a IBM esteja abrindo caminhos, os obstáculos continuam. Alguns se inflamaram quando ouviram o evangelista do Linux na IBM, Wladawsky-Berger, dizer: "Quanto mais encorajamos o desenvolvimento do Linux, mais ele impulsionará nossa empresa".[10]

"Os comentários que a IBM tem feito, de que seu apoio ao Linux é baseado não apenas na crença no código aberto, mas que ele ajudará a empresa, para mim significa que eles não estão mudando seu DNA", diz Bates, do slashdot.org, cujo ceticismo pelos motivos da IBM é representativo de muitos na comunidade tecnológica. "Eles estão descobrindo que podem ser uma empresa melhor se apoiarem o Linux, e isso não é mudar o DNA – isso é ser uma empresa mais esperta, e acho que a IBM merece apoio por isso."[11]

Mas O'Reilly insiste em que, até agora, a IBM tomou as medidas corretas.

"Eu achei que a IBM fez um bom trabalho desde a largada", diz O'Reilly. "Eles rapidamente organizaram um *tiger team* (equipe de voluntários ou usuários para apontar erros ou falhas no sistema) para averiguar, trouxeram várias pessoas de fora para avaliar sua equipe e formularam uma política. Sempre haverá céticos, mas, em geral, eu diria que a IBM fez um trabalho melhor que a maioria das grandes empresas em ter uma comunidade *open source* a seu lado. Ela tem dado verdadeiras contribuições a uma série de projetos, e não apenas da boca para fora."[12]

Os quadros de aviso da comunidade tecnológica também têm mostrado um aumento no apoio. "Notas altas para a Big Blue por estar fazendo a coisa certa", diz um dos membros do slashdot.org.[13] "Bato palmas para a IBM pelo fantástico suporte ao software para o Linux. Não apenas por ter mais aplicativos para o Linux, mas pelo desenvolvimento de novos softwares para a plataforma", diz um membro do Temple of the Screaming Penguin, outro site tecnológico.[14]

Desde 2000, Wladawsky-Berger tem estudado a comunidade tecnológica para avaliar suas necessidades. O Linux é um fenômeno direcionado pelo cliente que está moldando o futuro da computação, e a equipe de Wladawsky-Berger tem conversado com milhares de desenvolvedores, perguntando a eles como a IBM pode apoiá-los e, ao mesmo tempo, encorajando-os a desenvolver programas para o Linux.

Wladawsky-Berger fala reverentemente da comunidade de amantes do Linux, que cresceu em ritmo exponencial; nas entrevistas, diz que geralmente se submete à opinião da "comunidade" antes de formular decisões estratégicas importantes. Em termos tecnológicos, a IBM vê o Linux como o sistema operacional de escolha para todos os seus softwares. Dez anos atrás, quando a IBM controlava a grande maioria dos sistemas de mainframe, isso seria uma heresia, e os programadores sabem disso. A mudança de idéia da IBM tem conquistado a comunidade tecnológica.

"Para ser sincero, abriríamos o código de quase qualquer coisa que a comunidade [Linux] quisesse", diz ele.[15]

A IBM está comprometida em acolher o Linux em todas as suas linhas de produtos: IntelServers, servidores baseados no PowerPC, iSeries, mainframes, armazenagem, tecnologia OEM (original equipment manufacturer) e tudo o mais no seu grupo de software de 9 bilhões de dólares.

DISPONIBILIZANDO AMPLAMENTE GRANDES PARTES DE SUA PROPRIEDADE INTELECTUAL

Em seu fundamento central, o código aberto é justamente isso: aberto. O código de computador que energiza o Linux está disponível para os programadores que queiram brincar com ele, entendê-lo ou melhorá-lo. Por outro lado, o código de computador que impulsiona o Microsoft Windows, por exemplo, é um segredo empresarial no nível da receita da Coca-Cola.

Wladawsky-Berger o descreve assim: "Há uma longa tradição de pesquisadores escrevendo trabalhos e publicando-os abertamente. Seus colegas lêem os materiais, escrevem trabalhos adicionais sobre o tópico, e todos elaboram em cima de idéias alheias".

"O partilhamento dessas informações, esteja você em uma universidade, em um laboratório de pesquisas ou no setor privado, é o que faz avançar a pesquisa e a inovação em benefício de sua comunidade."[16]

Com sua iniciativa Linux, a IBM está tentando construir sobre a idéia e evitar as armadilhas em que outras empresas de tecnologia acabam caindo: achar que sabem o que é melhor para os clientes e que os clientes de tecnologia não sabem o que pedir se isso ainda não tiver sido inventado.

Wladawsky-Berger diz que a IBM pesquisou 2.700 clientes e perguntou a eles o que lhes atraía no Linux e para onde estavam se encaminhando no futuro. Com esses resultados, construiu sua estratégia Linux. Guy Kawasaki, CEO da Garage Technology Ventures e pai do marketing de evangelismo, adora essa idéia: "Há um fascínio sobre como a IBM consegue ser evangelista com o Linux", diz ele.[17]

A ironia não se perde com Wladawsky-Berger. Como ele disse para a revista *Business 2.0* em 2001: "A Internet e o Linux são muito maiores que a IBM".[18]

"A IBM continua sendo o fornecedor mais seriamente comprometido na área ao redor do Linux", disse o analista da Gartner, George Weiss, em 2000. "Eles têm tudo a ganhar, assim como tudo a perder."[19]

PLACAR DO EVANGELISMO: IBM

Plus-Delta dos Clientes
- Wladawsky-Berger passa a maior parte de seu tempo visitando clientes em todo o mundo.

"Napsterize" o Conhecimento
- A IBM está disponibilizando aproximadamente 40 milhões de dólares em ferramentas de software gratuitas para estimular o desenvolvimento de aplicativos adicionais para o Linux.

Estabeleça o "Buxixo"
- O programa audacioso da IBM – 1 bilhão de dólares para promover o software de código aberto – criou ondas de "buxixo".
- A campanha de marketing de guerrilha "Paz/Amor/Pingüim" chegou aos noticiários devido a sua modernidade atrevida.

Crie Comunidades
- A IBM está construindo uma reputação comercial entre a comunidade existente de desenvolvedores de software de código aberto dando palestras em conferências, fornecendo ferramentas, construindo sites repletos de informações para desenvolvedores e enviando boletins informativos por e-mail.

Pequenos Pedaços
- Vários programas criados pela IBM são gratuitos e estão disponíveis para *download*.

Crie uma Causa
- Ao usar seu considerável peso e influência para apoiar o Linux, a IBM participa do movimento do código aberto.

Coordenadas

Empresa:	IBM
Matriz:	Armonk, New York
Fundada em:	1924
Diretor executivo:	Sam Palmisano
VP, estratégia tecnológica:	Irving Wladawsky-Berger
Descrição:	Hardware, software e serviços profissionais
Indústria:	Tecnologia
Funcionários:	319.876
Propriedade:	Capital aberto (Bolsa de Nova York: IBM)
Site:	www.ibm.com

CAPÍTULO | 16

WORKSHOP DE EVANGELISMO DE CLIENTES

> *"Na arena da vida humana, as honras e recompensas acontecem para aqueles que apresentam suas boas qualidades em ação."*
>
> ARISTÓTELES

O.k., e agora?

A criação de clientes evangelistas para sua organização requer planejamento, recursos e paciência. Os seis princípios básicos do marketing de evangelismo de clientes proporcionam uma estrutura para planejar as atividades em relação aos clientes. Não são etapas a serem desempenhadas em uma ordem específica; são conceitos a serem considerados à medida que o evangelismo de seus clientes cresce e amadurece.

Para relembrar, os princípios básicos são:

- *Plus-Delta dos clientes*: Entender continuamente o que seus clientes adoram em você e o que gostariam de ver melhorado.
- *"Napsterize" o conhecimento:* Partilhar seu capital intelectual de modo que seja facilmente repassado a outrem.
- *Estabeleça o "buxixo"*: Usar as redes de contato naturais que existem para fazer com que as pessoas falem.
- *Crie comunidades*: Encontrar meios para criar uma sensação de fazer parte de algo entre seus clientes.

- *Pequenos pedaços*: Desenvolver pedaços facilmente digeríveis para os novos evangelistas.
- *Crie uma causa*: Reunir os clientes ao redor de algo maior que você.

Nas empresas analisadas em nossos sete estudos de casos, os princípios básicos são aplicados de maneira diferente e engenhosa. O Placar do Evangelismo no final de cada capítulo de estudo de caso fornece idéias sobre como aplicar os princípios básicos ao seu negócio.

Para ajudá-lo a pensar ainda mais sobre este tópico, desenvolvemos uma série de perguntas para cada princípio básico.

PLUS-DELTA DOS CLIENTES

Este é um ótimo primeiro passo em sua busca para criar clientes evangelistas. Faça aos clientes atuais esta série de perguntas de resposta aberta para descobrir mais sobre quem eles são, como se sentem sobre o relacionamento com você e sua organização e como percebem a qualidade e o valor de seus produtos e serviços.

- *O que os clientes atuais dizem que amam em você?* Preste atenção na emoção (ou na falta desta) para ver se está acertando no alvo para satisfazer sua base de clientes. Você deve conseguir captar alguns testemunhos para seus catálogos.
- *O que eles dizem especificamente que deveria melhorar?* Os clientes evangelizam produtos que acreditam que vale a pena sugerir a amigos e familiares. Se você ouvir muitas respostas negativas para esta pergunta, talvez deva fazer uma revisão total no produto antes de continuar com seus esforços de evangelismo de clientes.
- *O que eles mais valorizam em sua empresa?* Talvez você ache que seja a mais recente característica adicionada ao produto, mas os clientes podem dizer que é o suporte por telefone. Peça para quantificarem o valor de seus produtos e serviços usando medidas reais, se possível.
- *Os clientes o recomendam a outras pessoas?* Se sim, com que freqüência? Em quais fóruns? Descubra quem realmente são seus evangelistas. Dê uma atenção especial a esses clientes – eles são a chave para recrutar novos clientes.

- *O que dizem quando o recomendam a outras pessoas?* Preste atenção nas palavras que usam para descrever você e os motivos por que outros deveriam comprar seus produtos e serviços. Esse *input* pode ajudá-lo a aperfeiçoar suas comunicações de marketing.
- *Você proporciona meios fáceis para que os clientes lhe dêem um* feedback *regular?* Seu site facilita para que os clientes enviem sugestões para todas as áreas da sua empresa? O estudo formal de seus clientes em intervalos regulares é bom, mas permitir que os clientes lhe proporcionem *feedback* contínuo é melhor.

"NAPSTERIZE" SEU CONHECIMENTO

"Napsterize" partes da sua organização, como o partilhamento do capital intelectual e dos processos, para torná-los mais valiosos. "Napsterize" as partes óbvias de sua empresa para melhorar as interações com os clientes ou os dados em tempo real. Concentre-se na inovação dos produtos e serviços existentes que poderiam ser eleitos para a "napsterização" ou comoditização.

- Como você pode se tornar uma fonte de informações na sua indústria? Como pode externar o conhecimento interno e a especialidade da empresa?
- Você consegue escrever um artigo sobre como selecionar uma empresa como a sua? Posicione sua empresa como aquela que cuida bem dos interesses de seus clientes, ajudando-os com o processo de seleção em vez de uma empresa que apenas distribui seus catálogos.
- Você consegue suprir seu site com artigos, resenhas de livros, *links* para outras fontes etc. em torno de sua especialidade? Convide pessoas para submeter sugestões a esse respeito para que você possa postá-las para o bem da comunidade.
- Você consegue criar um pacote de seu conhecimento para fazer com que seja facilmente distribuído?

Para os trabalhadores intelectuais de hoje nas indústrias como consultoria e tecnologia, o capital intelectual pode ser o ativo mais importante da empresa. Manter a perícia e o conhecimento trancafiados dentro da empresa não ajuda os clientes a entender e espalhar a palavra sobre suas principais ofertas.

ESTABELEÇA O "BUXIXO"

Faça com que as pessoas criem um "buxixo" sobre seus produtos e serviços. Fortaleça as redes naturais na sociedade e nos negócios para transpor a confusão com o uso de um contagioso marketing boca a boca.

- Você sabe o que o "buxixo" atual está falando sobre seus produtos e serviços? Pesquise na Internet, especialmente em *newsgroups* e em salas de bate-papo, para ver o que as pessoas estão dizendo.
- Você consegue identificar os *hubs* de redes e os *megahubs* em sua indústria? Com quantas dessas pessoas você tem um relacionamento hoje?
- Você está alimentando relacionamentos com esses formadores de opinião? Oferece a eles acesso especial à sua empresa? Você fornece informações sobre novos produtos e serviços? Solicita a opinião deles?
- O que há de diferente em seu produto? Como é possível destacá-lo? Há uma história associada a seu produto?
- Você está vendendo produtos ou experiências? Consegue desenvolver uma experiência para os clientes que faça com que as pessoas falem a respeito dela?
- Você já leu o livro *Anatomy of Buzz*, de Emanuel Rosen? Falamos rapidamente sobre as idéias de Rosen, mas compre seu próprio exemplar da bíblia do "buxixo".

CRIE COMUNIDADES

Ajude os clientes a se conectarem com você e entre eles adicionando programas de criação de comunidades ao seu marketing. Seus clientes evangelistas atuais o ajudarão a recrutar novos membros para a comunidade.

- Os clientes já estão ligando para você para perguntar como podem se encontrar com outros clientes como eles? Estão prontos para se conectarem entre si sem você, talvez pela Web?
- Peça aos clientes para ajudá-lo a desenvolver um programa de criação de comunidades. Solicite a opinião deles e veja quais os indivíduos que estão ansiosos para ajudar. Você consegue nomear um deles como líder de um programa específico nos seus esforços de construção de comunidades?

- Experimente e veja o que acontece. Reúna todo o *feedback* dos participantes (e não-participantes) ao longo do caminho. Deixe que eles moldem seu programa de criação de comunidades para que ele proporcione valor para todos os envolvidos. Não tenha medo de encerrá-lo se não estiver funcionando.
- Você consegue realizar um evento divertido para reunir os clientes de maneira que possam trocar histórias com outros clientes, como no Homecoming da Saturn ou nos encontros dos Grupos de Proprietários da Harley?
- Forneça recursos à comunidade, tais como quadros de avisos on-line em seu site. Crie e seja o mediador de grupos de discussão por e-mail para fazer com que os clientes se conectem.
- Dê um rosto ao seu marketing. Apresente seus clientes evangelistas atuais em seus esforços de comunicação de marketing. Solicite testemunhos e espalhe-os generosamente pelo site, pelos catálogos e pela propaganda.
- Crie um programa especial de criação de comunidades para seus fãs mais evangelistas. Faça com que se sintam como se fizessem parte de um grupo seleto que recebe benefícios especiais. Dê a esse grupo especial todos os materiais de que precisam para espalhar a palavra por você. Acolha os sites de fãs se tiver a sorte de tê-los.

PEQUENOS PEDAÇOS

Divida sua carteira de produtos ou serviços em pequenos pedaços que apresentam seus produtos e serviços em pedaços fáceis de consumir. Esta estratégia coloca mais do seu produto no mercado para que as pessoas possam experimentá-lo e evangelizá-lo.

- Para os bens de consumo, distribua amostras de seus produtos para os *hubs* de rede. Peça que lhe apresentem a outras redes de *hubs* com quem partilhar amostras. Encontre comunidades onde os clientes potenciais se reúnem e forneça amostras generosamente.
- Para os produtos tecnológicos, é possível oferecer uma versão de teste com tempo ou capacidade limitada para os clientes potenciais?

- Para as empresas de serviços, você pode oferecer uma versão "para iniciantes" do serviço? Divida seu portfólio de serviços em pedaços que seus clientes possam "morder", um por vez.

CRIE UMA CAUSA

Para mostrar ao mundo quem você realmente é, crie uma causa para sua empresa. Um boa causa é significativa; é algo em que as pessoas – clientes e funcionários – podem acreditar e em torno do qual podem se reunir. Quando as pessoas acreditam na sua causa, elas o evangelizarão a outrem e recrutarão novos crentes para o grupo. Uma causa não precisa ser uma instituição de caridade para a qual você doa dinheiro ou serviços; pode ser um ponto em torno do qual seus clientes e funcionários se reúnem – eles o apóiam e acreditam nele. A Southwest Airlines e a Harley-Davidson construíram suas culturas empresariais e estratégias de marketing ao redor da idéia de liberdade. Cliente nenhum se reúne em torno da causa de uma empresa construída sobre a noção de aumento do retorno para o acionista.

- Há uma questão social que afeta sua platéia de clientes? O que você pode fazer para apoiar um instituição que cuide dessa questão?
- Em vez de simplesmente vender produtos, venda um sonho. Pense grande sobre o que melhoraria a vida dos clientes, o que mudaria o mundo de seus clientes. Desafie a si mesmo e a sua organização a pensar.

ESTE É O FIM?

Chegamos ao final deste livro, mas esperamos que seja o início de nossa conversa. Nosso objetivo foi esboçar os seis princípios básicos do marketing de evangelismo de clientes e ajudá-lo a descobrir uma nova maneira de pensar sobre os clientes e sobre o marketing. As empresas nos estudos de casos nos inspiraram a escrever este livro; esperamos que ele o inspire a agir.

Conte-nos como está criando clientes evangelistas. Você tem uma história sobre como está fazendo isso? Aplicou uma idéia do livro com sucesso? Tem algumas idéias para partilhar com outros? Participe da comunidade de evangelismo de clientes em www.CreatingCustomerEvangelists.com.

APÊNDICE | A

SPAM
criando clientes vigilantes

Enviar de maneira regular e consistente comunicações por e-mail a seus clientes e partes interessadas é uma estratégia excelente e muitas vezes empregada para criar clientes evangelistas. Se os clientes consideram suas comunicações por e-mail como cartas pessoais de um amigo, você está no caminho certo.

Por causa do baixo custo relativo e da facilidade de uso, as comunicações de marketing por e-mail também são usadas de maneira errada e abusiva. Muitas vezes, as empresas vêem o e-mail como uma ferramenta de aquisição de clientes, mas não é. É uma ferramenta de retenção de clientes.

Ainda assim, o canto da sereia dos profissionais de marketing que prometem potes de ouro no fim do arco-íris da Internet soa cada vez mais alto. Uma de nossas clientes recebeu uma propaganda indesejada por e-mail sobre um programa de envio múltiplo de e-mails que prometia ajudá-la a conquistar novos consumidores. Ela pediu nosso conselho: deveria aceitar a oferta ou rejeitá-la? A "carta" da empresa ressoava como um farol de possibilidades:

Se você enviar uma Propaganda por E-Mail para 50 milhões de Pessoas e Apenas 1 em cada 5 mil Responder, Você Pode Gerar 10 mil PEDIDOS EXTRAS! Quanto de LUCRO EXTRA Isso Significa Para Você?

A "carta" até mesmo fazia os cálculos:

Digamos que você (...) Venda um PRODUTO ou SERVIÇO de 24,95 dólares
Digamos que você (...) Receba APENAS 1 PEDIDO para CADA 2.500 E-MAILS

O CÁLCULO DOS SEUS GANHOS BASEADO NAS ESTATÍSTICAS ACIMA:
[1º Dia]: 4.990 dólares [1ª Semana]: 34.930 dólares [1º Mês]: 139.720 dólares

As pesquisas vindas de empresas analistas, como a Forrester, a Jupiter e o eMarketer, aliciam o marketing por e-mail como um meio com uma boa relação custo-benefício para chegar aos clientes. Assim como muitas ofertas que chegam sem serem solicitadas, esta é apenas como todas as outras: boa demais para ser verdade.

Isso não é um legítimo marketing por e-mail. É *spam*: um tipo de e-mail desagradável que, cada vez mais, lota as nossas caixas de entrada. As empresas de spam, como aquela que mencionamos acima, e seus clientes desavisados estão criando níveis crescentes de "má reputação comercial". Elas destroem a eficácia geral das comunicações por e-mail cujo centro é o cliente. A Ferris Research estimara na época que, até 2003, a empresa média teria gasto 400 dólares por cada caixa entrada para deletar spams, em comparação com 55 dólares em 2001.

Pior ainda, o spam cria a antítese do cliente evangelista: o cliente vigilante, que faz uma campanha ativa contra você.

Como dono de um negócio ou executivo que esteja considerando a transmissão múltipla de e-mails como tática de marketing, pode esperar todos os tipos de resultado, e nenhum deles incluirá sacos de dinheiro fácil.

- *Você instantaneamente enraivecerá um grupo de ativistas vocais.* As probabilidades são de que você desperte a ira de dezenas ou centenas de vigilantes anti-*spam*. Eles têm uma presença maciça na Internet. Envie um e-mail de propaganda não solicitada a um vigilante sem permissão e você está se arriscando a ter essa pessoa ligando para sua empresa, lotando sua caixa de entrada com respostas raivosas ou vingativas, e reportando sua empresa para a Federal Trade Commission.
- *Seu nome ficará manchado.* Além de perturbar você no trabalho, o vigilante poderá encorajar outros a fazerem o mesmo. Poderá acrescentar o nome da sua empresa nas listas on-line de "*spammers*" conhecidos". Pessoas que sequer receberam seu e-mail de transmissão múltipla poderão lhe enviar e-mails raivosos, cartas ou telefonemas.
- *Você pode perder seu serviço de e-mail.* Enviar e-mails por intermédio de seu provedor de serviços na Internet (ISP) pode lhe custar seu serviço na

Internet. O *spam* entope os servidores de e-mail, algumas vezes até causa seu colapso e, além disso, traz dores de cabeça e reclamações para um ISP. Seu provedor prefere perdê-lo a ter de lidar com esses problemas.

- *Você terá perdido seu tempo correndo atrás de fantasmas.* Algumas empresas prometem milhões de endereços de e-mail para seu uso. Você também poderia escrever nomes e endereços inventados em envelopes e os enviar pelo correio, pois o princípio é o mesmo. A maioria dos "milhões" de endereços de e-mail prometidos pelos comerciantes de *spam* são adivinhações geradas por computadores, com base na teoria de dedução: ben@aol.com; ben1@aol.com; ben2@aol.com e assim por diante, até o infinito digital.

Dito isso, existem meios de fazer seu negócio crescer e criar clientes evangelistas por intermédio de um marketing eficaz por e-mail:

1. Concentre-se na construção da sua lista de e-mails no seu próprio local de trabalho. Se você oferecer produtos diferentes e singulares, crie uma lista para cada produto.
2. Sempre peça permissão às pessoas para lhes enviar e-mails. Sempre.
3. Faça com que suas comunicações por e-mail sejam relevantes e antecipadas. Diga às pessoas o que podem esperar de você.
4. Ofereça algo de valor. Ofereça um *white paper* gratuito, uma amostra de produto, dicas e conselhos etc.
5. Forneça, continuamente, conteúdo relevante a terceiros. Há uma organização profissional na sua indústria com um boletim informativo que seus clientes potenciais lêem? Se sua empresa fornece serviços de consultoria em TI, por exemplo, escreva um artigo de 250 a 500 palavras para o boletim informativo mensal por e-mail da associação, que será enviado a 10 mil assinantes.

O verdadeiro caminho para o evangelismo de clientes é pavimentado com uma boa reputação comercial, e esta nunca inclui o *spam*.

APÊNDICE | B

OITO DICAS PARA CRIAR UM IDÉIAVÍRUS PARA SUA EMPRESA

Quando os clientes o evangelizam para amigos e colegas, o que eles dizem é tão importante quanto a paixão por trás de suas palavras. Resumindo, seus evangelistas estão dizendo o que você quer que os clientes potenciais ouçam?

Para fazer com que seja fácil seus clientes descreverem o que você faz, eles precisam entender a idéia da sua empresa. Esta é, como diria o autor Seth Godin, um *idéiavírus*, um conceito que é facilmente transmitido de uma pessoa a outra. Um *idéiavírus* cria um "buxixo", que contribui para o contágio na criação de clientes evangelistas. Essa transferência de entendimento precisa ser:

- Fácil.
- Suave.
- Contagiosa.

Isso é também conhecido, em inglês, como *elevator pitch* ("papo" de elevador), ou o que você diria a um estranho sobre sua proposição de valores (ou a de outrem) durante o tempo que leva para passar por 20 andares em um elevador. Esse tempo é aproximadamente igual ao intervalo de atenção da maioria dos clientes potenciais para gerar interesse por seu produto ou serviço.

Para criar clientes evangelistas eficazes, seus clientes precisam conhecer seu *papo de elevador* tão bem quanto você. Quão suave é o "papo" da sua empresa? As pessoas que você conhece acenam afirmativamente quando você menciona os produtos ou serviços da sua empresa, ou parecem confusas e lhe pedem para explicar melhor? Aqui está uma amostra sobre como um dos nossos clientes transformou esse olhar confuso em uma afirmativa do tipo: "Sim! Preciso de seus serviços agora!".

A ABC Technology Services (não é o verdadeiro nome da empresa) pediu nossa ajuda para conquistar novos clientes. Os executivos da empresa a descreveram mais ou menos assim: "A ABC projeta e fornece soluções para a administração de redes e sistemas que auxiliam as empresas a maximizar, com um bom custo-benefício, o desempenho, o tempo de operação e a disponibilidade das infra-estruturas de suas redes". Partindo disso, desenvolvemos um processo em três etapas.

Etapa 1. Entrevistamos dez de seus clientes atuais e lhes pedimos para comentar os serviços da ABC em termos de valor e como descreveriam os serviços da ABC para outrem. Entender o que os clientes dizem sobre você é vital para ajudar as pessoas a espalharem a palavra.

Ficou claro que os clientes da ABC chegaram à empresa em períodos de crise: os computadores estavam lentos, o e-mail não estava funcionando direito ou os funcionários tinham de reiniciar seus computadores com freqüência. A ABC imediatamente consertou esses problemas e instalou um software de monitoramento para garantir que esses problemas seriam coisa do passado, não eventos atuais.

Etapa 2. Usando as palavras de seus clientes, reestruturamos o "papo" da ABC para se concentrar nos aborrecimentos dos clientes potenciais. Como a principal fonte de *leads* da ABC era através do marketing boca a boca, acrescentamos um tom casual.

De "administração de redes e sistemas", mudamos o "papo" para: "Sabe quando você está no trabalho arrancando os cabelos por causa de problemas com o computador? Seu sistema está lento, você não consegue enviar nem receber e-mails, ou precisa sempre reiniciar seu computador? Bem, nós consertamos esses problemas para a sua empresa". Descartamos o papo tecnológico em favor de uma linguagem simples e um contexto com o qual os clientes potenciais poderiam se identificar: aborrecimento.

Etapa 3. Os executivos da ABC testaram o novo "papo" em um evento de criação de redes de contato. Ficaram surpresos com os profusos acenos de cabeças quando recitavam seu novo "papo". Um computador que não funciona direito é um *idéiavírus* simples de entender e fácil de contar a outrem, como vimos acontecer várias vezes no evento. Falando nisso, a ABC acabou conquistando seis novos clientes nesse evento usando seu novo papo de elevador.

Como você cria um *idéiavírus* para sua empresa? Tente estas oito dicas:

1. Entreviste (ou peça a alguém que faça uma entrevista) com seus atuais clientes satisfeitos.
2. Peça aos clientes para que descrevam quaisquer aborrecimentos ou necessidades que inicialmente os motivaram a comprar seu produto ou serviço.
3. Peça aos clientes para que descrevam o valor de seus produtos ou serviços.
4. Pergunte aos seus clientes como evangelizariam sua empresa a outrem.
5. Escreva exatamente – palavra por palavra – as respostas a essas perguntas.
6. Reestruture seu papo usando os pontos de aborrecimento sobre os quais os clientes descreveriam seus serviços a outrem.
7. Teste e aprimore seu papo em eventos de criação de redes de contato.
8. Use seu papo aprimorado em outros materiais de marketing, como seu site ou catálogos.

APÊNDICE C

MEDINDO O EVANGELISMO DE CLIENTES

Um participante em um dos nossos workshops "Criando Clientes Evangelistas" perguntou: Como se mede o sucesso dos esforços de marketing do evangelismo de clientes?

Na história do marketing, há muitos profissionais que já tiveram dificuldade ao tentar medir o sucesso de programas de clientes. Parafraseando o antigo ditado do magnata de lojas de departamentos John Wanamaker: "Sei que 50% dos meus esforços de marketing estão dando certo. Só não sei quais 50%". É um desafio, mas não é impossível. E a Internet constantemente oferece novas ferramentas e táticas de medição.

Nossa pesquisa tem mostrado que as estratégias de marketing do evangelismo de clientes melhoram a lealdade dos clientes e aumentam a receita dos clientes atuais. Quando as organizações se concentram nos relacionamentos com os clientes, tendem a desenvolver clientes mais leais, que compram com mais freqüência e, algumas vezes, com exclusividade.

As técnicas de marketing do evangelismo de clientes também contribuem para reduzir os custos de aquisição de clientes porque os atuais clientes evangelistas recrutam novos clientes por parte das organizações nas quais acreditam.

Para criar medidas de sucesso, primeiro estabeleça suas referências atuais:

- Número de clientes atuais.
- Taxa (%) de retenção de clientes.
- Receita de compras repetidas dos clientes atuais.

Mensure essas metas trimestral ou anualmente. Elas são as suas metas organizacionais gerais. Para medir o sucesso dos seis princípios básicos do evangelismo de clientes em base mensal ou trimestral tente estas medidas.

1. Plus-Delta dos Clientes (colete *feedback* do cliente continuamente)

- Quantas idéias para novos produtos ou serviços foram coletadas?
- Quanta receita foi gerada pelos novos produtos ou serviços?
- Quantos problemas anteriormente desconhecidos foram consertados com base no *feedback* dos clientes?
- Como as sugestões melhoraram a qualidade do produto?
- As sugestões o ajudaram a economizar dinheiro? Se sim, quanto?

2. "Napsterize" Seu Conhecimento (partilhe seu conhecimento livremente)

- Em quantos lugares na Internet a perícia de sua empresa é mencionada?
- Em quantos lugares on-line seus *white papers* são postados?
- Quantos artigos você publicou ou foram publicados?
- Qual é a taxa de recomendação ou encaminhamento do seu boletim informativo gratuito?

3. Estabeleça o "Buxixo" (habilmente tire proveito das redes de marketing boca a boca)

- Como os clientes novos e potenciais disseram ter descoberto você? Pergunte o local, publicação ou pessoa específicos. Se foi uma recomendação pessoal, o que o referente disse?
- Analise o tráfego em seu site. Quais são as organizações que mais o visitam?
- Que tipo de organização é?
- São aquelas que você quer que o visitem?
- De que parte do mundo são?
- Quais partes do site elas mais visitam?
- Como as pessoas descobrem seu site? A maioria das ferramentas de análise de tráfego no site registra os termos digitados nos mecanismos de busca que levaram os visitantes até seu site.

4. Crie Comunidades (estimule seus clientes a se reunir e partilhar informações)

- Quantos clientes estão na sua lista de e-mails?
- Como a sua taxa de assinantes está se comportando: aumentou, diminuiu ou permanece estável?
- Quantos eventos com clientes você realizou? Quantos convidados os clientes trouxeram? Quantos desses convidados se tornaram clientes?

5. Faça Pequenos Pedaços (elabore ofertas especializadas menores para fazer com que os clientes "mordam")

- Quantas ofertas diferentes de produtos ou serviços compõem o seu portfólio?
- Quantas dessas ofertas você dividiu em amostras?
- Quantos clientes potenciais experimentaram seu produto ou serviço?
- Quantos clientes potenciais se transformaram em clientes reais?
- Qual é a taxa de recomendação das pessoas que experimentaram sua oferta e falaram dela a outrem?

6. Crie uma Causa (concentre-se em construir um mundo – ou uma indústria – melhor)

- Quantas pessoas o contataram porque acreditam na sua causa?
- Quantas delas se tornaram clientes?
- Quantos clientes dizem que compram de você exclusivamente por conta de suas causas?
- Quantas pessoas enviam seus currículos pedindo para trabalhar na sua organização porque acreditam no que você faz ou acredita?

Faça essas medições por vários trimestres ou um ano; em seguida, visite as medições de referência gerais novamente e compare com os números anteriores. Se você manteve um alto nível de qualidade e a sua execução tem sido consistentemente boa, seus números gerais devem estar pelo menos 5% mais altos.

Os profissionais de marketing de evangelismo acreditam firmemente que fazer a coisa certa para os clientes gerará dez vezes mais dividendos na forma de compras repetidas e clientes que compram por causa da recomendação de outros.

APÊNDICE | D

COMO RECONHECER OS EVANGELISTAS E O QUE FAZER COM ELES

As pessoas falam de você. Falam sobre sua empresa, seus produtos e serviços e sua personalidade. Muitas dizem coisas legais, e algumas são absolutamente emotivas com seus elogios. Você gostaria de saber quem elas são? Como é possível encontrar seus evangelistas?

Mesmo não tendo câmeras ocultas e microfones escondidos, não é difícil encontrar seus evangelistas. Aqui estão algumas idéias.

Vasculhe a Web usando seu mecanismo de busca favorito e descubra onde você foi mencionado on-line e por quem. Tome nota de todos que elogiam seus produtos e serviços e de todos aqueles que os criticam. Para as pessoas que amam você, envie uma nota de agradecimento escrita à mão. Convide-as a participar de um clube especial com outros evangelistas onde possam obter informações sobre seus produtos e serviços. Faça com que se sintam muito especiais. Para aquelas que têm problemas com seus produtos ou serviços, encontre uma maneira de contatá-las por e-mail ou pergunte-lhes se é possível conversar por telefone. A diferença entre um cliente insatisfeito e um evangelista é, muitas vezes, apenas um telefonema. Mais que qualquer coisa, os clientes insatisfeitos apenas querem ser *ouvidos e paparicados*. Realize o desejo do cliente insatisfeito.

Pergunte aos clientes potenciais especificamente como descobriram você. Se foi de um amigo ou colega, pergunte o nome do referente. Mantenha registros detalhados sobre como as pessoas o descobriram. Com alguns de nossos clientes, criamos um Mapa de "Buxixo" que ilustra as rotas atuais sobre como conquistaram novos clientes por meio do marketing boca a boca. Um mapa das conexões dos clientes rapidamente destaca seus maiores evangelistas.

Se você tem uma lista *opt-in* de e-mail, acrescente um campo que pergunta às pessoas como descobriram você. Aprimore continuamente a natureza quantificável deste campo. É importante reunir o máximo possível de informações a este respeito, especialmente se as recomendações forem de pessoas. Esses são seus evangelistas!

Seja um participante ativo nas listas de discussão por e-mail e nos quadros de aviso on-line que seus clientes freqüentam. Procure os clientes que postam recomendações sobre você. Cultive relacionamentos com eles. Mantenha-os no seu círculo.

Use um software de rastreamento de sites para entender como os visitantes do site descobriram você. Se os clientes atuais, potenciais, fãs ou evangelistas fizerem um link para seu site, *não* envie cartas pedindo para cessar e desistir. Essa atitude faz nascer clientes vigilantes, não clientes evangelistas. *Não* permita que seu conselho corporativo argumente que os sites de fãs contribuem para a diluição da marca. Isso é pura besteira patrocinada por advogados com mente processual, com intenção de fazer com que os clientes sigam idéias ridículas de proteção à marca. (Nota: Proteja sua marca contra *concorrentes*, não contra clientes.) Estimule os links para seu site, onde quer que os fãs escolham colocá-los. Envie aos fãs fotos de seus produtos, logotipos, filmes, animações – qualquer coisa que faça com que eles se sintam conectados a você. *Eles são a sua força de venda voluntária.*

Então você achou um evangelista que declama elogios sobre você a outrem. E agora? Se a estratégia também diz respeito ao que *não* fazer, aqui está uma história.

Em um fórum de discussão on-line em 2002, alguém pediu uma recomendação de um serviço on-line de registro de eventos. Temos ficado satisfeitos com os serviços que usamos para os eventos que realizamos, portanto, postamos uma recomendação gratuita no fórum. Delineamos os pontos fortes do serviço e mencionamos apenas um ponto fraco: nenhum relatório pós-evento que apresente as taxas deduzidas das receitas obtidas.

No dia seguinte, recebi um e-mail do diretor de apoio ao produto da empresa de registro.

Jackie,

Obrigado por ter postado aquela bela mensagem. Já assinalamos várias áreas para melhorias e logo lançaremos uma nova versão para o sistema, a qual achamos que você gostará muito. Gostaria de acrescentar algo em resposta: um comentário... "Único ponto fraco: relatórios das transações e das taxas são escassos".

Fiquei surpreso ao ler isso. Embora estejamos cientes dos itens que precisam ser trabalhados, os relatórios gerais e os de receitas/transações são extremamente fortes no nosso sistema. Apenas gostaria de mencionar isso, para que você fique ciente dessas características antes de usar o sistema novamente. Existem funções customizadas de *download* que lhe permitem criar seus próprios formatos de relatórios para *download*. Temos relatórios mensais de receitas no formato simples. Existem relatórios de receita disponíveis para *download*. Além disso, você pode visualizar e fazer o *download* de relatórios contábeis detalhados (com todos os itens de linha incluídos).

Antes de usar o sistema da próxima vez, sinta-se à vontade para marcar uma hora comigo, e eu lhe mostrarei cuidadosamente todos esses recursos. Creio que será extremamente útil.

Eu havia evangelizado o serviço dessa empresa para 3.300 pessoas em uma lista de discussão por e-mail. Em vez de pedir que eu determinasse meu problema, ele se sentiu ofendido com meu comentário, supôs que fosse erro meu e me pressionou para obter um treinamento. Resumindo, ele disse: "Obrigado por dizer coisas legais sobre nós para muitas pessoas, de graça, mas, droga, diga a coisa certa!"

Dito isso, aqui estão cinco dicas sobre o que fazer quando você acha um evangelista do nada:

1. *Imediatamente contate o evangelista.* Agradeça-o em profusão. Se não conhece o cliente pessoalmente, ligue para ele. Descubra mais sobre seu negócio, seus desafios e seus interesses pessoais.
2. *Se disserem algo que você gostaria que não fosse dito, pegue o telefone e ligue.* Se tiver apenas um endereço de e-mail, peça uma conversa telefônica. Seja verdadeiramente inquisitivo para entender seus problemas. Não puna os clientes por dizerem algo que você considera errado.

3. *Coloque a pessoa em sua lista de evangelistas para uma oportunidade futura de agradecê-la de maneira mais especial.* Uma regra simples: não trate seus clientes como um país socialista, onde todos são igualmente importantes. Seus evangelistas merecem tratamento especial. O melhor tratamento é a atenção, não necessariamente descontos ou cupons.
4. *Recompense seus evangelistas de maneira inesperada.* Se seus evangelistas entrarem em contato com você para comprar produtos ou serviços adicionais, proporcione-lhes um valor extra. Envie-lhes um livro. Dê-lhes um par extra de ingressos para um jogo. Apresente-os ao seu CEO e/ou presidente.
5. *Desenvolva um programa formal de evangelistas que periodicamente recompensa todos eles.* Faça uma festa anual e convide apenas os evangelistas. Leve seus melhores evangelistas para almoçar a cada trimestre.

Lembre-se: evangelismo de clientes é um presente. É a mais alta forma de lealdade de clientes. Seus evangelistas precisam ser tratados como a realeza que são.

NOTAS

Capítulo 1 | **Evangelismo de Clientes: Um Manifesto**

1. A Southwest Airlines forneceu aos autores um pacote de cartas recebidas depois de 11 de setembro de 2001.
2. Ann McGee-Cooper, entrevista por telefone com os autores, 15 de março de 2002.
3. Jennifer Disabatino, "Report: Job Cuts in 2001 Reach Nearly 2 million", *Computerworld*, 3 de janeiro de 2002.
4. Dados sobre pedidos de falência de empresas de capital aberto fornecidos pela BankruptcyData.com <www.bankruptcydata.com>.
5. Eric S. Raymond, *The Cathedral and the Bazaar* (Sebastopol, Califórnia: O'Reilly, 2001), p. 177.
6. "Let's All Blame the Marketing Director", MP3 e letra em Harpell.com <www.harpell.com/results>.
7. David Shenk, *Data Smog* (San Francisco: Harper, 1997), p. 30.
8. EuroRSCG, "Wired & Wireless: High-Tech Capitols Now and Next", 2001 <www.wiredandwireless.eurorscg.com>.

Capítulo 2 | **Quando os Clientes Acreditam**

1. Guy Kawasaki, entrevista com os autores, Palo Alto, Califórnia, 2 de fevereiro de 2002.
2. Idem.
3. Idem.
4. George Silverman, *Secrets of Word-of-Mouth Marketing: How to Trigger Exponential Sales through Runaway Word of Mouth*. (Nova York: AMACOM, 2001), pp. 15-16.
5. Kim Girard, "The Return of the Crummy Job", *Business 2.0*, 6 de fevereiro de 2001.
6. Tim Sanders, entrevista com os autores, Chicago, 25 de fevereiro de 2002.
7. K.C. Swanson, "The Joy of Pepsi", *TheStreet.com*, 18 de abril de 2001.

Capítulo 3 | Plus-Delta dos Clientes: Entendendo o Amor

1. "Using Complaints for Quality Assurance Decisions", TARP, 1997 <www.e-satisfy.co.uk/research2.asp>.
2. Jackie Sloan, entrevista por telefone com os autores, 2 de abril de 2002.
3. Pesquisa da Rádio Pública de Chicago (WBEZ), março de 2002.
4. Idem.
5. Michael Totty, "Information, Please: How three companies are using the Web to find out more about their customers – or to let their customers know more about them", *Wall Street Journal*, 29 de outubro de 2001.
6. Alex Johnston, entrevista por telefone com os autores, 2 de abril de 2002.
7. Maxine Clark, entrevistas por telefone e e-mail com os autores, fevereiro-abril de 2002.

Capítulo 4 | "Napsterize" Seu Conhecimento: Dar para Receber

1. Stewart Brand, *The Media Lab: Inventing the Future at MIT* (Viking Penguin, 1987).
2. Editorial "Waiting to Be Napsterized?", *National Underwriter Life & Health/Financial Services Edition Online*, 5 de fevereiro de 2001 <www.nunews.com/lifeandhealth/editorials/020501/L200106waiting.asp>.
3. Joel Selvin, "Did Napster Help Boost Record Sales?", *San Francisco Chronicle*, 5 de agosto de 2001.
4. Peter Rojas, "Fabulous Do-It-Yourself Manufacturing: Xerox never duplicated like this", *Red Herring*, 1º de maio de 2001.
5. Massachusetts Institute of Technology, "MIT to Make Nearly All Course Materials Available Free on the World Wide Web", press release do MIT, 4 de abril de 2001 <web.mit.edu/newsoffice/nr/2001/ocw.html>.

Capítulo 5 | Estabeleça o "Buxixo": Espalhe a Palavra

1. Emanuel Rosen, entrevista com os autores, Palo Alto, Califórnia, 6 de fevereiro de 2002.
2. Idem.
3. Idem.
4. "Cuban calls out NBA's director of officiating", ESPN.com, 7 de janeiro de 2001, <espn.go.com/nba/news/2002/0107/1307127.html>.
5. Mark Cuban, entrevista com os autores, Dallas, 20 de janeiro de 2002.
6. Idem.
7. Gerry Khermouch, "Buzz Marketing", *BusinessWeek*, 30 de julho de 2001, <www.businessweek.com/magazine/content/01_31/b3743001.htm>.

8. John Gaffney, "The Cool Kids Are Doing It. Should You?" *Business 2.0*, outubro de 2001 <www.business2.com/articles/mag/0,1640,17380,FF.html>.
9. Joseph Pine II e James H. Gilmore, *The Experience Economy* (Boston: Harvard Business School Press, 1999).
10. Idem.
11. Renee Dye, "The Buzz on Buzz", *Harvard Business Review*, novembro-dezembro de 2000.
12. Tim Sanders, entrevista com os autores, Chicago, 25 de fevereiro 2002.
13. Richard Dawkins, *The Selfish Gene* (Oxford University Press, 1990).

Capítulo 6 | Criando Comunidades: Reunindo os Clientes

1. Daryl Urquhart, entrevista por telefone com os autores, Chicago, 2 de abril de 2002.
2. Melanie Wells, "Cult Brands", *Forbes*, 16 de abril de 2001.
3. Heath Row, entrevista por telefone com os autores, 28 de fevereiro de 2002.
4. Idem.
5. Idem.
6. Idem.
7. Idem.
8. Erich Joachimsthaler e David Aaker, "Building Brands without Mass Media", *Harvard Business Review*, edição de janeiro-fevereiro de 1997.
9. Full Circle Consulting, <www.fullcirc.com>. Encontre a lista de discussão por e-mail "Online Facilitation" em <groups.yahoo.com/group/onlinefacilitation>.
10. Lisa M. Bowman, "Warner Bros. Backs Off Harry Potter Fight", News.com, 16 de março de 2001.
11. Marc Weingaten, "LOTR: The Fellowship of the Web", *Business 2.0*, janeiro de 2002.

Capítulo 7 | Pequenos Pedaços: Das Amostras ao Evangelismo

1. The Quotations Page <www.quotationspage.com/quotes/Henry_Ford/>.
2. Estatísticas de amostra de James P. Santella & Associates, <www.santella.com/marketing.htm#RESULTS%20OF%20BRAND%20MARKETING%202001%20SURVEY>.
3. Gerald Haman, entrevista com os autores, Chicago, 12 de outubro de 2001.
4. Matt Fitzgerald, entrevista com os autores, Dallas, 29 de janeiro de 2002.

Capítulo 8 | **Crie uma Causa: Quando os Negócios São Bons**

1. Guy Kawasaki, *Selling the Dream: How to Promote Your Product, Company, or Ideas – and Make a Difference – Using Everyday Evangelism* (Nova York: Harper Business, 1992), p. 4.
2. Guy Kawasaki, entrevista com os autores, Palo Alto, Califórnia, 2 de fevereiro de 2002.
3. Kawasaki, *Selling the Dream*, p. 14.
4. Richard Cross e Janet Smith, *Customer Bonding: 5 Steps to Lasting Customer Loyalty* (Lincolnwood, IL: NTC Business Books, 1995), p. 95.
5. Sue Atkins, "The Wider Benefits of Backing a Good Cause", *Marketing*, 9 de setembro de 1999, <www.psaresearch.cm/bib4314.html>.
6. Business in the Community <www.bitc.org.uk/marketing.html>.
7. Carol Cone, "Cause Branding in the 21st Century", Public Service Adsvertising Research Center, 1998 <www.psaresearch.com/causebranding.html>.
8. Harvey Meyer, "When the Cause is Just", *Journal of Business Strategy*, novembro-dezembro de 1999 <www.psaresearch.com/bib4313.html>.
9. Dan Pallotta, entrevista com os autores, Los Angeles, 13 de fevereiro de 2002.
10. Brian Erwin, entrevista com os autores, 22 de março de 2002.
11. Maxine Clark, "Putting the Heart Back in Retailing", Texas A&M Retailing Issues Letter, janeiro de 2001, volume 13, número 1.

Capítulo 9 | **Marketing "Quente" Agora: Krispy Kreme Doughnuts**

1. Stan Parker, entrevista por telefone com os autores, 5 de março de 2002.
2. Dan Voorhis, "Up All Night for a Sweet Sunup Treat", *The Wichita Eagle*, 5 de dezembro de 2001.
3. Dennis Pollock, "Krispy Crazy: Opening of a doughnut shop in north Fresno ignites a feeding frenzy and a media blitz", *The Fresno Bee*, 1º de agosto de 2001.
4. Lisa Victoria Martinez, "Kreme de la Crème of fans", *Denver Post*, 28 de março de 2001.
5. Kathy Mulday, "Countdown Begins for Krispy Kreme's Arrival", *Seattle Post-Intelligencer*, 1º de agosto de 2001.
6. Tim Schooley, "Krispy Kreme Franchise Rolls to Town", *Pittsburgh Business Times*, 19 de junho de 2000.
7. Dennis R. Getto, "A Brief History of the Doughnut", *Milwaukee Journal Sentinel*, 12 de dezembro de 2001.
8. Candy Sagon, "The Hole Story: How the Great American Doughnut Took Shape", *Washington Post*, 6 de março de 2002.
9. Parker, entrevista.

10. Idem.
11. Idem.
12. Idem.
13. Idem.
14. Scott Hume, "Model Behavior: Krispy Kreme's Scott Livengood enjoys dozens of hot opportunities", *Restaurants and Institutions*, 1º de julho de 2001.
15. Parker, entrevista.
16. Materiais fornecidos pela Krispy Kreme.
17. Parker, entrevista.
18. Hume, *Restaurants and Institutions*.
19. Parker, entrevista.
20. Idem.
21. Idem.
22. Idem.
23. Karen Mishra, entrevista por telefone com os autores, 7 de março de 2002.
24. Parker, entrevista.
25. Mishra, entrevista.
25. Parker, entrevista.

Capítulo 10 | O Homem de Soluções Ambiciosas: SolutionPeople

1. Gerald Haman, entrevista com os autores, Chicago, várias datas, outubro de 2001 – maio de 2002.
2. Idem.
3. Idem.
4. Idem.
5. Idem.
6. Idem.
7. Idem.
8. Idem.
9. Idem.
10. Idem.
11. Kevin Olsen, entrevista com os autores, Downers Grove, Illinois, 12 de março de 2002.
12. Ibid.
13. Haman, entrevista.

Capítulo 11 | As Lições de História das Guerras da O'Reilly: O'Reilly & Associates

1. Tim O'Reilly, entrevista com os autores, Sebastopol, Califórnia, 6 de fevereiro de 2002.

2. Evelyn S. McClure, *Sebastopol, California: History, Homes and People*, 1995, Belleview Press.
3. Simon Heseltine, "The Crimean War (1854-56)" <mo.essortment. comthe-crimeanwar_rezc.html>.
4. <tim.oreilly.com>.
5. O'Reilly, entrevista.
6. <tim.oreilly.com>.
7. O'Reilly, entrevista.
8. Idem.
9. Idem.
10. Sara Winge, entrevista com os autores, Sebastopol, Califórnia, 7 de fevereiro de 2002 e por e-mail, várias datas.
11. O'Reilly, entrevista.
12. Idem.
13. Idem.
14. Idem.
15. Jeff "Hemos" Bates, entrevista por e-mail com os autores, várias datas, 25 de março de 2002–15 de abril de 2002.
16. Brian Erwin, entrevista por telefone com os autores, 22 de março de 2002.
17. Idem.
18. O'Reilly, entrevista.
19. Idem.
20. Erwin, entrevista.
21. Idem.
22. Erwin, entrevista.
23. O'Reilly, entrevista.
24. Simone Paddock, entrevista por telefone com os autores, 10 de agosto de 2001.
25. O'Reilly, entrevista.
26. Idem.
27. Idem.
28. Idem.
29. Idem.
30. Idem.
31. Idem.
32. Idem.

Capítulo 12 | Os Novos Não-Conformistas do Marketing: o Dallas Mavericks

1. Mark Cuban, entrevista com os autores, Dallas, Texas, e por e-mail, várias datas, 30 de janeiro de 2002–15 de abril de 2002.

2. Jaime Aron, "Sweet Revenge: Billionaire Mavericks owner dishes ice cream", *Associated Press*, 16 de janeiro de 2002.
3. Kevin B. Blackistone, "Calling a Bluff: What's Cuban's number?" *The Dallas Morning News*, 19 de janeiro de 2002.
4. Cuban, entrevista.
5. Idem.
6. Idem.
7. Rick Alm, entrevista com os autores, Dallas, Texas, 30 de janeiro de 2002.
8. Todd Walley, entrevista com os autores, Dallas, Texas, 29 de janeiro de 2002.
9. Chris Bontrager, entrevista com os autores, Dallas, Texas, 29 de janeiro de 2002.
10. George Killebrew, entrevista com os autores, Dallas, Texas, 29 de janeiro de 2002.
11. Alm, entrevista.
12. Idem.
13. Cuban, entrevista.
14. Idem.
15. Idem.
16. Idem.
17. George Prokos, entrevista com os autores, Dallas, Texas, 29 de janeiro de 2002.
18. Shawn Bradley, entrevista por e-mail com os autores, 17 de abril de 2002.
19. Greg Buckner, entrevista por e-mail com os autores, 17 de abril de 2002.
20. Cuban, entrevista.
21. Idem.
22. Matt Fitzgerald, entrevistas com os autores, Dallas, Texas, por telefone e por e-mail, várias datas, 29 de janeiro de 2002–27 de junho de 2002.
23. Idem.
24. Idem.
25. Idem.
26. Idem.
27. Cuban, entrevista.
28. Idem.
29. Idem.
30. Idem.
31. Idem.
32. Bradley, entrevista.
33. Buckner, entrevista.
34. Prokos, entrevista.
35. Cuban, entrevista.

Capítulo 13 | Um Mercado "Urso" para o Varejo: Build-A-Bear Workshop

1. Maxine Clark, entrevista com os autores por telefone e por e-mail, várias datas, 22 de fevereiro de 2002–20 de abril de 2002.
2. Robert Berner, Gerry Khermouch e Aixa Pascual, "Retail Reckoning: There are just too many stores. Warning: Big shakeout ahead", *BusinessWeek*, 10 de dezembro de 2001.
3. Cheryl Hall, "The Right Stuff: Creator of Build-A-Bear Workshop finds success by remaining a child at heart", *The Dallas Morning News*, 22 de outubro de 2000.
4. Teresa F. Lindeman, "Former Payless Chief Hits Pay Dirt with Build-A-Bear", *Pittsburgh Post-Gazette*, 3 de agosto de 2001.
5. Clark, entrevista.
6. Idem.
7. Idem.
8. Idem.
9. Idem.
10. Idem.
11. Idem.
12. Idem.
13. Idem.
14. <www.theacsi.org>.
15. Clark, entrevista.
16. Teresa Kroll, entrevista por telefone com os autores, 26 de fevereiro de 2002.
17. Idem.
18. Clark, entrevista.
19. Idem.
20. Idem.
21. Idem.
22. Idem.
23. Kroll, entrevista.
24. Mel Duvall, "Top 10 Companies to Work For", *Interactive Week*, 9 de abril de 2001.
25. Kroll, entrevista.
26. Clark, entrevista.
27. Idem.
28. Idem.
28. Kroll, entrevista.
29. Idem.
30. Idem.

31. Idem.
32. Clark, entrevista.

Capítulo 14 | Uma Causa, Não Apenas uma Empresa Aérea: Southwest Airlines

1. Kim Clark, "Nothing But the Plane Truth", *U.S. News & World Report*, 31 de dezembro de 2001.
2. De um pacote de cartas que a empresa forneceu aos autores.
3. Jim Parker, comentários feitos durante a reunião de funcionários "Message to the Field", em Chicago, Illinois, 25 de março de 2002.
4. Idem.
5. "Air Herb's Secret Weapon", *Chief Executive*, 1999, <chiefexecutive.net/mag/146/article1.htm>.
6. "The Fallen", *BusinessWeek*, 14 de janeiro de 2002, <www.businessweek.com/magazine/content/02_02/b3765055.htm>.
7. "Flight Attendants Can Be Humorous, Too", <www.lovedungeon.net/humor/misc/attendants.html>.
8. *Chief Executive*.
9. Parker, comentários.
10. Linda Rutherford, entrevista com os autores, Dallas, Texas, 30 de janeiro de 2002.
11. Kevin Krone, entrevista com os autores, Dallas, Texas, 30 de janeiro de 2002.
12. Parker, comentários.
13. John Huey, "The Jack and Herb Show", *eCompany*, janeiro de 1999.
14. *Chief Executive*.
15. Herb Kelleher, "A Culture of Commitment", *Leader to Leader*, primavera de 1997.
16. <www.iflyswa.com/help/luvbook.html>.
17. Clark, "Nothing But the Plane Truth".
18. Rich Marcotte, entrevista por telefone com os autores, 7 de março de 2002.
19. Parker, comentários.
20. Patty Kryscha, entrevista com os autores, Chicago, Illinois, 18 de fevereiro de 2002.
21. Idem.
22. Idem.

Capítulo 15 | A Causa de 1 Bilhão de Dólares: IBM

1. Robert McMillan, "Friendly, Big and Blue: In a world of upstarts, is IBM becoming Linux's father figure?", *Linux Magazine*, outubro de 2000, <www.linux-mag.com/2000-10/ibm_01.html>.

2. <www.linux10.org/history>.
3. Joe Wilcox, "IBM to Spend US$1 Billion on Linux in 2001", *News. com*, 12 de dezembro de 2000, <news.com.com/2100-1001-249750.html?legacy=cnet>.
4. Eric S. Raymond, *The Cathedral and the Bazaar* (Sebastopol, Califórnia: O'Reilly, 2001).
5. Jeff "Hemos" Bates, entrevista por e-mail com os autores, várias datas, 25 de março de 2002 – 15 de abril de 2002.
6. McMillan, "Friendly, Big and Blue".
7. Foto da campanha nas ruas "Paz. Amor. Linux", de Rich Hein, reimpresso com permissão especial do *Chicago Sun-Times*. Copyright 2002.
8. Mary Jo Foley, "IBM's Palmisano touts Linux at confab", *News.com*, 31 de janeiro de 2001, <news.com.com/2009-1001-251809.html?legacy=cnet>.
9. Tim O'Reilly, entrevistas com os autores, 6 de fevereiro – 2 de abril de 2002.
10. Spencer E.Ante, "Big Blue's Big Bet on Free Software", *Business Week*, 10 de dezembro de 2001, <www.businessweek.com/magazine/content/01_50/b3761094.htm>.
11. Bates, entrevista.
12. O'Reilly, entrevista.
13. <slashdot.org/articles/01/02/13/0254220.shtml>.
14. <screaming-penguin.com>
15. McMillan, "Friendly, Big and Blue".
16. Irving Wladawsky-Berger, palestra na Conferência de Desenvolvedores Técnicos da IBM, San Francisco, agosto de 2001, <www.ibm.com/news us/2001/08/15.html>.
17. Guy Kawasaki, entrevista com os autores, 8 de fevereiro de 2002.
18. William J. Holstein, "Big Blue Wages Open Warfare", *Business 2.0*, abril de 2001, <www.business2.com/articles/mag/0,1640,14645% 7C2, FF.html>.
19. Wilcox, "IBM to spend $1 billion on Linux in 2001".

REFERÊNCIAS BIBLIOGRÁFICAS

Cialdini, Robert B. *Influence: The Psychology of Persuasion*. Edição revisada. Nova York: William Morrow, 1993.

Cross, Richard & Smith, Janet. *Customer Bonding: 5 Steps to Lasting Customer Loyalty*. Lincolnwood, Illinois: NTC Business Book, 1995.

Dawkins, Richard. *The Selfish Gene*. Oxford: Oxford University Press, 1990.

Giovagnoli, Melissa & Carter-Miller, Jocelyn. *Networlding: Building Relationships for Opportunities and Success*. San Francisco: Jossey-Bass, 2000.

Gladwell, Malcolm. *The Tipping Point: How Little Things Can Make a Big Difference*. Boston: Little, Brown and Company, 2000.

Goldin, Seth. *Unleashing the Ideavirus*. Do You Zoom, Inc. 2000.

_____. *Permission Marketing*. Nova York: Simon & Schuster, 1999.

Kawasaki, Guy. *Rules for Revolutionaries: The Capitalist Manifesto for Creating and Marketing New Products and Services*. HarperBusiness: 1999.

_____. *Selling the Dream: How to Promote Your Product, Company, or Ideas – and Make a Difference – Using Everyday Evangelism*. Nova York: HarperCollins, 1991.

Kotler, Philip. *Marketing Management: Analysis, Planning, Implementation & Control*. 10a. ed. Englewood Cliffs, Nova Jersey: Prentice Hall, 1991.

Kotler, Philip & Armstrong, Gary. *Principles of Marketing*. 5a. ed. Englewood Cliffs, Nova Jersey: Prentice hall, 1991.

McClure, Evelyn S. *Sebastopol, California: History, Homes, and People, 1855-1920*. Belle View Press, 1995.

Pallotta, Dan. *When Your Moment Comes: A Guide to Fulfilling Your Dreams by a Man Who Has Led Thousands to Greatness*. San Diego, California: Jodere Group, 2001.

Pine, Joseph & Gilmore, James H. *The Experience Economy*. Boston: Harvard Business Review Press, 1999.

Pink, Daniel P. *Free Agent Nation: How America's New Independent Workers Are Transforming the Way We Live*. Nova York: Warner, 2001.

Porter, Michael E. *Competitive Strategy*. Nova York: Free Press, 1980.

Raymond, Eric S. *The Cathedral and the Bazaar.* Sebastopol, California: O'Reilly, 2001.

Reichheld, Frederick F. *The Loyalty Effect.* Boston: Harvard Business School Press, 1996.

_____. *Loyalty Rules!* Boston: Harvard Business School Press, 2001.

Rosen, Emanuel. *The Anatomy of Buzz: How to Create Word of Mouth Marketing.* Nova York: Currency Doubleday, 2000.

Seybold, Patrica B. & Marshak, Ronni T. *Customers.com: How to Create a Profitable Business Strategy for the Internet and Beyond.* Nova York: Times Business, 1998.

Shenk, David. *Data Smog.* Harper San Francisco, 1998 (revisada).

Silverman, George. *Secrets of Word-Of-Mouth Marketing: How to Trigger Exponential Sales through Runaway Word of Mouth.* Nova York: AMACOM, 2001.

Sanders, Tim. *Love is the Killer App.* Nova York: Crown Business, 2002.

Siegel, David. *Futurize Your Enterprise: Business Strategy in the Age of the E-Customer.* Nova York: John Wiley & Sons, 1999.

ÍNDICE REMISSIVO

A
Abbott Labs, 122
Adidas, 112
Agência de propaganda Harpell, 6
Alm, Rick, 149-150
Amazon.com, 46, 128-129
American Bar Association (ABA), 117-118
American Express, 80-81
American Society for Training and Development, 105
AMR, 182
Anatomy of Buzz, The (Rosen), 48, 208
Apple Computer, 15, 50, 77-78, 83, 84-85
Apple Macintosh, 15-16
Aristóteles, 205
Arnold, Tom, 52-53
Arthur Andersen, 108
Associação da Indústria Fonográfica da América, 41
Associação de Marketing de Promoção, 74
Associação Nacional de Restaurantes, 95
AT&T, 119
AudioNet, 147
Avon, 81

B
Barnes & Noble, 128
Barrett, Colleen, 179, 182, 184-188
Bates, Jeff, 133-134, 198
Beatrice Foods, 94-95
Ben & Jerry's, 81
Berners-Lee, Tim, 129
Bertelsmann, 147
Bezos, Jeff, 129
Blackistone, Kevin B., 144
Body Shop, The, 81
Boletins informativos, e-mails, 68
Bontrager, Chris, 147
Borse, Mary, 119
Bradley, Shawn, 153, 158
Brand, Stewart, 41
broadcast.com, 147
Buckner, Greg, 153, 158
Buellesbach, Klaus, 33
Build-A-Bear Worshop, 39, 55, 97, 139-177
    ações de caridade e, 171-172, 176
    comunidade e, 169-172, 176
    feedback do cliente e, 167-170, 175-176
    foco na experiência, 163-168
    marketing voltado para o evento, 172-175
    placar do evangelismo, 175-177
Burdine, William, 162-163
Business Trends Analysts, 95
"Buxixo", 2, 5, 28, 47-60, 205, 207-208
    Build-A-Bear Workshop e, 172
    criação do, 49-51
    Dallas Mavericks e, 155-156
    definido, 49
    espalhando o, 49
    experimental, 54-55
    falso, 53
    Krispy Kreme Doughnuts e, 101-102, 103
    medindo o, 55-59

memes e, 59-60
mitos do, 51, 52
O'Reilly & Associates e, 141
relações públicas e, 51-53
resultados de bilheteria e, 56-58
SolutionPeople e, 125
Southwest Airlines e, 191-192

C

Capital One, 113-114
Carter, Don, 149
Cartões de visitas, 70
Casa Buitoni Club, 66-67
Cathedral & the Bazaar, The (Raymond), 197
Causa, criação de uma, 5, 77-89, 205, 210
    Apple Computer e, 84-85
    exemplos de, 79-83
    facilidade de, 83-84
    Handgun Control, Inc. e, 85-86
    IBM e, 85
    metas e, 78
    Microsoft e, 85
    National Audubon Society e, 86
    National Rifle Association e, 86
    Planned Parenthood e, 87
    Sierra Club e, 88
Causas de caridade, 80, 99-100
Center for Retailing Studies, 163
Centro Nacional de Pesquisa da Qualidade (Universidade de Michigan), 167
Centro Siteman para o Câncer, 171
Chamadas frias, 22-23
Chapman, Paris, 53
Chicago Cubs, 191
Chicago Society of Association Executives, 114
Clark, Maxine, 39, 97, 161-177. *Veja também* Build-A-Bear Workshop

Cliente(s)
    base de, mobilizando, 130-132
    comunidades de, 113-137
    conselho consultivo de, 37
    constantes *versus* evangelistas, 2-3
    crença nos, 23
    entrevistando os, 35-36
    estudos de casos de, 70
    evangelistas. *Veja* Evangelismo de clientes
    foco no(s), 18-19
    mostrando, em propagandas, 70
    satisfação do, 29, 37-38, 89
Clientes potenciais "quentes", 22-23
Clubes, 66-67
Coca-Cola, 82-83
Companhias telefônicas, 21
Company of Friends, 64-66, 111-112
comScore Networks, 174
comunicação com os clientes e, 97-99
Cone Communications, 80-81
Cone, Carol, 80-81
Conexão IBM/Linux, 44, 75, 195-204
    campanha de lançamento, 198-199
    disponibilidade da propriedade intelectual, 202-203
    placar do evangelismo, 203-204
Conselho consultivo, 37
Couric, Katie, 52-53
Crandall, Robert, 183
Creative Brain (Herrmann), 106
CRM (gestão de relacionamento com clientes), 14
Cross, Richard, 79-80
Cuban, Mark, 31, 51-53, 55, 143-160. *Veja também* Dallas Mavericks
Cultura empresarial, 14
Customer Bonding: 5 Steps to Lasting Customer Loyalty (Cross e Smith), 79-80
Customers.com (Seybold), 4-5

D

Dados do *call center*, 34
Dairy Queen, 50-53, 51-52, 141, 139
Dallas Mavericks, 31, 51-53, 55, 75, 83, 143-160
    ações de caridade, 153, 155-156, 160
    causa do, 152-154, 160
    conexões com os clientes, 145-150
    estratégia de marketing, 154-159
    foco na experiência dos clientes, 151-152
    Pessoas Pintadas, 147, 148, 149-150
    placar do evangelismo, 159-160
Data Smog (Shenk), 7
Dawkins, Richard, 59
Defense Against the Dark Arts, 68
Defesa, 129-132
Dell Computers, 67-68
Diamond Solution Process, 108
DigitalMed, 82
Donuts, 91-104
Dow Chemical, 112
Dredge, Darrin, 91-92
Dunkin' Donuts, 93
Dye, Renee, 54, 56

E

e-books, 131, 138
Einstein, Albert, 121
e-mail
    boletins informativos, 67
    correspondência por, 70
    feedback de clientes e, 139
    grupos de discussão, 67-68
Empresário Emergente do Ano, 163
EndNote, 48
Ennex Company, 45
Ernst & Young, 163
Erwin, Brian, 83, 134-136
Euro RSCG Worldwide, 10

Evangelismo de clientes, 1-11, 13-24
    atributos dos evangelistas, 2
    chaves para programas de marketing de sucesso, 17-22
    corolários, 88
    início do, 15-16
    Internet e, 16
    kit para iniciantes, 21-24
    princípios básicos do, 5-6
    razões para o sucesso do, 16-17
Eventos presenciais, 66
Ewing, Larry, 198-199
Experience Economy, The (Pine e Gilmore), 55

F

Fanning, Shawn, 41-42
Feedback dos clientes, *Veja* Plus-Delta dos Clientes
Field, Claire, 68
First Tuesday, 119
Fitzgerald, Matt, 55, 154-155
FlyerTalk, 32-33
Ford Motors, 53-54
Ford, Henry, 73, 76
Fornell, Claes, 167
Fotografias arquivadas, 69-70
FranklinCovey, 20
Free Agent Nation (Pink), 111
Fundação Susan G. Komen e o Centro Siteman para o Câncer da Mama, 171
Fundação Ursinho de Pelúcia, 172
Futurize Your Enterprise (Siegel), 4-5

G

Ganância, 14
Garage Technology Ventures, 202
General Motors, 66, 112
Gerstner, Lou, 197
Gestão de relacionamento com clientes (CRM), 14

Gilmore, James, 55
Godin, Seth, 22, 45-46
Goldsmith, David, 33
Goodman, Stanley, 89, 164
Goodwin, James, 182
Gore, Al, 111
Green, Pat, 152
Gregory, Hanson Crockett, 94
Grupos de usuários, 67
Guerra da Criméia, 127
Guinness UDV, 119

H

Haman, Gerald, 105-125
Handgun Control, Inc., 84, 85-86
Harley-Davidson, 63, 67-68, 76, 210
Harvard Business Review, 51
Helping Clients Succeed, 20
Herrmann, Ned, 106
Hotmail, 16
Hubs, 49-50
Humane Society, 171

I

IBM, 18, 77, 84, 85. *Veja também* Conexão IBM/Linux
Índice Americano de Satisfação do Cliente Americano, 162
Indústria da tecnologia, 74
Indústria de empresas aéreas, 179-180. *Veja também* Southwest Airlines
Indústria de fabricação, 45
Indústria do software, 44
Indústria editorial, 45-46
Inovação, 139-140
Inovador de bolso (KnowBrainer), 106, 108
InsideFlyer.com, 32
Instituto de Tecnologia de Massachusetts, 45
International Data Corporation, 198
International Events Group, 80

Internet, 16
   interação dos clientes e, 34-39
   propaganda em banners, 10
Investor's Business Daily, 115-116

J

Jackson, Phil, 120
Jobs, Steve, 50, 78-79
Johnston, Alex, 38
Jones, Jerry, 144
JVC, 18

K

Kane, Neil, 111-113
Kawasaki, Guy, 13, 15, 77, 202
Kelleher, Herb, 31, 181, 183-184, 185, 187, 189, 192
Kellogg Alumni Consulting Group, 107
Khalsa, Mahan, 20
Killebrew, George, 149
Kirk, Jim, 7
Kmart, 161
KnowBrainer, 108-110, 115, 123
Kramer versus Kramer, 9
Krispy Kreme Doughnuts, 75, 91-104
Kroll, Teresa, 168, 171
Krone, Kevin, 185-186
Kryscha, Patty, 189, 191-192
Kusnetzky, Dan, 198

L

Laços de identidade, 79-80
Lealdade à marca, 20
Lealdade, curto prazo *versus* longo prazo, 20, 22
LeBeau, Jon, 94
Ligação/conexão emocional, 79-80, 99
Lightner, Candy, 79
Lindsey, Barbara, 37
Linux, 75, 195-204
Livengood, Scott, 98, 99

Lover Is the Killer App (Sanders), 19
Loyalty Effect, The (Reichheld), 22

M

MacWorld, 50
MADD (Mães Contra Motoristas Embriagados), 79
Mala direta, 9
Marca, 10
Marcotte, Rich, 188-190
Mark Cuban Show, The, 150
Marketing centrado no cliente, 139-140
Marketing da marca, 74
Marketing de base, 99-112, 111
Marketing de interrupção, 9
Marketing relacionado a uma causa, 80
Marketing
    desespero e, 9
    glamorização na mídia do, 7-8
    humanização do, 69-71
    marketing de base, 100, 111
    orçamentos de, 8
    problemas atuais em, 5-11
    propaganda como, 7-8
    recessões e, 5
    relacionado a uma causa, 80
    Veja tambem Evangelismo de clientes
May Company, 163
Mayer, Brown, Rowe & Maw, 46
McAleer, Joe Sr., 95, 97-98
McCarthy, E. Jerome, 7
McCool, Rob, 44
McGee-Cooper, Ann, 1
McKinsey & Company, 47
McKinsey-Jupiter Media Metrix, 64
Meme, 59-60
Microsoft, 18, 67-68, 85, 130, 198, 200, 202
MicroSolutions, 146

Mishra, Karen, 101
MIT Open CourseWare, 45
Modelo SEAMS, 18
Momentum Marketing, 112
Montgomery Ward, 161
Mrak, Val, 119
Museu de Arte Contemporânea, 117-118

N

Napster, 41-42, 147
"Napsterizando" o conhecimento, 5, 41-46, 205
    indústrias "napsterizadas", 45-46
    lições do Napster, 43
National Audubon Society, 84, 86
National Rifle Association (NRA), 84, 86
National Underwriter, 42
Nelson, Don, 143, 150
NetIQ, 75
New Line Cinema, 69
Newsweek Japan, 116
NeXT, 84
Nowitzki, Dirk, 155

O

O'Reilly & Associates, 68, 127-141
    comunidades de clientes e, 133-137
    convenções e conferências, 137-138
    disponibilidade do conhecimento da empresa, 137-139
    estratégia de marketing da, 130-132
    feedback dos clientes e, 139-140
    linha de produtos da, 133
    placar do evangelismo, 140-141
Orwell, George, 78
O'Reilly, Christina, 132
O'Reilly, Tim, 127-141. *Veja também* O'Reilly & Associates, 200
Ogilvy, David, 9
Olsen, Kevin, 114

One Smooth Stone, 114
On-line
    pesquisas, 35, 37-38
    quadro de avisos, 67-69, 208-209
"On Marketing, Etc.", 7
Oracle, 44
Oral B, 83
Organização Business in the
    Community, 80-81
Organizações sem fins lucrativos,
    marketing de base e, 100

P

Paddison, Gordon, 79
Paddock, Simone, 136
Pallotta TeamWorks,821
Pallotta, Dan, 82-83, 82
Palmisano, Sam, 202, 204
Parker, Jim, 180, 182, 182-186, 190
Parker, Stan, 90, 94-103
Patel, Marilyn Hall, 41
Payless Shoe Source, 162
Pepsi, 21
Pequenos pedaços, 5-6, 73-76, 206, 209-210
    abordagens da empresa aos, 74-76
    indústria da tecnologia e, 74
    valor adiantado e, 74
perl.com, 137
Permission Marketing (Godin), 22
Perot, Ross Jr., 147
Petersen, Randy, 33
Pickering, Charles F, Sr., 87
Pine, Joseph, 55
Pink, Dan, 111-112
placar do evangelismo, 102-104
    como experiência, 96
    como um produto "quente", 94-96
    estratégia da, 100-103
    marketing de base e, 100

Planned Parenthood, 84, 87
Plus-Delta dos Clientes, 5, 139-140, 205, 206
    exemplos de, 29-31
    obtendo o, 30-39
    regras de ouro do, 27
    solicitando *feedback*, 27
    valor do, 27-28
Popcorn, Faith, 76
PotterWar, 68-69
PowerBar, 50
Prêmio de Inovador Varejista do Ano, 163
Prêmio de Realização da Indústria da *Infoworld*, 132
Procter & Gamble, 37, 54, 74
Produto
    amostras de, 209-210
    excelente do, 18
Programa Safari de reservas on-line, 138, 140
Programa *Today*, 95
Programas de criação de comunidades, 5, 61-71, 205, 208
    clubes, 66-67
    eventos presenciais, 66-67
    Fast Company e The Company of Friends, 64-66
    formato das comunidades de clientes, 66
    grupos de usuários e, 67
    pessoas em marketing, 69-70
    propósito dos, 64-65
    quadros de avisos on-line, 67
Prokos, George, 152, 158
Promoção, 7
Propaganda em massa, 8
Propaganda
    clientes mostrados em, 69-70
    em massa, 8
    marketing como, 7-8

Propriedade intelectual, partilhamento de, 43, 205, 207-208. *Veja também* "Napsterizando" o conhecimento

Q

Quadro de avisos, 67, 208-209

R

Raymond, Eric S., 6, 197
ReachWomen, 60
Reichheld, Fred, 22
Relações com a mídia, 114-117
Relações públicas, "buxixo" e, 50-53
Relatório Cone/Roper de Tendências Relacionadas a uma Causa, 80-81
Resultados de bilheteria, 56-57
Revista *Fast Company*, 64, 83, 111-112
Revista *Forbes*, 63, 145
Revista *Human Resource Executive*, 115
Ring, Benjamin, 120
Roehm, Julie, 54
Rogge, Joyce, 193
Rosen, Emanuel, 47, 48, 11, 208
Row, Heath, 64
Rudolph, Vernon Carver, 94-95, 96
Rutherford, Linda, 185

S

Sanders, Tim, 19-20, 56, 58
Sanders, William, 32-33
Saturn, 66
Scott, Ridley, 78
Scott, Willard, 95
Scriba, Paul, 29-30
Sebastopol, Califórnia, 127-128, 133
Secrets of Word-of-Mouth Marketing (Silverman), 17
Securitization.net, 46
Selfish Gene, The (Dawkins), 59
Selling the Dream (Kawasaki), 84
Selvin, Joe, 43

Serviço, excelência do, 17-18
Setor de serviços profissionais, 46
Setor educacional, 45
Setor varejista, 161-163. *Veja também* Build-A-Bear Workshop
Seybold, Patricia, 4-5
Shenk, David, 7
Shouldice Hospital, 61-64
Shouldice, Edward Earle, 61
Siegel, David, 4-5
Sierra Club, 84, 88, 134
Silverman, George, 17
Site do filme *O Senhor dos Anéis*, 69
Site(s) na Web
    fãs, 68-69
    feedback, 34
    fotos/biografias dos funcionários, 70
    informações para contato, 70
    tráfego, analisando o, 58-59
Sites de fãs de Harry Potter, 68-69
Sites de fãs, 68-69
slashdot.org, 198
Sloane Communications, 29-31
Smith, Janet, 79-80
Software de servidor Apache, 44
SolutionPeople, 43, 75, 76, 105-125
    como experiência, 117-124
    conexões de marketing, 111
    Diamond Solution Process, 108-109
    KnowBrainer (anteriormente Inovador de bolso), 105-108, 108-109, 115-116, 123
    placar do evangelismo, 123-124
    redes de fãs, 110
    relações com a mídia e, 115-116
    site, 110-111
    Solutionman, 117-119
    teatro do Thinkubator, 119-123
Sonhos, 82-83
Sony, 18
Soundscan, 42

Southwest Airlines, 79, 83, 179-193, 210
   ações de caridade, 191-192
   aspecto de espírito livre da, 180-184
   comunidades e, 191-192
   estratégia de marketing da, 187
   evangelismo dos funcionários e, 184, 186
   opiniões dos clientes e, 187-189, 192-193
   placar do evangelismo, 192-193
   tratamento dos clientes pela, 188-191
Spears, Britney, 21, 56
Starbucks, 83
Starwood Lurker, 32-33
Steinbrenner, George, 144
Stern, David, 52, 153
Stevens, Jeff, 127
Stockman-Vines, Linda, 106, 115-117
Sun, 200

T

TARP, 26-27
teachme.buildabear.com, 172
Teatro de donuts, 96
Temple of the Screaming Penguin, 201
Tomich, Jill, 135
Torvalds, Linus, 44, 195-196

U

U.S. Bancorp Piper Jaffray, 161
UAL Corporation, 182
Unilever, 74
Universidade de Concórdia (Montreal), 63
Universidade de Harvard, 112
Unleashing the Ideavirus (Godin), 45-46
Urquhart, Daryl, 62-63

V

Valor para o acionista, 14

Vest, Charles M., 45
Visão, 78, 132

W

W/M Displays, 29-30
Wagner, Todd, 146
Walley, Todd, 147
Wal-Mart, 81
Warner Brothers, 68-69
Washburn, Lari, 117, 119
Washington-Post.Newsweek Interativo, 37-38
WBEZ (radio pública de Chicago), 35-37
WebTrendsLive, 75, 76
Weiss, George, 202
White, Nancy, 67-68
Whole Foods, 81
Whole Internet, The: User's Guide and Catalog, 134-136
Winge, Sara, 131
Winston, Wayne, 146
Wladawsky-Berger, Irving, 195, 196, 199, 200-203
Workshop do evangelismo de clientes, 205-210
   "napsterizando" o conhecimento, 207
   criação de causa, 210
   criação de comunidades, 209
   estabelecendo o "buxixo", 208
   pequenos pedaços, 209-210
   plus-delta dos clientes, 205, 206
World Wildlife Fund (WWF), 171

X

xml.com, 137-138

Y

Yahoo!, 56-58
Yankelovich Partners, 42

CADASTRO DO LEITOR

- Vamos informar-lhe sobre nossos lançamentos e atividades
- Favor preencher todos os campos

Nome Completo (não abreviar):

Endereço para Correspondência:

Bairro: Cidade: UF: Cep:

Telefone: Celular: E-mail: Sexo: F ☐ M ☐

Escolaridade:
☐ Ensino Fundamental ☐ Ensino Médio ☐ Superior ☐ Pós-Graduação
☐ MBA ☐ Mestrado ☐ Doutorado ☐ Outros (especificar):

Obra: **Buzzmarketing – Criando Clientes Evangelistas**

Classificação: **1. Marketing 2. Publicidade 3. Negócios**

Outras áreas de interesse:

Quantos livros compra por mês?: _____ por ano? _____

Profissão:

Cargo:

Como teve conhecimento do livro?
☐ Jornal / Revista. Qual?
☐ Indicação. Quem?
☐ Internet (especificar *site*):
☐ Mala-Direta:
☐ Visitando livraria. Qual?
☐ Outros (especificar):

Enviar para os faxes: **(11) 3079-8067/(11) 3079-3147**

ou e-mail: **vendas@mbooks.com.br**

M.BOOKS

M. Books do Brasil Editora Ltda.

Av. Brigadeiro Faria Lima, 1993 - 5º andar - Cj 51
01452-001 - São Paulo - SP Telefones: (11) 3168-8242/(11) 3168-9420
Fax: (11) 3079-3147 - e-mail: vendas@mbooks.com.br

DOBRE AQUI E COLE

CARTA – RESPOSTA
NÃO É NECESSÁRIO SELAR

O selo será pago por
M. BOOKS DO BRASIL EDITORA LTDA

AC Itaim Bibi
04533-970 - São Paulo - SP